KB119328

자기
배려

## 지은이

미셸 푸코(Michel Foucault) 1926년 프랑스 푸아티에에서 태어났다. 철학, 심리학, 정신병리학을 연구하여 1984년 사망할 때까지 콜레주 드 프랑스 등 세계 여러 대학에서 강의했다. 저서로는 《고전주의 시대의 광기의 역사》, 《병원의 탄생》, 《말과 사물》, 《지식의 고고학》, 《감시와 처벌: 감옥의 탄생》, 《성의 역사》(총 4권)이 있다.

## 옮긴이

이혜숙 부산 출생. 서울대 불어불문학과 및 동 대학원 졸업, 서울대 문학박사.
저서: 《프랑스 문화와 예술》(공저), 《프랑스문학비평》(공저)

이영목 서울 출생. 서울대 불어불문학과 및 동 대학원 졸업,
프랑스 파리 7대학 불문학 박사. 현재 서울대 불어불문학과 교수.
저서: 《공화국과 시민》(역), 《땡땡의 모험》(역),
"똘레랑스 개념에 대한 비판적 접근" 등



나남신서 138

성性의 역사 3: 자기 배려

1990년 2월 10일 초판 발행 2002년 2월 5일 초판 10쇄
2004년 5월 5일 재판 발행 2018년 4월 5일 재판 9쇄
2020년 3월 25일 3판 발행 2020년 3월 25일 3판 1쇄

지은이_ 미셸 푸코
옮긴이_ 이혜숙 · 이영목
발행자_ 趙相浩
발행처_ (주) 나남
주소_ 10881 경기도 파주시 회동길 193
전화_ (031) 955-4601 (代)
FAX_ (031) 955-4555
등록_ 제 1-71호(1979. 5. 12)
홈페이지_ http://www.nanam.net
전자우편_ post@nanam.net

ISBN 978-89-300-4018-1
ISBN 978-89-300-8655-4 (세트)

책값은 뒤표지에 있습니다.

나남신서 138

미셸 푸코 지음 | 이혜숙·이영목 옮김

*Histoire de la sexualité*

*Le souci de soi*

*Histoire de*

Histoire de la sexualité 3

# Le souci de soi

by Michel Foucault

## 차례


옮긴이 서문 9

제 1장 자신의 쾌락을 꿈꾸기 19

1. 아르테미도로스의 방법 23
2. 분석 43
3. 꿈과 행위 55

제 2장 자기 연마 71

제 3장 자기와 타인들 117

1. 결혼의 역할 121
2. 정치게임 135
   1 상대화 143
   2 정치행위와 도덕적 행위자 146
   3 정치행위와 개인의 운명 151

제 4장 육체 157

1. 갈레누스 167
2. 성적 쾌락은 좋은가 나쁜가? 177
3. 쾌락의 관리법 193
   1 아프로디지아의 관리법과 출산 194
   2 주체의 연령 199
   3 "알맞은 때" 202
   4 개인적 체질 204
4. 영혼의 작업 207

제 5장 아내 223

1. 부부의 유대 229
2. 독점의 문제 249
3. 결혼의 쾌락 265

제 6장 소년들 279

1. 플루타르코스 287
2. 루키아노스 추정본(推定本) 313
3. 새로운 연애술 337

결론 345

참고문헌 354

## 성의 역사 전4권


### 제 1권 지식의 의지

1. 우리, 빅토리아 여왕 시대풍의 사람들
2. 억압의 가설 / 3. 스키엔티아 섹수알리스
4. 성생활의 장치 / 5. 죽음의 권리와 생명에 대한 권력

### 제 2권 쾌락의 활용

1. 쾌락의 도덕적 문제설정 / 2. 양생술
3. 가정관리술 / 4. 연애술
5. 진정한 사랑

### 제 3권 자기 배려

1. 자신의 쾌락을 꿈꾸기 / 2. 자기 연마
3. 자기와 타인들 / 4. 육체
5. 아내 / 6. 소년들

### 제 4권 육체의 고백

1. 새로운 경험의 출현
창조, 생식 • 세례의 힘든 과정 • 두 번째 속죄 • 최고의 기술
2. 동정에 대하여
동정과 금욕 • 동정의 기술 • 동정과 자기인식
3. 결혼
부부의 의무 • 결혼의 좋은 점과 이로운 점 • 성욕과 리비도

부록 1~4

## 일러두기

1. 저자의 원주는 1, 2, 3 … 으로 표시하였다.
   
   원서에서는 매 면마다 새 번호를 매겼으나 이 책에서는 절 단위로 일련번호를 매겼다.
2. 원서의 '« »'는 이 책에서 작은따옴표(' ')로 표기하였다.

## 옮긴이 서문

1984년에 나온 미셸 푸코의 《자기 배려*Le souci de soi*》는 제 1권 《앎의 의지*La volonté de savoir*》(1976), 제 2권 《쾌락의 활용*L'usage des plaisirs*》(1984)과 더불어 《성의 역사*Histoire de la sexualité*》의 제 3권을 이루고 있다. 푸코는 《쾌락의 활용》과 《자기 배려》가 나오기 1년 전인 1983년에 미국 버클리대학에서 있었던 라비노와 드레퓌스와의 인터뷰에서, 자신은 현재 《성의 역사》시리즈로 그리스·로마의 성윤리를 다루게 될 제 2권 《쾌락의 활용》에 이어 그것에 대한 일종의 보완에 해당되는 고대 이교도의 자아自我의 테크닉에서의 제반 양상들에 대한 논문집을 계획하고 있다고 밝혔는데, 그것이 다름 아닌 제 3권 《자기 배려》이다.

그런데 그리스·로마의 성윤리를 다룰 때, 왜 그 시대의 자아의 테크닉에 관한 연구가 필요했을까? 그 점에 대해 푸코는 자아의 테크놀로지와 관련시키지 않고는 그 시대의 성윤리에 대한 이해가 불가능하기 때문이라고 말하고 있다. 그에 따르면 그 시대에서는 성의 문제 및 성적 쾌락에 대한 활용이 '자기와 자기와의 관계'를 고찰하는 주요한 계기를 이루었다는 것인데, 즉 성은 이제 더 이상 권력과 연관지어 논의될 문제가 아니라 일종의 '존재의 기술', 혹은 '자아의 테크닉'으로 사용되는 개인적 윤리문제가 되었다는 것이다.

그러나 엄격한 관점에서 볼 때, 그리스와 로마에서의 성에 대한 시각도 조금은 다르다고 할 수 있다. 그리스의 성윤리에서만 하더라도 문제가 되었던 것은 자아의 테크닉이 아닌 삶의 테크닉, 그리스 용어로 '테크네 투비우technē tou biou'라 불리는 것이었다. 반면 로마 시대, 특히 스토아학파에 오면 이것은 다른 사람과의 관계를 극소화시키면서 자아의 문제에 초점을 맞추는 '자아의 테크닉'으로 변모하게 된다.

우리는 이러한 변모를 제 1장과 제 2장에서 잘 살펴볼 수 있다. 푸코는 《자기 배려》의 제 1장을 아르테미도로스라는 고대 그리스의 몽夢복술가卜術家의 저술에 대한 분석에 할애하고 있는데, 문제가 되는 그의 《해몽의 열쇠*La clef des songes*》는 꿈 중에서도 극히 성적 꿈에 관한 해석방법을 담고 있는 책으로, 여기에서 푸코의 관심을 끌었던 것은 성이 명백히 관계적이며 사회적 요소에 깊이 연관된 것으로 취급되고 있다는 점이다. 다시 말해서 성은 꿈 자체가 드러내는 성적 이미지들의 최종적인 기의記意로서 해석되지 않고, 꿈꾸는 주체의 사회적·정치적 삶에서의 운명을 나타내는 일종의 능기能記로서 취급되고 있다. 이것은 곧 《해몽의 열쇠》가 단순한 해몽술서 이상을 넘어 '존재나 존재가 처한 상황에 유용한 도구, 일종의 삶에 관한 개설서'로서 그 시대의 사람들에게 제시되었다는 것을 의미한다.

반면 스토아학파에 이르면 '자기로의 전환'이라고 불릴 수 있는 어떤 변화가 일어나는데, 한 가지 먼저 짚고 넘어가야 할 점은 '존재의 기술'에서나 '자아의 테크닉'에서나 초점은 '자기 배려'를 통한 '자제La maîtrise de soi'의 원칙에 주어졌다는 점이다.

자제自制의 윤리학은 크게 3가지로 구성된다고 볼 수 있다. 첫째, 자기 자신에 대한 완전한 지배력을 행사함으로써 자기 자신에 대해 행하는 우월함, 둘째, 가정 내에서 아내 및 집안사람들에게 행하는 우월함, 그리고 셋째, 투쟁적인 사회에서 그 사회의 다른 구성원들에게 행하는 우월함이 바로 그것이다. 그리고 이때 자기에 대한 우월은 다른 두 지배를 이성적이고 절도 있게 행할 수 있도록 하는 기본적 토대였다.

그러나 소크라테스에 의해서 천명된 바 있는 "자기 자신을 배려해야 한다"는 원칙이 매우 일반적인 가치를 획득하면서 주체의 모든 삶의 방식을 지배하는 원칙으로 자리잡아감에 따라, 또 결혼관습의 변모와 정치적 틀의 재편성으로 인하여 개인이 스스로를 도덕적 주체로 형성시키는 데 점차 많은 어려움이 따르게 됨에 따라 자제의 윤리학도 변모를 겪게 된다. 첫 번째와 관련하여서는 제 2장 '자기 연마La culture de soi'에서, 두 번째 결혼 및 정치가政治街 변화에 관련해서는 제 3장 '자기와 타인들Soi et les autres'에서 각기 상세하게 다룬다. 물론 자기 자신에 대한 배려나 지배 못지않게 타인과의 관계 또는 정치 · 사회적 실천도 여전히 중요하게 고려되지만, 자신이 하는 모든 활동의 근본목적을 바로 자신 속에서, 자신과의 관계 속에서 찾게 됨으로써 이른바 '자기로의 전환'이 이루어졌다는 것이 그 주요한 논점이다. 사실 그리스 ·

로마의 도덕이 원래 남자들의 도덕이었다는 점을 상기한다면, 결혼 및 부부에 부여된 중요성과 그 관계 내에서의 상호 평등관계의 점차적인 확립, 또 정치적 삶 속에서의 자기에 대한 권력과 타인에 대한 권력 사이의 분리가 자신을 도덕적 주체로 세우는 새로운 방식을 촉구했다고 가정해 보는 것도 무리는 아닐 것이다. 결국 새로운 자제의 윤리학이 구축되는데, 우리가 결코 간과해서는 안 될 또 하나의 사항은 그 3가지 지배 사이의 상관관계에 긴밀히 연결되어 있었던 쾌락의 활용에 대한 생각이 변화하게 되었다는 사실이다.

'쾌락의 활용'이란 성적 활동을 무한정 추구하거나 완전히 배제하는 것이 아니라 그것을 억제하고 제한하면서 적절히 활용하는 것을 의미하는데, 푸코에게 쾌락의 활용 문제는 먼저 양생술養生術과 관계를 맺는다. 왜냐하면 푸코가 테마로 내세우는 '자기'는 자기의식이나 주체적 자아가 문제가 되는 '자기'가 아니라 "신체를 장으로 하는 자기와 자기와의 관계"이기 때문이다. '자신과 자신의 신체에 대한 배려'는 성적 활동의 가장 중요한 축을 구성하며, 성의 문제에서도 결론은 자제된 행동으로 귀착된다. 성행위에 있어 가치란 곧 '자제'였기 때문에, 욕망을 가능한 한 물리적 필요성 안으로 국한시키고 그 속에서만 조절, 보존하는 지혜가 주체에게 요구되었던 것이다.

한편 쾌락의 활용은 '가정관리술'이나 '연애술'과 관련하여 고찰될 수도 있는데, 먼저 '가정관리술'과 관련한 두드러진 특징은 쾌락의 활용이 점차 부부관계 내로 국한되면서 혼외관계의 배제, 부부의 상호적 쾌락에 바탕을 둔 부부간의 상호적 정절 등이 강조된다는 것이다. 다음으로 '연애술'의 측면에서는 소년애가 평가절하되면서 이원적 연애술에서 일원적 연애술로의 통합이 이루어지는 것을 그 중요한 특징으로 꼽을 수 있다. 그런데 이러한 '가정관리술'과 '연애술'에서의 변화는 서로 무관한 것이 아니다. 소년애가 필리아philia, 즉 육욕적 면이 제거된 고귀한 사랑으로 철학적 가치를 부여받게 된 것을 쾌락의 활용과 연관지어 생각하는 데 어려움에 있었던 것은 사실이다. 때문에 상호적 쾌락에 바탕을 둔 부부관계가 그 중요성을 인정받게 되고, 그 관계 안에서의 성적 쾌락이 사랑과 우애관계의 원칙이자 담보물로서 제시되자 수동성 혹은 성적 쾌락의 배제를 추구하는 소년애는 그 가치를 상실하게 된다. 푸코는 양생술의 문제에 대해서는 제 4장 '육체Le corps'에서, 가정관리술의 문제에 대해서는 제 5장 '아내La femme'에서, 연애술 및 소년애에 대해서는 제 6장 '소년들Les garçons'에서 각기 다루고 있다.

그러면 이러한 고찰의 최종적 결론은 무엇인가? 아마도 그것은 대략 다음과 같이 요약될 수 있을 것이다.

첫째, 고대 그리스·로마인들은 쾌락의 활용에 대한 성찰 속에서 도덕적 주체로서의 자기와 자기와의 관계를 적극적으로 정립해 갔다는 것이다. 다시 말해서 성은 개인적 삶의 능동적인 활용대상으로 전환하여, 개인의 윤리문제가 된 것이다.

둘째, 쾌락의 활용과 관련하여 이 시대를 일관되게 관통하는 것은 성적 자제, 즉 '성적 엄격함'의 테마라는 점이다.

셋째, 바로 이러한 측면에서 본다면 기독교와 근대 서양의 것으로 생각되는 성윤리가 그리스·로마 문화의 절정기에 이미 적어도 몇 가지 본질적인 원칙이 확립되어 있었다는 인상을 가질 수 있을 것이다.

그러나 이 시기의 도덕과 기독교 도덕의 근본적 차이를 결코 무시해서는 안 된다. 왜냐하면 고대인들의 성적 엄격성에 대한 주장은, 기독교와는 달리 모든 사람에게 적용될 수 있는 통일된 도덕규약을 마련하지는 않았기 때문이다. 그리고 바로 이 점에서 그리스·로마의 성윤리는 어디까지나 그를 통해 사람들이 스스로를 자기 행위의 주체로 세우는 주체의 계보학에 속한다고 결론지을 수 있다.

이상은 1990년대의 벽두에 우리가 이 책을 번역하면서 붙인 서문이다. 비록 미흡하지만, 이 서문은 오늘날에도 저자의 논지를 따라가는데 어느 정도 도움이 될 수 있을 것으로 보인다. 그러나 위의 글을 쓰던 시기에서 거의 15년이 지난 오늘날, 몇 가지 변화를 언급하는 것도 필요하다고 생각된다.

1. 이 재번역에서 가장 먼저 독자의 눈에 띌 것은 제목의 변화이다.

초판 번역과정에서 역자들이 머리를 맞대고 고민하여 '자기에의 배려'라는 제목을 생각해 냈지만, 이 제목은 우리말에 알맞은 표현이 아니라는 생각 때문에 마음이 편하지 못했다. 이제 우리는 '자기 배려'라는 표현을 사용하려 한다. 그러나 '배려'라는 표현 역시 'souci'라는 프랑스어 단어가 가진 여러 뜻을 제대로 옮겨주지 못한다는 사실을 인정해야 한다. 실제로 이 단어는 보다 구체적이고 즉각적인 감정으로서의 걱정, 근심에서 자기 자신과 삶에 대한 형이상학적이고 관조적인 태도와 이론적 실천에 이르기까지 많은 의미를 가지고 있다. 그런데 이처럼 누구나 가지고 있는 즉각적 감정을, 자아를 주체화하는 영혼의 노력을 통해 승화시키는 이론적·실천적 과정이 특히 푸코의 주된 관심사라고 볼 때, '배려'라는 조금은 막연한 표현이 이러한 다양한 의미를 가장 잘 담아낼 수 있다는 것이 우리 역자들의 생각이다.

2. 두 번째 변화는 푸코의 사상에 대한 지식의 심화이다. 15년 전과는 달리 오늘날 푸코라는 이름은 우리에게 그다지 낯설지 않다. 국내에서도 그에 대한 관심이 전문 연구논문을 비롯한 여러 형태로 많이 생산되었고, 우리의 번역이 이러한 지식의 심화에 조금이나마 기여했기를 바란다. 특히 《자기 배려》라는 이 책의 핵심적 개념과 연관하여 푸코의 사유를 보다 정확히 이해할 수 있는 계기가 2001년 초에 주어졌다. 1981~1982년 푸코가 콜레주 드 프랑스에서 강의한 내용을 정리한 책인 《주체의 해석학*L'herméneutique du sujet*》(Paris, Gallimard-Seuil, coll. Hautes études, 2001)이 바로 그것이다. 이 강의는 《자기 배려》의 한 장인 '자기 연마'에서 제시된 주제들에서 출발하여 고대 문화에서의 진리와 주체 사이의 관계의 역사를 재구성하는 것을 목표로 삼고 있다. 2001년 8월, 《르 몽드 디플로마티크》에 실린 기사에서 로베르 르데케르Robert Redeker는 이 책에 대해 다음과 같이 설명하고 있다.

> 플라톤주의의 철학적 수양에서 기독교의 금욕주의에 이르기까지 천 년이라는 세월이 흘렀고, 푸코가 《주체의 해석학》에서 다루고 있는 것은 바로 이 기간이다. 이 기간 동안에는 철학적 요구와 영적인 요구가 내내 연결되어 있었다. 주체가 진리에 접근할 수 있는 길에 대해 질문하는 것이 철학이라면, 영성은 주체가 진리에 접근하기 위하여 필요한 자기 변화의 가능성과 방법에 대해 질문하는 것이었다. '자기 배려'의 요구는 바로 철학의 이러한 영적인 성격의 표현이다. 데카르트는 철학에서 이러한 '자기

배려'에 종지부를 찍고, 그와 동시에 근대성의 문을 열게 된다. 《방법 서설》 이후로 사람들은, 주체는 그 본성상 아무런 예비적인 자아의 변화 없이도 진리에 접근할 수 있다고 생각하게 된다. 데카르트가 철학과 과학의 영역에서 몰아내 버린 것은 바로 '자기 배려'라는 개념으로 요약되는 주체의 변화라는 전통적인 영적 요구였던 것이다.

3. 사실상 '자기 배려'라는 주제는 단지 고대인들의 관심사만은 아니었다. 오늘날 평범한 우리 현대인들이, 특히 성이라는 주제와 관련하여 자기 자신에 대하여 얼마나 많은 관심과 우려를 보이는가는 텔레비전만 켜 봐도 분명히 드러난다. 지난 세기말, 인간은 '비아그라'라는 획기적인 발명품을 만들어 냈고, 텔레비전의 홈쇼핑 채널은 날이면 날마다 24시간 내내 우리가 (자기 자신에 대한) 근심, 걱정을 최대화하며 우리를 슈퍼맨으로 변화시킬 약품, 건강보조식품, 운동기구, 기능성 의류 등을 선전해대었다. 요컨대 자신에 대한 걱정은 고대인에게나 오늘날의 현대인에게나 마찬가지 관심사다. 다만 문제는 고대에는 한편으로는 '권력'과 다른 한편으로는 '영성'이라는 초개인적 가치체계와 이 '자기 배려'라는 개념이 연결되어 있었던 반면, 오늘날에는 그 초월성이 사라졌다는 점이다. 이처럼 세속화되고 천박한 의미에서 물질주의화된 세계에서 '자기 배려'는 어떤 의미를 지닐 수 있는가? 이러한 질문이야말로 우리가 푸코의 도움으로 해결해야 할 중대한 문제일 것이다. 왜냐하면 이 주제야말로 우리의 주체로서의 본질과, 우리가 접근할 수 있고 접근하기 원하는 진리의 본성을 드러내 보여줄 것이기 때문이다.

번역본으로는 Michel Foucault의 *Le souci de soi*(Gallimard, 1984년판)을 사용하였으며, 제 1장에서부터 제 4장 2절까지의 번역은 이혜숙이, 제 4장 3절부터 결론까지의 번역은 이영목이 맡았다. 끝으로 여러 면에서 부족했던 초판 번역을 다시 다듬을 수 있는 기회를 주신 나남출판 여러분께 감사드린다.

2004년 4월

이혜숙 · 이영목

제 1장

# 자신의 쾌락을 꿈꾸기

1. 아르테미도로스의 방법
2. 분석
3. 꿈과 행위

*Histoire de la sexualité*

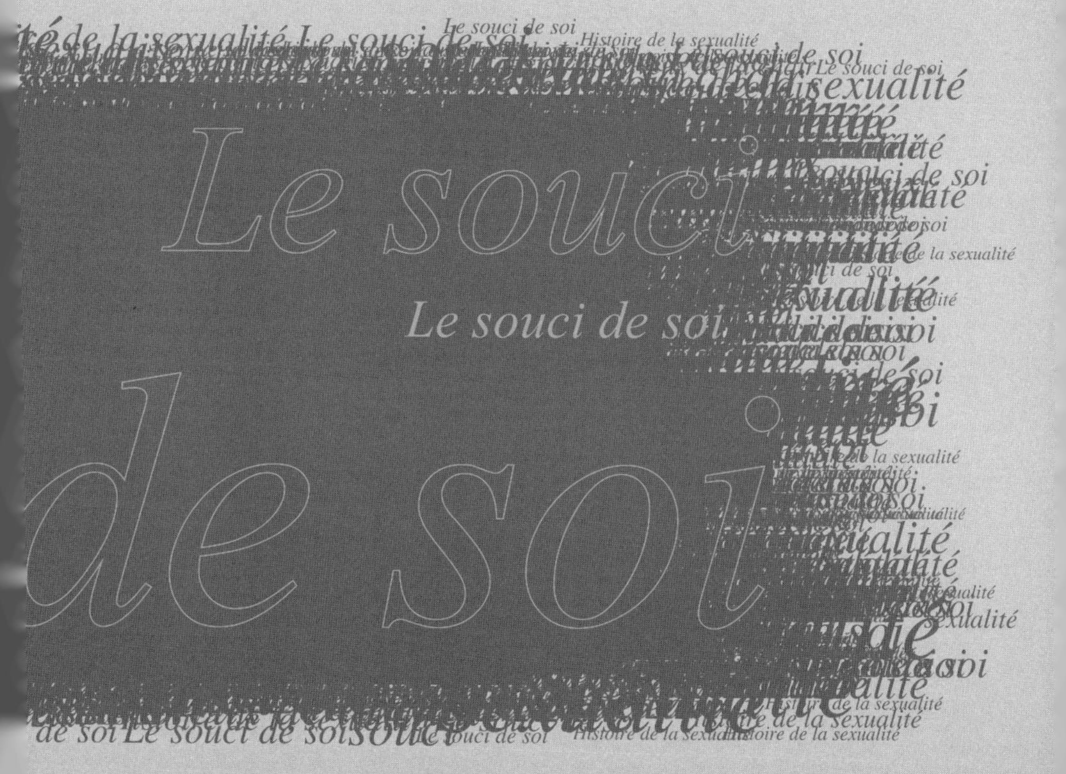

나는 매우 독특한 문헌에 대한 분석으로부터 시작하겠다. 이 문헌은 '실천'과 일상에 관한 것이지 성찰이나 도덕적 규정에 관한 것은 아니다. 이것은 현재 우리에게 남아있는 이 시기의 문헌들 중에서 있을 수 있는 다양한 성행위 형태에 대해 다소 체계적인 설명을 보여주는 유일한 문헌이다. 이 책은 대체로 이러한 행위들에 대해서 직접적이고 명시적으로 도덕적 판단을 내리지는 않는다. 그러나 일반적으로 용인된 평가의 도식들을 볼 수는 있게 해 주는데, 우리는 이 도식들이 고대에 이미 '아프로디지아aphrodisia'의 도덕적 경험을 구성하였던 일반 원칙들과 매우 가깝다는 것을 확인할 수 있다. 그러므로 아르테미도로스의 책은 하나의 지표를 구성한다. 그것은 어떤 영속성을 입증하며, 하나의 일반적인 사고방식을 보여준다. 바로 이러한 사실로부터 이 책은 쾌락과 성적 품행에 관한 철학적 혹은 의학적 성찰작업이 그 시대에 지닐 수 있었던 독특하면서 또한 부분적으로 새로운 점이 무엇인지를 헤아려 볼 수 있게 해 줄 것이다.

# 1

## 아르테미도로스의 방법

아르테미도로스의 《해몽의 열쇠》는 고대에 풍부했던 해몽解夢에 관한 저술 중에서 현재 전 권이 남아있는 유일한 문헌이다. 아르테미도로스는 서기 2세기에 활약한 작가로서, 그 자신이 직접 당시 통용되던 여러 저작들(그 중에는 이미 고서古書가 된 것들도 있는데)을 인용하는데, 에페수스의 니코스트라테스,[1] 할리카르나스의 파니아시스,[2] 텔레메소스의 아폴로도로스,[3] 안티오크의 포에부스,[4] 헬리오폴리스의 디오누시오스,[5] 박물학자인 만도스의 알렉산도로스[6]의 저술이 바

1 Artémidore, *La Clef des songes* (trad. A.-J. Festugière), I, 2.

2 *Ibid.*, 1, 2; I, 64; II, 35.

3 *Ibid.*, I, 79.

4 *Ibid.*, I, 2: II, 9; IV, 48; IV, 66.

5 *Ibid.*, II, 66.

로 그것이다. 또한 그는 텔레메소스의 알리스탄드로스[7]를 찬사와 함께 언급하며, 티르의 제미노스의 개론서 3권, 팔레르의 데메트리오스의 책 5권, 밀레의 아르테몬[8]의 책 22권도 참조하고 있다.

아르테미도로스는 자신의 저서를 카시우스 막시무스라는 사람—아마도 티르의 막심이거나 아니면 그의 아버지[9]로 여겨지는데, 바로 그가 아르테미도로스에게 자신이 지닌 지식을 사장시키지 말라고 권유했을 것이다—에게 헌정하면서, 자신은 "밤이나 낮이나 끊임없이", 꿈의 해석에 몰두하는 것 외엔 "어떠한 다른 활동도" 하지 않았다고 주장한다.[10] 이것은 이런 종류의 진술 속에서 흔히 볼 수 있는 과장된 주장일까? 아마도 그럴 것이다. 어쨌든 아르테미도로스는 현실로 확인된 꿈의 전조前兆들 중에서 널리 알려진 예들을 편집하는 것과는 전혀 다른 일을 했다. 그는 방법서 서술에 착수했으며, 그것은 다음과 같은 두 방향에서 이루어졌다. 즉, 일상적으로 유용한 개론서인 동시에 해석방법의 타당성에 관하여 쉽게 접근할 수 있는 이론서여야 한다는 것이다.

우리는 꿈의 분석이 삶의 기술에 속한다는 사실을 잊어서는 안 된다. 꿈의 이미지들 중 적어도 어떤 것들은 현실의 징조나 미래의 전언

---

6 *Ibid.*, I, 67; II, 9; II, 66.

7 *Ibid.*, I, 31; IV, 23; IV, 24.

8 *Ibid.*, I, 2; II, 44.

9 Cf. A.-J. Festugière, *Introduction à la traduction française*, p. 9; et C. A. Behr, *Aelius Aristides and the Sacred Tales*, p. 181 sq.

10 Artémidore, *Clef des songes*, II, conclusion.

傳言으로 간주되었기 때문에 그것들을 해독하는 것은 매우 가치 있는 일이었을 뿐 아니라 그러한 작업 없이는 합리적 삶 또한 거의 불가능했다. 그것은 매우 오래된 민간전통인 동시에 교양층에서도 인정된 관습이었다. 수많은 전문적 꿈 해몽가들에게 문의하는 것도 필요하지만 자신이 직접 징조들을 해독할 줄 아는 것 또한 바람직한 일이었다. 꿈의 분석이 중대한 상황에서뿐만 아니라 일상적 정황 속에서도 필수 불가결한 생활의 관습으로서 얼마나 중요하게 간주되었는지를 말해 주는 수없이 많은 증거가 있다. 그도 그럴 것이 신들은 꿈을 통해 충고나 조언을 하고, 때로는 엄명까지도 내리기 때문이다. 설사 꿈이 아무런 처방 없이 어떤 사건을 예고만 하거나, 미래의 사건이 피할 수 없는 일처럼 느껴질지라도 어떤 일이 일어날지를 미리 알고 대비하는 것은 바람직한 일이다. 아쉴 타티우스는 《레우시페와 클리토폰의 모험》에서 "신은 종종 꿈을 통해 인간들에게 미래를 계시하기를 즐긴다. 그렇게 하는 것은 인간들로 하여금 불행을 피하게 하기 위해서가 아니다. 왜냐하면 그 누구도 운명의 신보다는 강할 수 없기 때문이다. 그렇게 하는 것은 인간들로 하여금 자신들의 고통을 보다 쉽게 견딜 수 있도록 하기 위해서인데, 예고도 없이 갑자기 밀어닥친 일은 정신을 격렬한 충격으로 뒤흔들어 그로부터 헤어나지 못하게 하기 때문이다. 반면 어떤 일을 겪기 전에 그 일을 예상하는 것은 그것에 점차적으로 익숙하게 함으로써 슬픔을 감소시킨다"[11]라고 말한다. 후에 시네오시스가 꿈은 "우리와 함께 살며", "여행이나 전쟁, 공무나 농사일, 상업에서" 우리

---

11 Achille Tatius, *Leucippé et Clitophon*, I, 3.

를 따라다니는 신탁을 이룬다는 사실을 상기시킬 때, 그는 꿈을 "항상 준비가 되어 있는 예언자, 지칠 줄 모르는 과묵한 조언자로 간주하여야 하며, 따라서 우리들 모두는 "남녀노소, 부자나 빈자, 사적 시민이나 관리, 도시주민이나 시골사람, 장인이나 웅변가" "성별이나 나이, 재산이나 직업"[12]에 상관없이 꿈을 해석하는 데 열중해야 한다는, 그야말로 전통적 관점을 표출하고 있다. 아르테미도로스가 《해몽의 열쇠》를 집필한 것도 바로 이러한 정신 속에서였다.

그의 주안점은 독자에게 해석방법을, 즉 어떻게 한 편의 꿈을 여러 요소들로 분해하고 그 꿈의 진단적 의미를 확립하는지, 또 어떻게 그러한 요소들에 입각하여 전체를 해석하며, 각 부분을 해독함에 있어 이 전체를 어떻게 고려해야 하는지를 상세히 가르쳐 주는 것이다. 의미심장한 것은 아르테미도로스가 자기의 방법과 제물을 바치는 사제들의 점복술占卜術을 대조시키고 있다는 점이다. 왜냐하면 이들 사제들 또한 "각각의 징조를 하나하나 따로 고려할 때 그 중 어떤 것과 관련되는지 알"면서도, 그것을 "각각의 부분에 의거하는 것 못지않게 전체에 의거해서도 설명하고"[13] 있기 때문이다. 그러니까 문제가 되는 것은 해석을 위한 개론서인 것이다. 저술 전체가 대부분 꿈이 갖는 예언적 경이가 아니라 그것을 정확하게 말하는 기술에 집중된 이 책은 여러 범주의 독자들을 상대로 하고 있다. 아르테미도로스는 분석의 기술자들과 전문가들에게 하나의 도구를 제공하고자 하는데, 이것은

---

12 Synésios, *Sur les songes*, trad. Druon, 15~16.

13 Artémidore, *Clef des songes*, I, 12와 III, conclusion.

그 책의 제 4, 5권의 수취인인 자신의 아들의 마음을 끌기 위해 아르테미도로스가 내비친 희망이기도 하다. 즉, 자신이 아들을 위해 테이블 위에 그 책을 보관해 둔다면 아들이 "그 누구보다도 훌륭한 꿈 해석자"[14]가 될 것이라고 말이다. 그는 또 자신들이 시도했던 잘못된 방법에 실망해서 이처럼 귀중한 관행으로부터 등을 돌리려는 사람들도 똑같이 돕고자 하는데, 그러한 오류들에 맞서 그의 책은 유익한 치료책—therapeia sōtēriōdēs[15]—이 될 것이다. 그러나 아르테미도로스는 누구를 막론하고 초보적 지도를 필요로 하는 독자들에 대해서도 또한 생각한다.[16] 어쨌든 그는 그의 책을 삶에 관한 개설서로서, 생활의 여러 상황 속에서 유용한 도구로서 제시하고자 했기에 그러한 것들의 분석에도 삶에서와 같은 질서, 같은 순서를 부과하고자 했다.

아르테미도로스의 책이 지닌 '일상적 삶을 위한 개설서"로서의 성격은, 그의 책을 아리스티드—병으로 온갖 이상야릇한 우여곡절을 겪고 수많은 치료를 거듭하는 와중에도 내내 자신에게 꿈을 보내는 신의 말씀을 청취하느라 여러 해를 보낸 불안한 병자였던—의 《연설》과 비교해 볼 때 매우 잘 감지된다. 아르테미도로스에게서는 종교적 경이를 위한 자리가 거의 없다는 점을 주목할 수 있다. 또한 그의 저서는 비슷한 종류의 다른 책과는 달리, 비록 그가 전통적 문례文例에 따라 자신을 격려하고 자신의 머리맡에 와서 그 책을 쓰라고 "명령을 내렸

14 *Ibid.*, IV, préface.
15 *Ibid.*, dédicace.
16 *Ibid.*, III, conclusion.

거나 내릴 뻔했던"[17] "조국의 신"인 달디스의 아폴론을 언급하고 있다 할지라도 문화적 요법의 관행들에는 의존하지 않는다. 더욱이 그는 자신의 작업이 사라피아스가 내린 처방과 치료법을 기록했던 티르의 제미노스나 팔레르의 테메트리오스, 밀레의 아르테몬과 같은 몽복자夢卜者들의 작업과는 다르다는 것을 지적하는 데 신경쓴다.[18] 아르테미도로스가 대상으로 삼는 꿈을 꾸는 사람의 전형은 하늘로부터 주어지는 명령에 신경을 쓰면서 불안해하는 독신자篤信者가 아니다. 그가 전령으로 삼는 사람은 일개 평범한 개인으로서 대부분의 경우 남자이다(여자들의 꿈은 여러 가지 가능한 변형태로서 부수적으로 지적되는데, 경우에 따라서는 주체의 성별이 꿈의 의미를 바꾸기도 한다). 그리고 가정과 재산, 또 대부분의 경우 직업을 가진 남자(그는 상업에 종사하고, 가게를 하나 가지고 있다)이며, 종종 하인과 노예들을 거느리기도 한다(그러나 이들을 거느리지 못한 경우도 고찰된다). 그의 주요한 관심사에는 본인의 건강 외에도 측근자들의 생사, 사업의 성공, 치부致富와 가난, 자식들의 결혼, 간혹 치러야 할 도시국가에서의 직무 등이 포함된다. 요컨대 그는 평균 수준의 고객이라 할 수 있다. 이처럼 아르테미도로스의 저작은 하나의 생활방식과 보통 사람들이 지닌 관심사들의 한 유형을 드러낸다.

그러나 카시우스에게 바치는 헌사 속에서 아르테미도로스가 언급하듯이 이 책은 이론적 목적 또한 지니고 있다. 그는 몽복술의 반대자

---

17 *Ibid.*, II, conclusion.

18 *Ibid.*, II, 44.

들을 논박하고자 하며, 미래를 알리는 징후를 해독하기 위해 사용하는 어떠한 형태의 점술도 좀처럼 믿으려 들지 않는 회의주의자들을 설득시키고 싶어한다. 그리고 결과에 대한 적나라한 설명보다는 신중한 조사방식과 방법적 논쟁을 통해 자신의 이러한 확신을 밝히고자 한다.

그는 이전의 문헌들이 불필요하다고 주장하지 않으며, 오히려 그것들을 읽는 데 신경을 썼다. 그러나 그것은 흔히 사람들이 하듯 이전의 문헌들을 다시 베끼기 위해서가 아니다. "이미 이야기된 것" 속에서 그의 주의를 끄는 것은 기성의 권위라기보다는 풍부하고도 다양한 경험이다. 그런데 그는 이러한 경험을 몇몇 위대한 작가에게서가 아니라 그것이 형성되는 장소, 바로 그곳에서 찾고자 했다. 아르테미도로스는 자신이 매우 폭넓게 조사했음을 자랑스럽게 생각하는데, 그는 이 점을 카시우스 막시무스에게 바치는 헌사에서 언급한 바 있으며, 그 뒤에도 반복하여 언급하고 있다. 그는 수많은 저작들을 대조해 보았을 뿐만 아니라, 꿈의 해독자들과 미래의 예언자들이 경영하는 지중해의 교차로에 위치한 가게들을 끈기 있게 탐방하였다. "내 경우에, 그러한 목적에 이르기 위한 방대한 연구 속에서 내가 손에 넣지 못한 해몽술 책은 한 권도 없었을 뿐 아니라, 심각한 체하면서 눈살을 찌푸리는 자들이 광장의 예언자들을 사기꾼, 협잡꾼, 어릿광대라고 부르며 심한 비난을 가하는 가운데서도 나는 그런 중상모략을 무시하고 여러 해에 걸쳐 그들과 교류하면서 그리스의 마을과 섬, 아시아와 이탈리아, 또 가장 규모가 크고 인구가 많은 섬 등지로 오래된 꿈과 그것의 실현을 들으러 다니는 데 주력했다. 사실 이와 같은 학문에서는 훈련을 잘 쌓는 것 외엔 다른 방법이 없었다."19 그럼에도 불구하고 아르테미도로스는 자신이 이야기하는 그 어떤 것도 있는 그대로 전달하지 않고 이를 자신이 말하는 모든 것의 '척도'이자 '증인'인 '경험peira'의 심판에 맡기고 싶어한다.[20] 그리고 바로 이 점에서 그는 자신이 의거하는 정보를 다른 출처에 접근시켜 보거나 그 자신의 고유한 경험과 대조해 보고, 추론과 증명 작업을 통해 검토해 보고자 한다. 이렇게 함으로써 그 어떤 것도 "경솔히" 이야기되거나 "단순한 억측"에 의해 이야기되지는 않을 것이다. 우리는 조사방법과 '역사historia'나 '경험peira'과 같은 개념들, 그리고 이 시기 들어 회의적 사고의 다소간 직접적인 영향하에 박물학과 의학 분야에서 이루어진 지식의 축적 과정을 특징짓던 통제와 "검사"의 형태들을 발견할 수 있다.[21] 아르테미도로스의 저술은 전통적이고 광범위한 문헌조사 작업을 토대로 꼼꼼한 성찰을 보여준다는 점에서 상당한 장점을 지닌 책이다.

이와 같은 문헌에서는 준엄한 도덕의 정식화나 성적 품행에 관한 새로운 제약의 출현을 살피는 것이 문제가 되지는 않는다. 이러한 문헌은 그보다는 차라리 당시 통용되던 평가방식이나 일반적으로 받아들여지던 태도들에 관한 정보를 제공한다. 그러나 그렇다고 해서 이 문헌에서 철학적 성찰이 빠져 있는 것은 아니다. 오히려 우리는 이 책 속

---

19 *Ibid.*, dédicace.

20 *Ibid.*, II, conclusion.

21 R. J. White는 아르테미도로스 저작의 영역판 서문에서, 아르테미도로스에게서 나타나는 경험주의적이고 회의주의적인 영향의 몇몇 흔적을 강조한다. 그럼에도 불구하고 A. H. M. Kessels("Ancient Systems of Dream Classification", *Mnemosuné*, 1969, p. 391)는 아르테미도로스가, 매일 취급해야 했던 꿈만을 해석한 일개 치료사에 불과했다고 단정한다.

에서 당대의 문제들과 논쟁들에 대한 상당히 명확한 언급들을 찾을 수 있다. 하지만 이 언급들은 가치판단이나 도덕적 내용에 관한 것이 아니라 해석절차와 분석방법에 관한 것이다. 해석의 근거가 되는 자료, 해석에서 전조前兆의 자격으로 취급되는 꿈의 장면들, 그것이 예고하는 상황과 사건, 이러한 것들은 일상적이고 전통적인 풍경에 속한다. 그러므로 우리는 아르테미도로스의 이 저술로부터 당시 매우 널리 퍼져 있었고, 아마도 상당히 오래 전부터 확립되었을 도덕적 전통에 대한 증언을 듣게 되리라 기대해도 좋을 것이다. 그러나 설사 이 책이 세부적으로 풍부하다 할지라도, 또 꿈에 나타난 다양한 성행위와 성 관계에 대해서 동시대의 그 어떤 책보다도 더 체계적인 도표를 제시한다 할지라도, 이 책은 결코 그러한 행위나 관계에 대한 판단을 정식화하는 데 일차적 목표를 두는 도덕개론서가 아니라는 점을 유념해야 한다. 우리가 꿈의 해석을 통하여 꿈속 장면이나 그러한 장면에서 제시된 행동에 대한 판단을 엿볼 수 있는 것은 오로지 간접적 방식에 의해서이다. 도덕적 원칙은 그 자체로서 제기되지 않고 오로지 분석과정을 거쳐서만, 다시 말해서 해석을 재해석함으로써만 드러난다. 바로 이 점에서, 성적인 꿈의 분석 밑에 감춰진 도덕을 밝혀내기 위해서는 먼저 아르테미도로스가 적용한 분석방법에 잠시 주목할 필요가 있다.

1. 아르테미도로스는 꿈을 두 가지 형태로 구분한다. 먼저 "에누프니아enupnia"로서의 꿈이 있는데, 이것은 "영혼이 움직이는 대로 영혼을 따라 같이 가고 있는", 주체의 현재 감성 상태를 나타낸다. 가령 우리는 사랑에 빠지면 우리가 사랑하는 대상의 현존을 갈망하게 되고,

그리하여 그 대상이 등장하는 꿈을 꾸게 된다. 음식을 먹지 못하여 식욕을 느끼면 먹는 꿈을 꾸고, 그 반대로 "너무 많은 음식물을 먹은 사람은 토하거나 질식하는 꿈을 꾸게 된다". 22 또 적을 두려워하는 자는 적들에 둘러싸이는 꿈을 꾼다. 이러한 형태의 꿈은 단순한 증상적 가치를 지닌다. 그것은 현재성(현재에서 현재까지) 속에서 이루어지며, 자고 있는 주체에게 그 주체 자신의 상태를 드러낸다. 다시 말해서 육체적 측면에서 결핍되거나 과도한 것을, 그리고 정신적 측면에서 두려워하거나 욕망하는 것을 드러낸다.

"오네이로이스oneirois"로서의 꿈은 이와는 다르다. 아르테미도로스는 이것의 특성과 기능을 자신이 제시한 3가지 "어원" 속에서 쉽게 찾아낸다. 오네이로스, 그것은 "투 온 에이레이to on eirei", 즉 "존재를 말하는 것"이다. 그것은 시간의 사슬 속에 이미 존재하고 있다가 가까운 미래에 사건으로서 나타날 그 어떤 것이다. 그것은 또한 마음에 작용하는 것이고 마음을 선동하는 것 — "오레이네이oreinei" — 이다. 말하자면 오네이로스로서의 꿈은 마음을 변화시키고, 형성하며, 또 규정한다. 마음을 그때그때의 기분 속에 빠져들게 하며 마음속에 마음속에서 나타나는 것과 상응하는 움직임을 유발한다. 마지막으로 우리는 이 "오네이로스oneiros"라는 단어 속에서, 사람들이 위탁한 전언들을 지니고 다녔던 이타크의 거지, 이로스의 이름을 알아보게 된다. 23 따라서 용어 자체로만 보면 "에누프니온enupnion"과 "오네이로스oneiros"는

22 Artémidore, *Clef des songes*, I, 1.
23 *Ibid.*, I, 1. Cf. *Odyssée*, XVIII, 7.

서로 대립된다. 즉, 전자는 개인에 관해 말하는 반면, 후자는 세상사에 관해 말한다. 또 전자는 육체와 영혼의 상태로부터 파생된 것인 반면, 후자는 시간의 사슬이 어떻게 전개될지를 미리 말해 주는 것이다. 전자가 욕망과 혐오감의 영역에서 너무 과도하거나 혹은 지나치게 결핍된 것의 작용을 드러낸다면, 후자는 영혼에 신호를 보냄과 동시에 영혼을 형성한다. 한편으로 욕망에 대한 꿈rêve이 현재 상태에서의 마음의 현실을 드러낸다면, 다른 한편으로 존재에 대한 꿈songe은 세계의 질서 속에서 사건의 미래를 말해 준다.

꿈의 이러한 두 가지 범주마다 또 다른 형태의 구분, 이른바 제 2의 분류가 시도된다. 즉, 해독이나 해석을 필요로 하지 않고 투명한 방식으로 자신을 명확히 드러내는 것과, 비유적 방식으로 처음 드러나는 것과는 다른 것을 말하는 이미지들 속에서만 자신을 드러내는 것으로의 분류가 바로 그것이다. 상태에 대한 꿈에서 욕망은, 욕망의 대상이 쉽게 식별할 수 있는 모습으로 드러남으로써(욕망하는 여인을 꿈속에서 보는 것) 표명될 수 있지만, 문제가 되는 대상과 유사관계가 다소 먼 이미지에 의해서도 드러날 수 있다. 사건에 대한 꿈에서도 이와 유사한 차이가 있다. 그러한 꿈 중 어떤 것은 이미 존재하는 것의 미래의 양상을 그 자체로 보여줌으로써 사건을 직접적으로 나타낸다. 가령 꿈속에서 배가 침몰하는 것을 보면 조금 후에 배가 침몰하게 된다. 또 상처 입는 꿈을 꾸면 다음날 상처를 입게 된다. 이러한 것은 이른바 "정리적定理的인" 꿈이다. 그러나 또 다른 경우를 보면 사건과 이미지의 관계는 간접적이다. 가령 암초에 부딪혀 부서지는 배의 이미지는 이 꿈을 꾸는 사람이 노예일 경우에는 파산이나 불행을 의미하는 것이 아니라, 오히려 조만간 있게 될 노예 신분의 해방을 의미할 수도 있는데, 바로 이러한 것이 '우의적' 꿈이다.

그런데 이러한 두 가지 구분 사이의 작용은 해석자에게 실제적 문제를 제기한다. 꿈에 나타난 하나의 장면을 가정해 보자. 그것이 상태의 꿈과 관계되는지 사건의 꿈과 관계되는지 어떻게 구별하는가? 이미지를 이미지가 보여주는 것을 직접적으로 예고하는 것으로 보아야 할지 아니면 그것과 다른 어떤 것의 표현으로 보아야 할지 어떻게 결정하는가? 아르테미도로스는 처음 3권에 이어 쓰여진 4권의 처음 몇 페이지에서 이러한 어려움에 대해 언급하면서 꿈을 꾸는 주체에 대해 자문하는 일이 중요하다고 강조한다. 그의 설명에 따르면 상태의 꿈이 "덕성스런" 영혼을 지닌 사람들에게는 나타나지 못할 것이라는 것은 매우 분명하다. 사실 그러한 사람들은 비이성적 충동, 따라서 욕망이나 두려움 같은 정념들 또한 다스릴 줄 알기 때문이다. 또한 그들은 자신들의 육체에 대해서도 과하지도 덜하지도 않은 균형 상태를 유지할 수 있다. 따라서 그들에게는 동요가 없으며, 따라서 언제나 감성적 상태의 표출로 이해되어야 할 "에누프니온enupnion"으로서의 "꿈rêve"도 없다. 더욱이 잠 속에서 마음과 육체의 무의식적 충동이나 욕망을 드러내는 꿈이 사라지는 것으로 표출된다는 것은 모랄리스트들에게서 자주 언급되는 주제 중 하나이다. 세네카는 "사람이 자면서 꾸는 꿈은 그가 보낸 낮만큼이나 소란스럽다"[24]고 말하였다. 플루타르쿠스는 제논에 의거하여, 추잡한 행위를 하는 데서 쾌락을 느끼는 꿈을 더 이상 꾸

---

**24** Sénèque, *Lettres à Lucilius*, 56, 6.

지 않는다는 것은 진보의 표시라는 점을 상기시킨다. 또한 그는 깨어 있을 동안은 욕망에 대항해 싸우고 저항할 힘이 충분히 있었음에도 불구하고 밤이 되면 "통념과 법률에서 해방되어" 더 이상 아무런 수치심을 느끼지 않게 되는 사람들에 대해서도 언급하는데, 말하자면 그때 그 사람들 내부에서는 비이성적이고 외설적 측면들이 깨어나고 있었던 것이다.[25]

어쨌든 아르테미도로스가 볼 때 상태에 대한 꿈은 두 가지 형태를 띠고 나타날 수 있다. 대부분의 사람들에게 욕망이나 증오는 직접적으로 적나라하게 나타난다. 그러나 자신의 꿈을 해석할 줄 아는 사람들에게는 징후를 통해서만 드러나는데, 그것은 그들의 영혼이 "보다 교활한 방법으로 그들을 골탕먹이기" 때문이다. 가령 해몽술에 무지한 남자는 꿈속에서 자신이 욕망하는 여자를 보거나, 자신이 그토록 죽기를 바라는 스승의 죽음을 보게 될 것이다. 그러나 불신에 가득 찬 전문가의 노련한 영혼은 자신이 처한 욕망의 상태를 그런 식으로 보여주는 것을 거절할 것이다. 그의 영혼이 농간을 부린 결과 그는 자신이 욕망하는 여인을 직접 보는 대신 그 여인을 가리키는 어떤 것의 이미지, 즉 "말, 거울, 배, 바다, 사나운 맹수의 암컷, 여성의 의복" 등을 보게 될 것이다. 아르테미도로스는 노련한 영혼의 소유자임이 틀림없는 화가 코렝트를 예로 드는데, 그는 꿈속에서 자기 집 지붕이 무너지고 자신이 참수형을 당하는 것을 보았다. 여기서 우리는 그것이 미래의 사건에 대한 징후라고 추측해 볼 수도 있을 것이다. 그러나 사실상

---

**25** Plutarque, *Quomodo quis suos in uirtute sentiat profectus*, 12.

그것은 그가 스승의 죽음을 갈망한 데서 꾸게 된 — 그러나 아르테미도로스가 지나가면서 지적한 바에 따르면 그 스승은 여전히 살아 있는데 — 꿈이었다.[26]

한편 사건에 대한 꿈으로 말하자면, 명백하고 "정리적定理的인" 꿈과, 유추의 방법을 통해 그것이 드러내는 것과는 다른 사건을 예고하는 꿈을 어떻게 구별할 수 있는가? 명백히 해석할 필요가 있는 특별한 이미지들을 별도로 한다면, 사건을 명확하게 예고하는 이미지들은 현실에 의해 확인된다. 다시 말해서 정리적 꿈은 해석의 여지나 불가피한 지연 없이 그것이 예고하는 바를 곧장 드러낸다. 반면 우의적 꿈은 그것이 곧바로 현실화되지 않는다는 사실로부터 정리적 꿈과는 쉽게 구별되는데, 그럴 경우에는 그것을 검토하여 해석하는 것이 바람직하다. 한 가지 덧붙여 말한다면 덕성스런 영혼 — 상태에 대한 꿈rêve은 꾸지 않고 사건에 대한 꿈songe만을 꾸는 — 은 대개 정리적 꿈들이 제시하는 명백한 비전만을 알아본다는 것이다. 아르테미도로스는 이러한 특권을 설명해야 할 필요성을 느끼지 않는다. 순수한 영혼들에게는 신이 직접 이야기한다는 것을 인정하는 것은 하나의 전통이었기 때문이다. 《국가》에서 플라톤이 한 말을 상기해 보자. "그가 '욕망과 분노'라는 영혼의 두 부분을 가라앉히고 나서 지혜가 머무르고 있는 영혼의 3번째 부분을 고무한 뒤 마침내 휴식에 몸을 내맡길 때, 그대도 알다시피 영혼은 바로 이러한 상태에서 진리에 가장 잘 도달할 수 있다."[27] 또 아프로디지아스의 카리톤의 소설을 보면, 칼리로에는 마침

26 Artémidore, *Clef des songes*, IV, préface.

내 모든 시련을 끝내고 미덕을 지키기 위한 그간의 긴 투쟁을 보상받게 될 순간에 이르러, 이 소설의 결말을 예고하는 한편 그녀를 보호하는 여신 편에서 본다면 전조이자 약속이 될 한 편의 "정리적" 꿈을 꾸게 된다. 그 꿈속에서 "그녀는 여전히 처녀로 시라쿠스에서 살고 있었는데, 아프로디테의 사원에 들어갔다가 집으로 돌아오는 길에 카에레아스를 발견하게 된다. 그리고 그 후 결혼식 날이 되어 마을은 온통 꽃으로 장식되고 그녀 자신은 아버지, 어머니와 함께 약혼자의 집까지 가게 된다".**28**

우리는 아르테미도로스가 꿈의 유형들과 의미 방식, 또 주체의 존재 양상들 사이에 설정한 관계들에 따라 아래와 같은 표를 그릴 수 있다.

해몽 작업의 영역을 규정하는 것은 바로 이 표의 마지막 칸, 즉 평범한 영혼 속에서 일어나는 사건들에 대한 우의적 꿈이다. 해석의 여지가 생기는 것은 바로 이 경우인데, 왜냐하면 이러한 꿈에서는 어떤 광경이 투명하게 드러나지 않고 드러나는 것과는 다른 것을 말하는 이미지를 사용하기 때문이다. 해석이 유용해지는 것은 바로 이 점에서

| | | 상태에 대한 꿈 | | 사건들에 대한 꿈(songes) | |
|---|---|---|---|---|---|
| | | 직접적으로 | 징조에 의해 | 정리적 | 우의적 |
| 덕성스런 영혼의 경우 | | 결코 일어나지 않음 | | 대개의 경우 | |
| 평범한 영혼의 경우 | 전문가 | | 대개의 경우 | | 대개의 경우 |
| | 비전문가 | 대개의 경우 | | | |

---

**27** Platon, *République*, Ⅸ, 572a~b.

**28** Chariton d'Aphrodisias, *Les Aventures de Chaeréas et de Callirhoé*, V, 5.

인데, 왜냐하면 해석은 직접적이지 않은 사건에 대비할 수 있게 해 주기 때문이다.

2. 꿈의 알레고리에 대한 해독은 유추의 방법을 통해 이루어진다. 아르테미도로스는 여러 번 이 방법으로 되돌아간다. 다시 말해 해몽술은 유사의 법칙에 근거하여 "비슷한 것들을 서로 접근시켜 봄"29으로써 이루어진다.

아르테미도로스는 이러한 유추를 두 가지 차원에서 작동시킨다. 우선 문제가 되는 것은 꿈의 이미지와 그것이 예고하는 미래의 요소들 사이의 성질상의 유추이다. 이러한 유사성을 간파하기 위하여 아르테미도로스는 다양한 방법을 사용한다. 예컨대 질적 동일성에 의한 방법(몸이 불편해지는 꿈은 장래에 건강이나 재산이 "나쁜 상태"가 됨을 의미한다. 또 진창에 대한 꿈은 몸이 유독한 물질로 가득 차게 될 것을 암시한다), 단어들 간의 동일성에 의한 방법(숫양은 크리오스-크레이온의 유희 때문에 계율을 의미한다)30(역자 주: 크리오스는 숫양, 크레이온은 제단을 의미한다), 상징적 유사성에 의거한 방법(사자에 대한 꿈은 육상경기에서 우승할 징조이며, 폭풍우에 대한 꿈은 불행의 징조이다), 신앙이나 민간 속담, 신화적 주제(곰은 아르카디아의 님프 칼리스토 때문에 여자를 나타낸다),31 동일한 존재 범주에 의거한 방법(결혼과 죽음은 둘 다 일종의

---

29 Artémidore, *op. cit.*, II, 25.

30 *Ibid.*, II, 12. Cf. A.-J. Festugière의 주석, p. 112.

31 *Ibid.*, II, 12.

텔로스telos, 즉 삶의 목적이나 종말로 간주되기 때문에 꿈속에서는 같은 의미를 가질 수 있다), **32** 관습의 유사성에 의거한 방법(병자의 경우 처녀와 결혼하는 것은 죽음을 의미하는데, 결혼에 따르는 모든 예식 절차는 장례식에서도 그대로 행해지기 때문이다) **33** 등이 그것이다.

또한 가치상의 유추가 있다. 이것은 해몽술이 일어날 사건이 길한 것이냐 아니냐를 결정짓는 기능을 갖는다는 점에서 매우 중요하다. 아르테미도로스의 책에서 꿈의 기의記意와 관련된 모든 영역은 이분법적 방법에 따라 좋은 일과 나쁜 일, 상서로운 일과 상서롭지 못한 일, 행운과 불행으로 나누어진다. 그러므로 문제는 꿈속에서 재현되는 행위가 원래 그것이 지닌 가치대로 일어날 사건을 '어떻게' 예고할 수 있는가 하는 점이다. 일반적 원칙은 간단하다. 꿈이 나타내는 행위가 그 자체로 좋은 것이라면 그 꿈은 길吉한 것이다. 그러나 그러한 가치를 어떻게 측정하는가? 아르테미도로스는 다음과 같은 6가지의 기준—꿈에 나타난 행위가 자연에 부합하는가? 법률에 부합하는가? 풍습에 부합하는가? "테크네technē", 다시 말해서 어떤 행위가 원래 그것이 목적한 바에 도달할 수 있도록 해 주는 규칙들과 관행들에 적합한가? 시기에 부합한 것인가?(다시 말해서 적절한 시기와 상황에서 이루어졌는가?) 끝으로 이름은 어떠한가?(그 자체로 길조인 이름을 지니고 있는가?)—을 제시한다. "자연이나 법률, 관습이나 기술, 또는 이름이나 시기에 부합되는 꿈의 모든 장면은 길조이며, 그와 반대되는 장면은

---

**32** *Ibid.*, II, 49 et 65.

**33** *Ibid.*, II, 65.

상서롭지 못하거나 유익하지 못하다는 것이 바로 하나의 일반 원칙이다."[34] 아르테미도로스는 분명, 이 원칙이 보편적인 것은 아니며 예외를 포함한 것이라고 즉각 덧붙일 것이다. 거기에는 일종의 가치전도가 있을 수도 있다. "꿈속에서는 길조"인 어떤 꿈들이 "꿈 밖에서는 나쁠" 수도 있다. 즉, 꿈속에서 그려진 행위는 좋은 것이지만 (가령 신과 함께 식사하는 꿈은 그 자체로는 긍정적인 것이다), 예측된 사건은 부정적(왜냐하면 만약 그 신이 아들에 굴복한 크로노스라면, 그 이미지는 감옥에 가게 될 것을 의미하기 때문이다) 일 수도 있다.[35] 그와는 반대로 어떤 꿈들은 "꿈속에서는 나쁜 것"이었는데, "꿈 밖에서는 좋은 것"이 된다. 가령 어떤 노예가 전쟁에 나가는 꿈을 꾼다면 이것은 그 노예의 해방을 알리는 꿈인데, 왜냐하면 군인이 노예일 수는 없기 때문이다. 따라서 이처럼 긍정적이거나 부정적인 징조와 기의들을 둘러싸고 다양한 변형의 여지가 존재한다. 문제가 되는 것은 극복할 수 없을지도 모르는 어떤 불확실성이 아니라, 꿈의 이미지가 지닌 모든 양상, 예컨대 꿈을 꾸는 사람의 상황과 같은 모든 양상을 고려해야 하는 어떤 복잡한 영역인 것이다.

아르테미도로스가 행한 성적인 꿈들의 분석을 살펴보기에 앞서 우리가 행한 다소 긴 이러한 우회는, 해석의 메커니즘을 포착하고 또 성행위에 대한 도덕적 평가가 그러한 행위를 재현하는 꿈의 점술占術 속에서 어떻게 드러나는지를 규정하기 위해서 필요한 것이었다. 사실

**34** *Ibid.*, IV, 2.
**35** *Ibid.*, I, 5.

이 문헌을 성행위가 지닌 가치나 정당성에 관한 직접적인 자료로 이용하는 것은 경솔한 짓이 될 것이다. 아르테미도로스는 그러한 행위를 저지르는 것이 좋은 것인지 나쁜 것인지, 도덕적인지 비도덕적인지 말하지 않고 다만 그런 행위를 저지르는 꿈을 꾸는 것이 좋은 것인지 나쁜 것인지, 이로운 것인지 위험한 것인지 말하고 있다. 따라서 우리가 끌어낼 수 있는 원칙도 행위 자체에 관한 것이 아니라 그러한 행위의 창조자, 아니 꿈의 장면에서 꿈의 창조자를 대표하고 바로 그 점에서 그에게 일어나게 될 행운이나 재난을 점치게 하는 만큼 차라리 성행위자라고 말해야 할 사람에 대한 것이다. 해몽의 두 가지 큰 규칙 — 다시 말해 꿈은 존재를 말하되 유추의 형식으로 말한다는 — 은 여기서 다음과 같이 작용한다. 즉, 꿈은 현실 속에서 주체의 존재양식을 특징짓게 될 사건이나 행운 혹은 불운, 번영 혹은 불행을 말하되, 꿈속 성행위 장면의 행위자로서의 주체의 존재양상 — 좋거나 나쁘거나, 길하거나 흉하거나 — 과의 유추관계를 통해서 말하는 것이다. 따라서 우리는 이 문헌 속에서 해야 할 것과 하지 말아야 할 것에 대한 규범을 찾지 말고 아르테미도로스의 시대에도 여전히 통용되던 주체의 윤리학을 계시해 줄 것을 찾도록 하자.

## 2

# 분석

아르테미도로스는 성적인 꿈에 4개의 장 — 여기에 흩어져 있는 많은 주석들도 덧붙여져야 하는데 — 을 할애한다.[1] 그는 법률에 부합하는 행위kata nomon, 법률에 위배되는 행위para nomon, 자연에 위배되는 행위para phusin라는 3가지 행위유형의 구분을 중심으로 자신의 분석을 체계화한다. 그의 구분은 결코 명료하지 않으며 그 용어들 중 어떤 것도 명확하지 않다. 이 때문에 우리는 지적된 범주가 어떻게 유기적으로 구성되는지 혹은 "자연에 위배되는 것"을 "법률에 위배되는 것"의 하위 범주로 이해해야 할 것인지 알 수가 없다. 심지어 어떤 행위들은 두 가지 항목에 동시에 들어가 있다. 그러므로 가능한 모든 성행위를 합법적 영역, 비합법적 영역, 자연에 위배되는 영역으로 나누는 엄밀한 분

1 Chap. 77~80 de la 1ère partie.

류방법을 가정하지는 말자. 그렇긴 하지만 이러한 분류를 세부적으로 따라가다 보면, 어떤 이해의 여지가 나타남을 볼 수 있다.

1. 먼저 "법률에 부합되는" 행위에 관한 장을 살펴 보자. 우리의 회고적 시선으로 볼 때 이 장에서는 간통과 결혼, 창녀들과의 빈번한 접촉, 집안 노예를 상대하는 경우, 하인에 의한 수음手淫과 같은 매우 상이한 것들이 뒤섞여 있는 것처럼 보인다. 그러나 이 법률과의 부합성이라는 개념이 무엇을 의미하는가 하는 문제를 잠시 제쳐두고 본다면 이 장의 한 구절은 사실상 분석의 흐름을 매우 잘 보여 준다고 할 수 있다. 아르테미도로스는 꿈에 나타나는 여자들은 "꿈을 꾸는 사람이 떠맡게 된 활동에 대한 이미지"라는 점을 전제한다. "따라서 그 여자가 누구이든, 그 여자가 처한 상황이 어떠하든 간에 그 여자의 활동은 꿈꾸는 사람을 그 여자가 처해 있는 바로 그러한 상황 속으로 밀어 넣는다."[2] 우리는 아르테미도로스에게서 꿈의 예측적 의미, 따라서 일정한 방식으로 꿈에 나타난 행위의 도덕적 가치를 결정하는 것은 그 행위 자체의 형태가 아니라 남자가 됐건 여자가 됐건 파트너의 조건이라는 점을 이해해야 한다. 이때 조건이란 말은 넓은 의미에서 이해되어야 한다. 그것은 "상대방"의 사회적 신분이다. 그리고 그것은 그가 미혼인지 기혼인지, 자유인인지 노예인지, 젊었는지 늙었는지, 부자인지 가난한지의 여부를 의미하며, 또한 상대방의 직업, 상대방을 만난 장소, 꿈꾼 사람에게 그 사람이 차지하는 상대적 위치(아내, 애인,

2 *Ibid.*, I, 78.

노예, 손아래의 피보호인 등)를 의미한다. 이로써 우리는 겉으로 드러나는 무질서 이면에서 이 책이 전개되는 방식을 이해할 수 있게 된다. 즉, 이 책은 파트너의 지위나 파트너와 꿈꾸는 사람과의 관계, 꿈꾸는 사람이 파트너와 만나는 장소에 따라 가능한 종류의 파트너들을 순서대로 기술하고 있다.

이 책이 언급하는 처음 세 사람은 아내, 애인, 창녀라는, 사람들이 접할 수 있는 여자의 전통적인 3가지 범주를 재현하고 있다. 자기 아내와 관계를 맺는 꿈은 길한 징조인데, 그것은 아내가 일이나 직업과 자연스러운 유추관계에 있기 때문이다. 그는 일과 직업에서처럼 아내에 대해서도 합법적이고 승인된 행위를 행사하는 것이며, 번창하는 사업에서와 마찬가지로 아내에게서도 이득을 취한다. 따라서 아내와의 관계에서 얻는 쾌락은 일로부터의 수익에서 취할 수 있는 기쁨을 예고한다. 한편 아내와 애인 사이에는 아무런 차이도 없다. 창녀의 경우는 다르다. 아르테미도로스의 분석은 매우 흥미롭다. 그에 따르면 사람들이 쾌락을 얻는 대상으로서의 여성은 그 자체로는 긍정적 가치를 지닌다. 그리고 일상적 용어로 종종 "일하는 여자들"이라고 불리는 이 여자들은 그러한 쾌락을 제공하기 위해 존재하며, "아무런 거절 없이 자신의 몸을 허락한다". 그렇다고는 하나 이런 부류의 여자들을 자주 찾는 것은 "다소 부끄러운" 일이며 수치이자 또한 낭비이기 때문에, 그러한 여자들이 등장하는 꿈이 예고하는 사건은 분명 어느 정도 가치를 잃게 될 것이다. 그런데 특히 부정적 가치를 가져오는 것은 매음賣淫장소이다. 이는 두 가지 이유에서인데, 그 중 하나는 언어적 차원에 속한 것이다. 매음굴이 작업장이나 가게ergastērion라는 긍정적 의미를 함축한 용어로 지칭된다 하더라도, 매음굴은 또한 묘지처럼 "모든 사람을 위한 장소", "공공장소"로 불리기 때문이다. 또 다른 한 가지 이유는 철학자와 의사의 성 윤리학에서 자주 언급되는 사항 중 하나에 관계된 것이다. 즉, 창녀와의 접촉은 여자라면 당연히 보장할 수 있는 자손의 생산이라는 소득도 없이 정액만 헛되이 낭비, 소모하는 행위라는 것이다. 바로 이러한 두 가지 이유 때문에 꿈속에서 창녀집에 가는 것은 죽음을 예고할 수 있다.

아내와 애인과 창녀라고 하는 고전적 3인조의 보완물로서, 아르테미도로스는 우연히 만나게 된 여자들에 대해서 언급한다. 이때 꿈이 미래에 대해서 어떠한 가치를 갖는가 하는 것은 꿈에 나타난 여자들이 사회적으로 어떠한 가치를 지니느냐에 달려있다. 꿈에 나타난 여자가 부자인가? 옷을 잘 차려 입고 보석으로 잘 치장했는가? 남자의 뜻에 잘 따르는가? 그렇다면 그 꿈은 뭔가 길한 것을 예고한다. 반면 꿈에 나타난 여자가 늙고 못생기고 가난하다면, 그리고 자진해서 몸을 허락하지 않는다면 그 꿈은 불길한 것이다.

한 집안의 동거인들은 하인과 노예라는, 성적 파트너의 또 다른 범주를 제공한다. 이 경우 그들은 직속 소유물로 분류되는데, 노예가 재산을 암시하는 것은 유추에 의해서가 아니다. 왜냐하면 그들은 재산의 필수 불가결한 일부를 이루기 때문이다. 그러므로 꿈속에서 이러한 유형의 인물을 상대로 느끼는 쾌락은 당연히 "자신의 소유물로부터 즐거움을 끌어낼 것이며, 필시 재산이 점점 더 엄청나게 불어날 것"이라는 사실을 지적한다. 말하자면 그것은 권리를 행사하는 것인데, 왜냐하면 재산을 이용하기 때문이다. 따라서 그것은 사회적 지위와 합법성을 실현시키는 길한 꿈이다. 상대가 소녀이든, 소년이든 간에 파트너의 성은 물론 거의 중요치 않으며, 요점은 그가 노예라는 사실이다. 그 반면에 아르테미도로스는 하나의 중요한 구별에 역점을 둔다. 그것은 성행위 시 꿈꾸는 사람의 체위에 관련된 것으로, 그가 능동적인가 아니면 수동적인가 하는 점이다. 하인의 몸 아래 있는 경우, 즉 꿈속에서 사회적 위계가 전도되는 경우는 불길한 징조에 속한다. 그것은 아랫사람으로부터 해를 입거나 모욕을 당할 징조이다. 그런데 아르테미도로스는 여기서 문제가 되는 것은 자연에 위배되는 과실이 아니라 사회적 위계질서의 훼손, 정당한 역학관계에 대한 위협임을 분명히 하면서, 꿈꾸는 사람이 적이나 친형 또는 친동생에 의해 소유당하는 꿈들(이것은 평등관계가 깨어짐을 의미한다) 이 갖는 부정적 가치에 대해서도 슬쩍 언급하고 지나간다.

곧 이어서 관계군群이 등장한다. 길한 것은 평소 알고 있던 미혼의 부유한 여자와 관계를 맺는 꿈인데, 그 이유는 몸을 허락하는 여자는 육체뿐만 아니라 "몸과 관련된" 것들, 즉 몸과 함께 자신이 소지한 것들(옷, 보석, 그리고 일반적으로 자신이 지닌 모든 물적 재산들) 을 주기 때문이다. 반면 결혼한 여자와 관계를 맺는 꿈은 상서롭지 못하다. 결혼한 여자는 자기 남편의 권한 아래 있을 뿐 아니라, 법은 유부녀에게 접근하는 것을 금하고 간통한 자들을 벌하기 때문이다. 따라서 이런 꿈을 꾸는 경우, 그 사람은 장래에 같은 종류의 벌을 받을 것임에 틀림없다. 그렇다면 남자와 관계를 맺는 꿈은 어떠한가? 만약 꿈꾸는 사람이 여자라면 (이것은 이 책 속에서 여자들의 꿈이 고려 대상이 되고 있는 매우 드문 구절 중 하나이다) 그 꿈은 모든 경우를 막론하고 길한데, 왜냐하면 여자의 본성적·사회적 역할에 부합하는 것이기 때문이다. 반면 다른 남자가 자신의 육체를 소유하는 꿈을 꾸는 사람이 남자일 경우, 그 꿈의 상서롭거나 상서롭지 못한 가치를 결정짓는 "변별적 요소"는 파트너 양자 간의 상대적 지위에 달려 있다. 만약 자기의 육체를 소유하는 사람이 자기보다 나이가 많고 더 부자라면 그것은 좋은 꿈이다(그것은 선물에 대한 약속이다). 그러나 적극적인 파트너 쪽이 더 젊고 더 가난하다면 — 또는 단지 가난하기만 해도 — 그것은 나쁜 꿈인데, 그것은 사실상 지출에 대한 징조인 것이다.

법률에 부합되는 꿈의 마지막 부류는 수음에 관한 것이다. 이러한 꿈은 예속의 테마와 매우 밀접한 연관을 맺고 있다. 왜냐하면 문제가 되는 것은 자기 자신에게 행하는 봉사(손은 성기라는 주인의 요구에 복종하는 하인과 같은 것이다)이며, 노예에게 채찍질을 가하기 위해 "기둥에 비끄러매다"라는 의미를 갖는 말은 또한 발기 상태에 들어간다는 것을 의미하기 때문이다. 주인에게 수음을 해 주는 꿈을 꾸었던 한 노예는 현실에서는 주인으로부터 채찍질을 당했다. 이처럼 "법률에 부합하는 것"의 영역은 극도로 광범위하다. 즉, 법률에 부합하는 행위에는 부부관계나 애인과의 관계뿐만 아니라 다른 남자와 맺는 능동적·수동적 관계, 심지어는 수음 행위까지도 포함되어 있는 것이다.

2. 반면에 아르테미도로스가 "법률에 위배되는 것"으로 간주하는 영역은 근본적으로 근친상간近親相姦으로 이루어진다.[3] 그런데 이때

---

**3** *Ibid.*, I, 78과 79.

근친상간은 부모와 자식 간의 관계라는, 매우 한정된 의미에서 이해되어야 한다. 형제, 자매 간의 근친상간의 경우, 남매 사이에서 일어나는 근친상간만이 아버지와 딸 사이의 관계와 유사한 것으로 간주된다. 반면 두 남자 형제 간의 관계일 경우, 아르테미도로스는 이를 법률에 부합하는 영역에 넣을지, 아니면 법률에 위배되는 영역에 넣을지 망설이는 것 같다. 어쨌든 그는 이것을 두 개의 항목으로 나누어 이야기한다.

아버지가 자기 딸이나 아들과 관계를 맺는 꿈을 꾸었을 경우, 그 꿈이 실제로 의미하는 것은 언제나 상서롭지 못하다. 육체와 직접 관계된 이유들을 생각해 보자. 만약 자식이 아직 어리다면 — 5살이나 10살 미만일 경우 — 그러한 행위로 인한 육체적 손상은 아이의 죽음이나 병을 예고한다. 설사 아이가 그보다 조금 더 크다 해도 그러한 꿈은 여전히 불길하다. 왜냐하면 그것은 불가능하거나 불길한 관계를 담보로 한 것이기 때문이다. 자기 아들과 즐기는 것, 즉 아들에게 자신의 정액을 소비하는 것은 무익한 행위이다. 그러한 행위로부터 어떤 이득도 얻을 수 없는 만큼 그것은 금전상의 커다란 손실을 예고하는 쓸데없는 낭비이다. 아들이 완전한 다 자란 경우라도 아들과 결합하는 꿈은 아들과 아버지 모두 서로 지배하고자 함으로써 갈등 없이는 한 집에서 같이 살 수 없는 만큼, 반드시 불길한 징조이다. 이러한 종류의 꿈이 길한 것은 단 한 가지 경우뿐이다. 그것은 아버지가 아들과 함께 여행할 계획을 세우고, 그리하여 아들과 함께 실행할 공동의 일을 가지는 경우이다. 그러나 이러한 꿈에서라도 만약 아버지가 수동적 위치에 있다면(꿈꾸는 사람이 아들이건 아버지이건 간에), 그 꿈이 의미하는 것은 불길하다. 위계질서, 지배와 활동의 중심이 전도顚倒되었기 때문이다. 아들이 아버지를 성적으로 "소유"하는 것은 적대와 갈등을 예고한다.4 아버지의 경우, 자기 딸과 결합하는 꿈도 그보다 더 나을 것이 없다. 언젠가 결혼할 것이고, 그리하여 다른 남자에게로 자신의 정액을 가져갈 딸의 몸속에 그러한 낭비를 한다는 것은 엄청난 금전적 손실을 예고한다. 혹은 이러한 관계는 딸이 이미 결혼했을 경우에는 남편과 헤어져 집으로 돌아오게 됨으로써 자신이 딸을 부양해야 함을 가리킨다. 이러한 꿈은 아버지는 가난한데 딸이 부자가 되어 돌아와 아버지를 부양할 수 있게 될 때에만 길하다.5

이상하게 보일 수도 있지만, 어머니와의 근친상간(아르테미도로스가 생각하는 근친상간은 아들과 어머니의 근친상간이지 결코 어머니와 딸의 근친상간이 아니다)은 종종 길조의 조짐이다. 이러한 사실로부터 어머니와 아들의 근친상간은, 예측적 가치와 도덕적 가치 사이의 상관관계에 대한 아르테미도로스의 원칙에 따를 때 근본적으로 비난받을 만한 것으로 간주되지 않았다고 결론 내려야 할까? 아니면 그가 말하는 일반 원칙에 위배되는 예외 중 하나로 간주하여야 할까? 아르테미도로스가 어머니와 아들의 근친상간을 도덕적으로 비난할 만한 것으로 간주했다는 데에는 의심의 여지가 없다. 그러나 주목할 만한 사실

---

4 그럼에도 불구하고 제 4권, 4의 해석에서는 쾌락의 감각과 함께 아들의 몸에 삽입하는 행위는 그가 생존하게 될 표시라고 언급되고 있다. 그러나 만약 삽입이 고통의 느낌과 함께 일어나면 그는 죽게 될 것이다. 아르테미도로스는 이 경우 의미를 규정하는 것은 쾌락의 세부적 내용이라고 지적한다.

5 *Clef des singes*, I, 78.

은 어머니를 무수한 사회적 관계와 활동형태에 대한 일종의 모델이자 원형으로 만듦으로써 그것에 종종 길조의 가치를 부여하고 있다는 사실이다. 어머니는 곧 직업이다. 따라서 어머니와 결합하는 것은 직업에서의 성공과 번영을 의미한다. 어머니는 곧 조국이다. 그렇기에 어머니와 관계를 맺는 꿈을 꾸는 사람은 현재 감옥에 갇혀 있는 처지라면 집으로 돌아가게 될 것을, 그렇지 않은 경우라면 정치생활에서 성공을 거둘 것을 예측할 수 있다. 어머니는 또한 그가 태어난 풍요한 대지이다. 따라서 만약 근친상간의 꿈을 꾸는 사람이 현재 소송 중에 있다면, 그 꿈은 그가 소송에서 이기게 됨을 의미한다. 또 경작자의 경우라면 그것은 풍부한 수확을 얻게 된다는 꿈이다. 그러나 병자들에게는 위험한 꿈이라고 할 수 있다. 대지인 어머니에게 몸을 파묻는다는 것은 죽게 된다는 것을 의미하기 때문이다.

3. "자연에 위배되는" 행위들에 대해서 아르테미도로스는 잇달아 두 개의 부연설명을 가져온다. 그 중 하나는 자연이 정해 준 위치로부터 벗어나 있는 것에 관한 것이고(이 부연설명은 근친상간의 꿈을 해석하는 데 부수적으로 따라온다), 나머지 다른 하나는 파트너가 지닌 고유한 "특성"이 행위의 반反자연성을 규정하는[6] 관계들에 관한 것이다.

아르테미도로스는 자연이 각 종種마다 그 종에 걸맞은 성행위 형태, 즉 동물들이 버릴 수 없는 자연스럽고도 유일한 체위를 결정해 놓았다는 사실을 전제한다. "말, 당나귀, 염소, 소, 사슴, 그리고 나머지 네

---

6 *Ibid.*, I, 79~80.

발 짐승들은 암컷의 뒤에서 교미한다. 살모사, 족제비, 비둘기 같은 것들은 먼저 입부터 합친다. 물고기의 암컷은 수컷이 사정한 정액을 모은다." 마찬가지로 인간들도 자연으로부터 아주 뚜렷한 결합방식을 받았는데, 그것은 바로 얼굴과 얼굴을 맞대고 남자가 여자 위에 누운 자세이다. 그러한 형태하에서 성교는 하나의 완전한 소유행위로서, 일단 상대방 여자가 "순응하고" "동의하기"만 한다면, 남자는 "그 여자 몸 전체"의 주인이 될 수 있다. 그 외 다른 모든 체위는 "성적 도취에 의해 생기는 비정상적이고 무절제한, 본능 과다의 부산물"이다. 그러한 자연적이지 못한 관계 속에는 항상 불완전한 사회관계(나쁜 관계, 적대)의 전조가 들어 있거나, 아니면 경제적 관점에서 볼 때 나쁜 상황에 대한 예고(곤궁해지거나 옹색해진다)가 들어 있다.

아르테미도로스는 성행위의 이러한 "변형태들" 중에서도 오랄 에로티시즘에 특별히 중점을 둔다. 그러한 행위에 대한 그의 비난 — 이는 고대사회[7]에서 아주 빈번히 표명되는 태도인데 — 은 격렬하다. 즉, 그것은 "흉악한 짓"이자 "도덕적 죄"로서, 꿈에서 그러한 행위가 나타나는 것은 꿈꾸는 사람의 직업적 활동에 관계될 경우(가령 그가 연설가라든가, 플룻 연주자라든가 혹은 수사학자일 경우)에만 긍정적 가치를 지니며, 정액을 헛되이 배설하는 이러한 행위가 꿈에 나타나는 것은 쓸데없는 지출을 예고한다는 것이다. 또 그것은 자연에 부합되지 않을 뿐 아니라, 결과적으로 입맞춤이나 여러 사람과 다같이 식사하는 것을 방해하는 관습이기 때문에 결별, 적대관계, 때로는 죽음의 전조가

7 P. Veyne, "L'homosexualité à Rome," in *L'Histoire*, janvier, 1981, p. 78.

되기도 한다.

한편 성 관계에는 자연을 벗어나는 또 다른 방식이 있는데, 그것은 바로 파트너의 특성 자체에 따른 것이다. 아르테미도로스는 가능한 5가지 방식을 열거한다. 즉, 신들과의 성 관계, 수간獸姦, 시간屍姦, 자기 자신과의 관계, 마지막으로 두 여자와 맺는 관계가 바로 그것이다. 자연을 벗어나는 행위 중에서도 이 마지막 두 범주는 나머지 범주들의 경우보다 더 이해하기가 어렵다. 자기 자신과 맺는 관계는 수음으로 이해되어서는 안 된다. 수음에 관해서는 "법률에 부합하는" 행위들 속에서 이미 언급되어 있기 때문이다. 자연을 벗어나는 자기 자신과의 관계에서 문제되는 것은 자신의 성기를 자신의 몸속에 집어넣거나, 자신의 성기에 자신이 직접 입맞춤하거나 아니면 자신의 성기를 입 속에 집어넣는 행위다. 이 중 첫 번째 유형의 꿈은 빈곤, 곤궁, 고통을 예고하며, 두 번째 유형의 꿈은 아이가 아직 없을 경우에는 아이가 생기는 것을, 아이가 집을 떠나 있을 경우에는 아이가 집으로 되돌아옴을 약속하는 꿈이며 마지막 유형의 꿈은 아이가 죽거나, 아내나 애인을 빼앗기는 것(스스로에게 봉사할 수 있을 땐 여자가 필요 없기 때문에), 또는 극도의 가난에 봉착함을 의미한다.

여자들 사이의 관계에 관해서 말하자면, 남자들끼리의 관계는 다른 항목(주로 법률에 부합하는 항목)으로 분류되는 반면, 여자들끼리의 관계는 왜 "자연을 벗어난" 행위 범주에 들어가는지 의문을 제기할 수 있다. 그 이유는 아르테미도로스가 고려하는 관계의 형태, 삽입의 형식에서 찾아볼 수 있을 것이다. 즉 여자는 모종의 책략을 사용하여 남자가 할 역할을 찬탈하고 남자의 위치를 부당하게 차지하여 다른 여자를 소유한다는 것이다. 남자들 사이에서 더할 나위 없이 남성다운 행위인 삽입은 그 자체로서 자연의 위반은 아니다(가령 당하는 쪽에서는 수치스럽고 무례한 것으로 간주될 수 있겠지만 말이다). 반면에 여자들 사이에서의 그 같은 행위는 둘 다 여자임에도 불구하고 교묘한 술책에 의거하여 이루어지는 만큼, 인간과 신, 인간과 동물 간의 성 관계만큼이나 자연에서 벗어난 것이다. 그러므로 그러한 행위에 대한 꿈을 꾼다는 것은 쓸데없는 행동을 하게 된다는 것을, 남편과 헤어지거나 아니면 과부가 된다는 것을 의미한다. 또한 여자들의 "비밀"이 전달되거나 알려진다는 것을 의미할 수도 있다.

# 3

# 꿈과 행위

다음과 같은 두 가지 특징은 아르테미도로스가 행한 성행위에 관한 꿈의 분석에서 항시 드러나는 만큼 주목을 요한다. 먼저 꿈꾸는 사람은 언제나 자신의 꿈속에 나타난다. 아르테미도로스가 해석을 가하는 성적 이미지들은 결코 꿈꾸는 사람이 마치 자기 눈앞에 자기와 무관하게 전개되는 광경을 바라보는 것과 같은 순수하고 단순한 만화경을 이루지 않는다. 꿈꾸는 사람은 거기에 언제나 주인공의 자격으로 참여한다. 그가 보는 것은 바로 성행위를 하는 자기 자신이다. 행위를 꿈꾸는 주체와 꿈에서 보여지는 행위를 하는 주체는 정확히 일치한다. 다른 한편으로 책 전체를 볼 때 아르테미도로스가 성행위와 성적 쾌락을 기의적 요소나 전조적 요소의 자격으로 끌어들이는 것은 꽤 드문 일이라는 것을 알 수 있다. 꿈속에서 주어진 모종의 이미지가 앞으로 하게 될 성행위나 쾌락의 상실을 알려주는 경우는 상대적으로 이례적이다.[1] 그 반면 여기서 연구하는 3개의 장에서는 성행위와 성적 쾌락이 꿈의 구성요소 및 사건을 예측하게 하는 요소로서 분석되고 재분류되는데, 아르테미도로스는 그것들을 거의 '기의'가 아닌 '기표', 의미가 아닌 이미지, 재현된 사건이 아닌 재현의 측면에서만 나타나게 한다. 따라서 아르테미도로스의 해석은 성행위의 행위자와 그러한 꿈을 꾸는 사람 사이에 그어진 선 위에 자리잡은 채 그렇게 주체에서 주체로 나아갈 것이다. 즉, 해석작업은 성행위와 꿈속에서 주체 스스로가 드러내는 바대로의 주체의 역할에서 출발하여 그 주체가 일단 잠에서 깨어났을 때 그에게 일어날 일을 해독하는 것을 목적으로 삼을 것이다.

처음 볼 때부터 아르테미도로스의 점술은 성적인 꿈들에서 어떤 사회적 의미를 매우 일정하게 해독하는 것처럼 보인다. 물론 그 꿈들이 건강상의 급변 — 병의 발생 또는 회복 — 을 예고할 수도 있으며 죽음의 징조일 수도 있다. 하지만 그보다는 사업에서의 성공 또는 실패, 부유해지거나 가난해지는 것, 가족의 번영 또는 불운, 이득이나 손실을 가져오는 사업, 이로운 결혼 혹은 불운한 결합, 논쟁, 경쟁, 화해, 공적 경력에서의 좋거나 나쁜 기회, 유배, 유죄판결과 같은 사건들을 가리키는 경우가 더 많다. 성적인 꿈은 꿈꾸는 사람이 사회생활에서 처하게 될 운명을 예고한다. 꿈속 성행위 장면에 등장한 행위자는 가족, 직업, 사업과 도시국가의 무대 위에서 자신이 행하게 될 역할을 앞질러 행하는 것이다.

---

1 성적 요소들은 4권, 37, 41, 46, 66장; 5권, 24, 44, 45, 62, 65, 67, 95장에서처럼 여러 경우에서 꿈의 기의로 나타난다.

거기에는 우선 두 가지 이유가 있다. 첫 번째 이유는 그야말로 일반적 차원의 것으로서 아르테미도로스가 자주 사용하는 언어의 특성에서 기인한다. 사실 그리스어에는 — 다른 많은 언어의 경우에도 다양한 정도로 그러하듯이 — 성적 의미와 경제적 의미가 매우 모호한 단어들이 있다. 가령 육체를 가리키는 '소마sōma'라는 단어는 또한 부와 재산을 가리키는데, 이로부터 육체적 "소유"와 부의 소유 사이에 등가等價의 가능성이 생겨난다.[2] '우지아ousia'라는 말은 물질과 재산을 가리키는 말이지만 또한 정자와 정액을 가리키는 말이기도 하다. 따라서 정액의 손실은 재산의 낭비를 의미할 것이다.[3] 손실이라는 뜻의 '블라베blabē'는 파산, 금전적 손실을 가리키지만 또한 폭력의 희생물이 되거나 성행위에서 수동적 대상물이 된다는 사실을 가리키기도 한다.[4] 아르테미도로스는 또한 빚이란 단어의 다의성을 가지고도 장난을 친다. '돈을 지불하도록 강요당하다'와 '자유롭고자 애쓰다'를 의미하는 단어들은 또한 '성적 욕구에 억눌리다'와 '성적 욕구를 충족시키고 그로부터 해방되다'를 의미할 수 있다. 남근을 가리키기 위해 사용되는 '아낙카이온anagkaion'이란 용어는 바로 그러한 의미들의 갈림길에서 있다.[5]

---

2 *Ibid.*, 2권, 77. '여자를 성적으로 소유하다'와 '획득하다' 사이의 등가성에 대해서는 4권, 4 참조.

3 *Ibid.*, 1권, 78.

4 *Ibid.*, 1권, 78. 4권, 68 참조. 꿈에서 다리가 되는 것은 창녀가 되는 것을 의미한다. "만약 여자 또는 미소년이 다리가 되는 꿈을 꾼다면, 그들은 창녀가 될 것이고 많은 사람들이 그들의 몸 위를 거쳐갈 것이다." 동일한 꿈을 꾼 한 부유한 남자는 '모욕당하고 짓밟히는' 상황에 처했다.

두 번째 이유는 아르테미도로스의 저술이 갖는 특수한 형식과 목적에 기인한다. 그의 책은 본질적으로 남성으로서의 삶을 영위하고자 하는 남자들에게 바쳐진 남성용 책이다. 사실상 꿈의 해석이 순전히 개인적 호기심에 의한 작업으로 간주되지는 않는다는 점을 상기해야만 한다. 꿈을 해석하는 일은 생활을 관리하고, 앞으로 일어날 사건들에 대비하기 위해 유용한 일이다. 밤이 낮에 일어날 일들을 말해 주는 이상, 남성이자 집안의 주인, 한 가족의 가장으로서의 삶을 훌륭하게 이끌어 나가기 위해서는 꿈을 해독할 줄 아는 것이 바람직하다. 책임감 있는 남자, 한 집안의 주인이 일상생활에서 앞일을 예고하는 징조에 따라 처신할 수 있도록 하기 위한 지침서, 그것이 바로 아르테미도로스의 책들이 취하는 관점이다. 그러므로 그가 꿈의 이미지들을 통해 밝히고자 하는 것은 바로 이러한 가족적, 경제적, 사회적 삶의 짜임이다.

하지만 그것이 전부는 아니다. 아르테미도로스의 담론에서 이루어지는 것과 같은 해석행위는 성적인 꿈이 그 자체로 하나의 사회적 장면처럼 지각·가공·분석된다는 것을 보여준다. 만약 꿈이 직업, 세습재산, 가족, 정치적 경력, 지위, 친구관계 및 보호관계들에 관해 "좋은 것과 나쁜 것"을 알려 준다면, 그것은 꿈이 나타내는 성행위가 그러한 것들과 동일한 요소들로 구성되어 있기 때문이다. 아르테미도로스가 사용하는 분석방법을 따라가 보면, 성공 또는 실패, 사회적 출세 혹은 불운의 용어로 표현되는 "아프로디지아"의 꿈들에 대한 해석

---

5 *Ibid.*, 1권, 79. 1권, 45 참조.

이 이 두 영역 사이에 일종의 동질성을 가정하고 있음을 분명히 볼 수 있다. 그리고 그것은 두 가지 차원, 즉 분석을 위한 재료로서 취해진 꿈의 요소들의 차원과 그 요소들에 의미(예측적 "가치")를 부여하는 원칙들의 차원으로 나타난다.

1. 아르테미도로스가 자신의 분석에서 타당한 것으로 제시하는 성적인 꿈의 양상은 어떠한 것들인가?

우선 인물들을 보자. 아르테미도로스는 꿈꾸는 사람으로부터 그의 가깝거나 먼 과거, 심적 상태, 보다 일반적으로 말해서 정념을 고려하는 것이 아니라 사회적 특징들, 즉 그가 속한 연령층, 그가 일을 하는지 안 하는지의 여부, 정치적 책임이 있는지, 자녀들을 결혼시키려고 하는지, 파산이나 근친과의 불화로 위협받고 있는지 여부 등을 고려한다. 꿈속에 등장하는 파트너들 또한 "등장 인물들"처럼 고려된다. 아르테미도로스가 다루는 꿈꾸는 사람의 꿈 세계는 육체적 특징이 거의 없고, 꿈꾸는 사람과 별다른 애정 또는 치정癡情관계를 맺고 있는 것으로는 보이지 않는 개인들로 가득 차 있다. 그들은 대략 사회적 윤곽으로서만 나타난다. 젊은이, 늙은이(어쨌든 그들은 꿈꾸는 사람보다 더 젊거나 더 늙었다), 부자 또는 가난뱅이 하는 식이다. 그들은 부富를 가져다주거나 선물을 요구하는 사람들이다. 그들과의 관계는 아첨 관계이거나 굴욕적 관계이다. 다시 말해 그들은 꿈꾸는 사람이 복종해야 하는 상급자이거나 아니면 합법적으로 부려먹을 수 있는 하급자이며, 집안사람이거나 외부인, 자유인이거나 남편의 영향력 아래 있는 아내, 노예이거나 직업적 창녀이다.

그러한 인물들과 꿈꾸는 사람 사이에 벌어지는 일에 관한 한, 아르테미도로스의 담백함은 전적으로 주목할 만하다. 애무도, 복잡한 결합도, 환상도 없다. 단지 삽입插入이라는 본질적 형태를 중심으로 매우 단순한 몇몇 변형이 있을 뿐이다. 성행위의 본질 자체를 이루는 것처럼 보이는 것은 바로 이러한 삽입이다. 삽입은 어쨌든 검토될 만한 유일한 것이며, 꿈의 분석에서 의미를 만드는 유일한 것이다. 삽입 행위는 다양한 부위를 지닌 육체 그 자체보다, 또 그 자체의 질과 강도를 지닌 쾌락 이상으로, 몇몇 체위의 변화, 특히 능동적이고 수동적인 그것의 양극과 함께 성행위의 질을 규정짓는 요소로 나타난다. 아르테미도로스가 자신이 분석하는 꿈들을 향해 끊임없이 제기하는 질문은 누가 누구에게 삽입하는가를 알기 위한 것이다. 꿈꾸는 주체(거의 언제나 남자이다)는 능동적인가 수동적인가? 삽입하고 지배하고 쾌락을 얻는 자인가? 아니면 복종하고 소유 당하는 자인가? 아들 또는 아버지, 어머니 또는 노예와의 관계가 문제될 경우에조차도 이러한 질문은 거의 틀림없이 제기된다(그 질문이 이미 암시적으로라도 해결된 것이 아닌 한은). 삽입이 어떻게 이루어졌는가? 아니 보다 정확히 말해서 삽입할 때 주체의 위치는 어떠했는가? (여성의 동성연애)에 대한 꿈마저도 이러한 관점에서, 그리고 오로지 이러한 관점에서만 질문이 이루어진다.

그런데 이러한 삽입행위 — 성행위의 핵심, 해석의 일차 재료이자 꿈의 의미 중심인 — 는 사회적 배경 내부에서 즉각 감지된다. 아르테미도로스는 성행위를 우선 우세와 열세의 게임으로 본다. 삽입은 두 상대방을 지배와 복종의 관계 속에 놓는다. 그것은 한 편의 승리이고 다른 한 편의 패배이다. 그것은 한쪽 상대방에게는 행사해야 할 권리이며 다른 한쪽에게는 부과된 의무이다. 그것은 과시해야 할 지위이거나 혹은 감내해야 할 신분이다. 그것은 이용할 수 있는 이득이거나 혹은 다른 사람에게 이익을 넘겨주어야 할 상황에 대한 수락이다. 여기서 우리는 성행위의 다른 국면으로 넘어가게 된다. 아르테미도로스는 성행위를 또한 손실과 이득의 "경제적" 게임으로 본다. 이득이라 함은 성행위로부터 얻는 쾌락 또는 기분 좋은 감각을 말한다. 손실이라 함은 행위에 필요한 정력, 생명의 귀중한 본질인 정액의 소모, 그리고 그에 뒤따르는 피로를 말한다. 아르테미도로스가 자신의 분석을 발전시키기 위해 고려의 대상으로 삼는 것은 다양한 동작 혹은 그에 수반하는 다양한 감각으로부터 생겨날 수 있는 모든 변수 혹은 꿈이 보여줄 수 있는 모든 장면 이상으로, 지배-복종의 "전략적" 게임, 그리고 손실-이득의 "경제적" 게임으로서 삽입과 관련된 이러한 요소들이다.

그 요소들은 우리의 관점에서 보자면 빈약하고 도식적이며 성적으로 이미 "퇴색된" 것일 수도 있다. 그러나 주목해야 할 것은 그러한 요소들이 사회적으로 표명되는 요소들에 대한 분석을 사전에 충족시킨다는 사실이다. 왜냐하면 아르테미도로스의 분석은 견본으로 추출된 인물들을 사회적 무대 위에 등장시키는데, 이때 인물들은 그 사회의 모든 특징을 여전히 그대로 간직하고 있기 때문이다. 또한 그의 분석은 육체적 결합, 우세와 열세의 사회적 관계, 손실과 이득의 경제적 활동의 세 차원에 동시에 위치한 하나의 본질적 행위를 중심으로 인물들을 배치시키기 때문이다.

2. 이처럼 분석을 타당한 것으로 만들기 위해 고려된 요소들로부터 아르테미도로스는 어떻게 성적인 꿈의 "가치"를 세울 것인가? 그런데 이때 가치란 말은 우의友誼적으로 예고되는 사건의 유형뿐만 아니라, 특히 — 이것이 실제 분석에서는 본질적 측면인데 — 그것의 "질", 다시 말해 그러한 사건이 주체에게 길吉한 성격을 갖는 것인지 혹은 불길한 성격을 갖는 것인지를 의미하는 것으로도 이해되어야 한다. 우리는 여기서 연구방법의 기본 원칙 하나를 상기할 수 있다. 즉, 그것은 꿈의 예언적 특질(예측된 사건이 지닌 길한 혹은 흉한 성격)은 앞일을 예고하는 이미지의 가치(꿈에 나타난 행위의 좋거나 나쁜 성격)에 달려 있다는 점이다. 그런데 주어진 예들과 분석을 따라가다 보면, 우리는 아르테미도로스의 관점에서 볼 때 "긍정적 가치"를 지닌 성행위가 반드시 법에 의해 허용되고 여론에 의해 존중되며 관습에 의해 인정되는 성행위와 정확히 일치하는 것은 아니라는 사실을 알게 된다. 물론 대부분은 일치한다. 예컨대 자기 아내나 정부情婦와 관계하는 꿈은 좋은 것이다. 그러나 차이가 있으며 그것은 중요한데, 어머니와 근친상간을 하는 꿈이 긍정적 가치를 지니는 것이 그 가장 뚜렷한 예이다. 그러므로 성행위의 질을 규정하는 이 또 다른 방식은 무엇인가? 현실에서는 비난받을 만한 성행위가 꿈에서는, 그리고 꿈꾸는 사람에게는 "좋은" 것이라고 말할 수 있게 해 주는 이 또 다른 기준은 무엇인가에 대해 자문해 보지 않을 수 없다. 꿈에 나타난 성행위를 "가치"있게 만드는 것은 꿈꾸는 사람의 사회적 역할과 성적 역할 사이에 설정된 관계인 것처럼 보인다. 보다 정확히 말해서 아르테미도로스가 "길吉하고" 좋은 징조라고 보는 꿈은 꿈꾸는 사람이 파트너와 성생활이 아닌 사회

생활 속에서 실제 맺고 있거나 혹은 맺어야만 하는 관계에 따라 성행위를 하는 꿈이라고 말할 수 있다. 따라서 꿈에 나타난 성 관계의 질을 규정하는 것은 "깨어있을 때의" 사회적 관계와의 합치여부이다.

꿈에 나타난 성행위가 "좋은 것"이 되기 위해서는 "동형성"이라는 일반원칙에 따라야 할 필요가 있다. 그리고 도식적 발언을 계속해 본다면, 그 원칙은 두 가지 형태로 구체화된다고 덧붙여 말할 수 있다. 즉, "위치의 유사성"의 원칙과 "경제적 합당성"의 원칙이 바로 그것이다. 첫 번째 원칙에 따르면, 꿈꾸는 주체가 꿈속 파트너와의 성 관계에서 그 파트너(또는 같은 유형의 다른 파트너)와 실제 현실 속에서 맺고 있는 위치와 부합되는 위치를 차지하고 있다면 그 성행위는 좋은 것이 될 것이다. 가령 자기 노예(남성이든 여성이든 상관없이)와의 성 관계에서 "능동적"인 것은 좋은 것이다. 남창男娼이나 창녀와의 관계에서나 어리고 가난한 소년과의 관계에서도 "능동적"인 것은 좋은 것이다. 그러나 자기보다 나이가 더 많고 부자인 사람과는 수동적인 것이 "좋은" 것이 될 것이다. 어머니와 근친상간하는 꿈이 그처럼 긍정적 가치를 얻게 되는 것도 바로 이러한 동질성의 원칙 덕분이다. 사실 우리는 이런 꿈에서 주체가 그를 낳고 길러준, 그리하여 이번에는 보답으로 대지, 조국, 도시처럼 그가 가꾸고, 존경하고, 봉사하고, 부양하고, 부유하게 해 주어야 할 존재인 어머니와의 관계에서 능동적 위치에 있는 것을 본다. 그러나 성행위가 꿈속에서 긍정적 가치를 지니기 위해서는 또한 "경제적 합당성"의 원칙에도 따라야 한다. 다시 말해 그러한 행위에 내포된 "지출"과 "이득"이 적절하게 조정되어야 하는 것이다. 그것은 양적 측면(보잘 것 없는 쾌락에 대한 많은 지출은 좋은 것이 아니다)에서는 물론 수급 방향의 측면(복원하거나 보상할 위치나, 혹은 대가로 도움을 줄만한 위치에 있지 않은 남자나 여자와는 헛된 지출을 하지 말아야 한다)에서도 그러하다. 바로 이러한 원칙이 노예와 성 관계를 맺는 꿈을 좋은 것으로 만든다. 왜냐하면 그것은 자기 재산을 이용하는 경우이며, 노동 이익을 위해 구입한 것이 쾌락이라는 이득까지 덤으로 주는 경우이기 때문이다. 아버지가 자기 딸과 관계를 갖는 꿈에 다양한 의미를 부여하게 하는 것도 바로 이 점이다. 그러한 꿈은 딸이 기혼인지 미혼인지, 아버지 자신이 홀아비인지 아닌지, 사위가 장인보다 부자인지 가난한지에 따라 지참금持參金을 위한 지출을 의미할 수도 있고 아니면 딸로부터 받는 도움이나 딸의 이혼 후 딸을 부양할 의무를 의미할 수도 있다.

그 모든 것은 다음과 같이 요약될 수 있다. 성적인 꿈이 지닌 예측적 가치로 말하자면, 아르테미도로스가 행한 해석의 실마리는 성적인 꿈을 본질적으로 사회적 요소인 "인물과 행위"의 요소로 분해하고 분석할 것을 함축한다. 또한 그것은 꿈을 꾸는 주체가 꿈속 행위의 주체로서, 사회적 주체로서의 자신의 위치를 유지하는 방식에 따라 성행위를 규정하는 일정한 방식을 가리킨다. 좋은 꿈이 되기 위해서는 꿈속 장면에 등장하는 성행위자(그는 언제나 꿈을 꾸는 사람 자신이고, 사실상 언제나 성인 남자이다)가 (비록 그러한 행위가 현실 속에서는 비난받을 만한 것일지라도) 사회적 행위자로서의 자신의 역할을 고수하여야만 한다. 아르테미도로스가 분석하는 성적인 꿈들은 모두 아르테미도로스가 사건에 대한 꿈oneiros의 범주에 속한 것으로 간주하는 꿈임을 잊지 말자. 따라서 그 꿈들은 앞으로 "일어날 일"을 말해 준다. 그리고 이 경우 "일어날" 일, 꿈속에서 "언급된" 일이란 바로 능동적이거나 수동적이거나, 지배적이거나 지배를 받거나, 정복하거나 정복을 당하거나, "상위"이거나 "하위"이거나, 이용하거나 소비하거나, 이익을 끌어내거나 아니면 손해를 감수하거나, 유리한 처지에 있거나 피해를 입거나 하는 것과 같은, 행위 주체로서의 꿈을 꾸는 사람의 위치이다. 성적인 꿈은, 삽입과 수동성, 쾌락과 지출이라는 대단찮은 극작법 속에서 운명이 마련해 준 대로의 주체의 존재양상을 말해 준다.

어쩌면 확인 삼아 《해몽의 열쇠》중 한 문단을 인용해 볼 수도 있을 것이다. 이 문단은 개인을 성 관계 속에서 능동적 주체로 구성하는 것과 사회적 활동 영역 속에 위치시키는 것 사이의 소통을 잘 보여준다. 책의 또 다른 한 단락에서는 꿈에 나타난 다양한 신체 부위들의 의미를 밝히는 것이 문제가 된다. 남근 — 아낙카이온anagkaion (이는 "필수적" 요소로서, 그것에 대한 욕구는 우리를 속박하고 또 우리는 그것의 힘으로 다른 사람들을 구속한다) 이라고 불리는데 — 은 도시국가 및 세계 속에 개인의 지위를 고정시키는 모든 관계와 활동에 대한 기표이다. 가족, 부富, 언어활동, 지위, 정치생활, 자유, 그리고 개인의 이름마저도 거기에서 모습을 드러낸다.

> 남근男根은 생식원칙을 견지하기에 부모에 비교되며, 사랑의 문제에 속하기 때문에 아내와 정부情婦에, 가족 전체의 기원이 남근에 달려 있기 때문에 형제와 모든 부계父系 혈족에, 육체적 힘과 남성다운 육체의 원인이기 때문에 육체적 힘과 남성다운 육체에, 담론談論보다도 더 큰 생식력을 지닌 것이기 때문에 담론과 교육에 비교된다. … 게다가 남근은 때론 긴

장되고 때로 이완되기 때문에, 그리고 제공하거나 퍼뜨릴 수 있기 때문에 벌이와 이익에, … 비교된다. 또한 "속박하는 것"으로 불리고 구속의 상징이기 때문에 가난, 노예상태, 속박에 비교된다. 그 외에도 사람들이 그것을 "경배" 또는 존경이라고 부르기 때문에 높은 신분이 불러일으키는 존경심에 비교된다. … 남근이 2개로 된다면, 이는 아내와 정부를 제외한 현재의 모든 것들이 2개로 된다는 것을 의미한다. 아내와 정부의 경우에는 남근이 2개가 될 수는 없다. 왜냐하면 동시에 2개의 남근을 사용할 수는 없기 때문이다. 나는 3개의 남근을 가진 꿈을 꾼 노예를 한 사람 알고 있다. 그는 해방되자 자신을 해방시켜 준 사람의 두 이름을 원래 자기 이름에 덧붙이게 됨으로써 하나의 이름 대신 3개의 이름을 가지게 되었다. 그러나 그런 일은 단 한 번밖에 일어나지 않았다. 그런데 꿈은 희귀한 사례에 의거해 해석해서는 안 되고 흔히 일어나는 사례에 따라 해석해야 한다. 6

보다시피 남근은 이 모든 지배 게임의 갈림길에서 모습을 드러낸다. 먼저 그것은 자기 절제節制의 게임이다. 왜냐하면 남근의 요구는 만약 그것이 우리를 구속하도록 내버려 둔다면 우리를 노예화할 위험이 있기 때문이다. 그 다음으로 그것은 성행위 파트너에 대한 우월성의 게임이다. 삽입이 이루어지는 것은 바로 남근에 의해서이기 때문이다. 또한 그것은 출생의 특전과 지위의 게임이기도 한데, 왜냐하면 남근은 혈족관계와 사회활동의 모든 영역을 의미하기 때문이다.

---

6 *Ibid.*, 1권, 45.

성적인 꿈에 할애된 아르테미도로스의 장章들이 환기시키는 정경은 고대에서는 친숙한 정경이다. 거기서 우리는 선대 혹은 동시대의 많은 다른 증거로 확인될 수 있는 풍속과 관습의 특징들을 쉽게 재발견할 수 있다. 그것은 남성적 인물이 차지하는 중심적 위치와 성 관계에서 남성 역할에 부여된 중요성이 매우 강하게 부각되는 세계이며, 결혼이 성적 쾌락을 위한 최상의 환경으로서 간주되기에 충분한 가치를 부여받은 세계이다. 이 세계에서 결혼한 남자는 또한 정부를 가질 수 있다. 또 자신의 하인이나 소년 또는 소녀를 마음대로 이용할 수 있고 창녀를 찾아갈 수 있다. 이 세계 속에서 남자들 사이의 관계는 결국, 나이와 지위의 어떤 차이들을 유보한다면, 자명해 보인다.

마찬가지로 규약의 여러 요소가 존재함을 주목할 수 있다. 그러나 그것들은 수가 극히 적을 뿐 아니라 매우 불분명하다는 것을 인정해야 한다. 즉 오랄 섹스나 여자들끼리의 관계, 특히 남자 역을 맡은 여자에 의한 남성 역할의 침해처럼 심한 혐오감의 형태 속에서 표현되는 몇몇 강력한 금기사항들, 또 본질적으로 선조와 그 자손들 사이의 관계로 이해되는 근친상간에 대한 매우 편협한 규정, 그리고 규범적이고 자연스러운 성행위의 한 형태에 대한 참조 정도이다. 또한 아르테미도로스의 글에서는 그 어떤 것도 허가된 행위와 금지된 행위 간의 항구적이고 완벽한 분류일람표에 따르지 않는다. 자연에 속하는 것과 "자연에 위배되는" 것 사이에 명확하고 결정적인 분할선을 정확히 긋는 것은 아무것도 없다. 특히 성행위의 질 — 적어도 꿈에서는, 그리고 그것의 전조적 기능 속에서는 — 을 결정하는 데 가장 중요하고 가장 결정적 역할을 하는 것은 이러한 규약의 요소들이 아닌 것처럼 보인다.

반면 우리는 해석의 절차 자체를 통해서, 성행위를 판단하는 또 다른 방식과 평가원칙을 볼 수 있다. 그것은 다소 규칙적인 형태 속에서 고려된 행위로부터가 아니라, 행위자와 그 행위자의 존재방식, 그만의 고유한 상황, 그가 다른 사람들과 맺는 관계 및 다른 사람들에 대해 그가 차지하는 위치로부터 파악되는 것이다. 주된 문제는 하나의 자연적 구조나 실제적 규제에 대한 행위의 적합성 여부보다는 주체가 자신의 가족적, 사회적, 경제적 생활의 다른 측면들과 성행위 사이에 설정한 관계, 즉 주체의 "행위양식"이라고 부를 수 있는 것에 기울어지는 것처럼 보인다. 분석의 흐름과 가치부여 절차는 성의 영역 혹은 육체의 영역이 그런 것처럼, 행위로부터 종교적, 시민적, 또는 자연적 법칙들에 의해 그 승인된 형태들이 드러날 하나의 영역으로 나아가지 않는다. 그것은 성행위자로서의 주체로부터 그 주체가 활동하는 삶의 다른 영역으로 나아간다. 성적 품행에 대한 평가원칙들은 바로 이러한 다양한 활동형태 간의 관계에 배타적이지는 않지만 그러나 본질적인 것으로 자리잡고 있다.

여기서 우리는 고대문헌들 속에 나타난 것과 같은, "아프로디지아"에 대한 도덕적 경험의 기본 특성들을 쉽게 재발견한다. 또한 아르테미도로스의 책은 윤리학을 공식화하지 않고 꿈을 해석하기 위해 동시대의 성적 쾌락을 인식하고 평가하는 방식을 사용한다는 점에서 그러한 경험형태의 지속성과 상관성을 증명한다.

그럼에도 불구하고 만약 성행위 자체를 성찰하고 그 문제와 관련된 품행에 대한 충고나 생활규범들을 부여하는 것을 목표로 하는 문헌들로 관심을 돌리게 되면, 4세기의 철학에서 표명된 엄격함에 대한 학설들과 비교해 상당한 변화가 있었음을 주목할 수 있다. 그것은 단절이나 근본적 변화 혹은 쾌락에 대한 새로운 경험형태의 출현인가? 분명 그렇지는 않다. 그럼에도 불구하고 방향의 변화가 감지된다. 즉, 성적 품행에 대한 한층 더 강렬한 주의와 증가된 불안, 더욱더 중요해진 결혼과 결혼의 요구사항들, 이전에 비해 평가절하된 소년애, 결국 더욱 엄격해진 양식이 그러한 변화라고 할 수 있다. 그러나 발전·강조·강화되는 주제들을 통해 또 다른 유형의 변화가 감지되는데, 그것은 바로 도덕적 사고가 주체와 주체의 성행위 간의 관계를 규정하는 방식에 관련된 것이다.

제 2 장

# 자기 연마

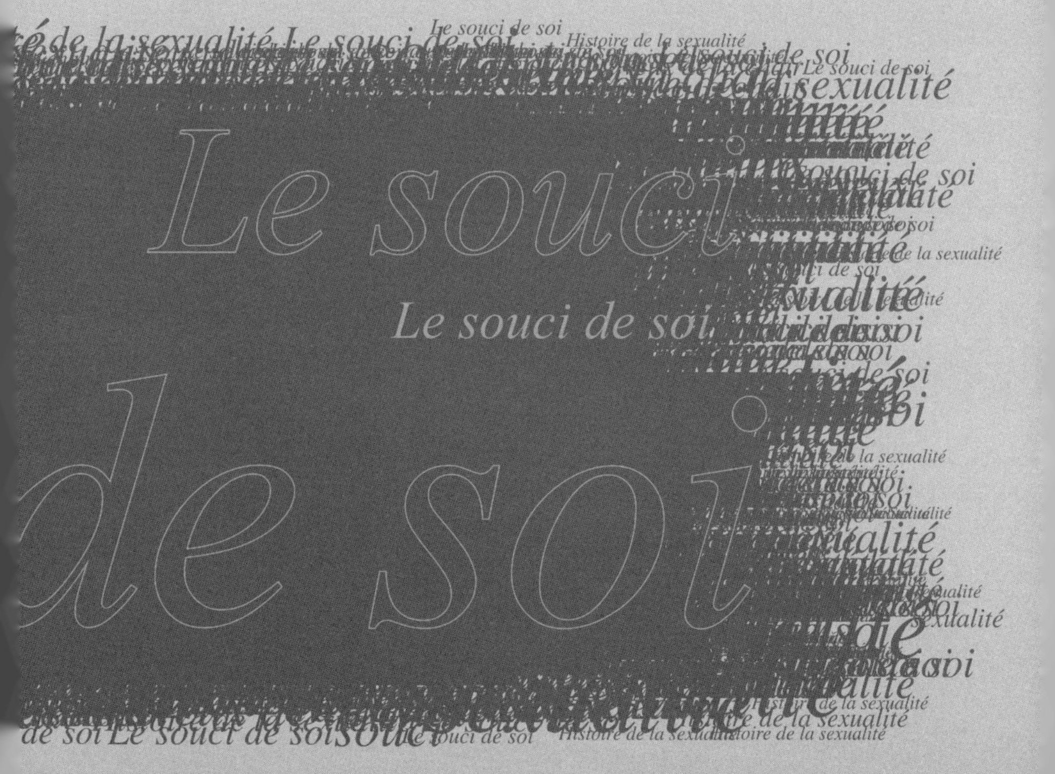
Histoire de la sexualité
Le souci de soi
Le souci de soi
de soi

쾌락에 대한 경멸, 쾌락의 남용이 육체와 영혼에 끼치는 결과에 대한 강조, 결혼과 부부간의 의무에 대한 가치부여, 소년애에 부여된 정신적 의미에 대한 흥미 상실 등, 기원후 1, 2세기의 철학자와 의사들의 사고 속에는 에픽테투스나 마르쿠스 아우렐리우스의 저작著作들과 마찬가지로 소라누스나 에페수스의 루푸스, 무소니우스나 세네카 또는 플루타르코스의 저작들 속에서도 나타나는 온갖 엄격함이 있다. 더욱이 기독교 작가들이 이러한 도덕에서 많은 부분 — 명시적으로건 명시적이 아니건 — 을 차용했다는 것은 사실이다. 또한 오늘날의 대다수의 역사가들은 당대인들이 대개 부도덕성과 문란한 풍습을 비난하기 위해 묘사한 적이 있는 바로 그 사회에서 성적 엄격함의 주제들이 활발하게 논의되었고 강조되었다는 점을 인정하는 데 의견의 일치를 보인다. 당대인들이 가한 그러한 비난이 정당한가 하는 문제는 제쳐놓고 단지 그러한 언급을 담고 있는 저작들과 이 저작들이 그러한 언급에 부여하고 있는 위치만을 고려한다면, "쾌락의 문제", 보다 정확히 말해서 성적 쾌락에 대한 불안, 성적 쾌락과의 관계 및 그러한 쾌락의 활용이 점점 더 강조되는 듯 보인다. "아프로디지아"의 문제가 더욱더 강하게 제기되는데, 우리는 그 특수한 형태와 그것의 동기를 동시에 포착하도록 노력하여야 한다.

성적 쾌락의 문제에 대한 이러한 새로운 강조를 설명하기 위해서 우리는 다양한 설명에 도움을 청할 수 있다. 가령 그것은 정치적 권력에 의해 다소 강압적 방식으로 시도된 어떤 교화의 노력들과 연관될 수 있다. 그러한 노력들은 특히 아우구스투스 재임 중 명시·지지되었다. 그리고 이 시기에 결혼을 보호하고, 가족을 우대하며, 내연內緣의 관계를 규제하고 간통姦通을 죄악시하는 법률적 조처들과 더불어, 당대의 문란함에 대해 이전의 엄격한 풍습으로 되돌아갈 필요성을 대립시켰던 어떤 사상적 움직임 — 아마도 완전히 인위적인 것은 아니었을 텐데 — 이 수반되었던 것은 사실이다. 그럼에도 불구하고 이러한 사실에 의거하는 것으로는 만족할 수 없다. 더욱이 이러한 조처나 사상 속에서 제도나 법률 — 시민적인 것이건, 종교적인 것이건 — 로 성적 자유가 보다 엄격하게 제한될 체제로 나아가게 되는 수백 년에 걸친 변화의 실마리를 보는 것은 분명 잘못된 일일 것이다. 사실 그러한 정치적 시도들은 기원후 처음 두 세기 동안의 도덕적 성찰 속에서 그토록 자주 표명되는 엄격함의 경향을 설명하기에는 너무 산발적일 뿐 아니라 그 목표들 또한 지나치게 제한적이며, 효과 면에서도 일반적이고 항구적인 효과는 거의 거두지 못했다. 다른 한편으로 극히 예외적인 경우를 제외하고는, 모랄리스트들이 표명한 엄격함에 대한 의지가 공권력의 개입을 요구하는 형식을 거의 취하지 않는다는 점은 주목할 만하다.[1] 따라서 철학자들에게서 성적 품행에 대한 일반적이고 강압적인 입법화의 기도를 발견할 수는 없을 것이다. 그들 철학자들이 "대다수"의 삶과는 다른 삶을 영위하고자 하는 개인들에게 한층 더 엄격하기를 부추긴 것은 사실이지만, 그렇다고 해서 그들 모두에게 일률적으로 강요할 수 있는 어떤 조처나 징벌을 찾으려 하지는 않았기 때문이다. 게다가 엄격함이 강조되었다고 말할 수 있다 하더라도 이것은 더욱 엄격한 조처

1 그래서 프루스의 디온은 (《대담》 7장에서) 미덕이 지배하도록 하기 위해 취해야 할 어떤 조처들을 고찰하되, 빈곤에 의해 제기된 문제들의 틀 속에서 고찰한다.

들이 내려졌을 것임을 의미하는 것은 아니다. 요컨대 기원후 1, 2세기의 의료체제는 일반적으로 디오클레스 시대의 의료체제보다 훨씬 더 엄격하지 않았으며, 스토아학파 철학자들이 추켜세운 부부간의 정절도 자기 부인 외에 그 어떤 다른 어떤 여자와도 관계하지 않았다고 자부하는 니코클레스의 정절보다도 더 엄격하지 않았다. 또 《사랑에 관한 대화》에서 플루타르코스는 소년들에 대해 《법률》의 엄격한 입법자들보다 훨씬 더 관대하다. 그에 반해 첫 몇 세기의 저작들 속에서 눈에 띄는 것은 — 행위들에 대한 새로운 금지조항들이라기보다는 — 자기 자신에게 기울여야 할 주의에 대한 강조이다. 요구되는 것은 주의의 양상과 규모, 지속성과 엄밀함이며, 엄격한 관리를 통해 피해야 할 것은 심신의 온갖 장애에 대한 불안이다. 또 스스로 쾌락을 삼가거나 결혼이나 출산으로 쾌락의 활용을 제한함으로써 사회적 지위에서뿐만 아니라 이성적 존재로서도 스스로를 존중하는 것이 중요하다. 간략히 — 또 대충 어림잡아 볼 때 — 도덕적 성찰에서 엿보이는 성적 엄격함에 대한 이러한 과대평가는 금지된 행위를 규정짓는 규약을 강화하는 형태가 아니라 자기를 자기 행위의 주체로 형성하게 하는 자기 자신과의 관계를 강화하는 형태를 취한다.[2] 그러므로 어떻게 이같이 더욱 엄격한 도덕이 생겨났는지에 대한 질문은 바로 이러한 형태를 고려하면서 이루어져야 한다.

이와 관련하여 우리는 자주 언급되는 하나의 현상, 즉 실존의 "사적"

---

**2** A. J. Voelke, *Les Rapports avec autrui dans la philosophie grecque, d'Aristote à Panétius*, pp. 183~189.

측면과 개인적 행위의 가치, 또 자기 자신에 대한 관심에 점점 더 많은 자리를 부여하는 헬레니즘-로마 사회에서의 개인주의의 성장을 생각해 볼 수 있다. 따라서 이러한 엄격한 도덕의 발전을 설명할 수 있는 것은 공권력의 강화라기보다는 차라리 과거에 개인들의 삶이 전개되던 정치적·사회적 틀의 약화일 것이다. 개인들은 도시국가 속에 보다 느슨하게 편입되어 서로로부터 훨씬 더 격리된 채 자기 자신에게 더 의존할 수밖에 없었기 때문에 철학에서 보다 개인적 행동규칙들을 찾으려고 했을 것이다. 이와 유사한 도식에서 모두가 다 거짓인 것은 아니다. 그렇지만 우리는 이러한 개인주의적 추세와 개인들을 그들이 전통적으로 소속되어 있던 것에서 떼어놓은 사회적·정치적 과정이 실제로 어떠했는지에 대해서 질문해 볼 수 있다. 시민적·정치적 활동은 형태상 어느 정도까지 변화하였음에도 불구하고, 상류계급의 경우에는 여전히 생활의 중요한 부분으로 남아있었다. 일반적으로 고대사회는 여전히 "공공연하게" 생활이 영위되는 잡거雜居의 사회였으며, 또한 각자가 강력한 지연, 혈연적 유대, 경제적 의존, 후원과 우애의 관계체계 속에 자리잡고 있었던 사회였다. 게다가 행위의 엄격함에 가장 집착하던 교의敎義들 — 그 첫 열에 스토아주의를 놓을 수 있을 텐데 —은 또한 인류, 시민, 가족에 대한 의무 완수의 필요성을 가장 강조한 교의들이며, 은거생활에서 엿보이는 나태와 이기주의적 안락의 태도를 가장 기꺼이 고발하는 교의들이었다.

그러나 서로 다른 시대의 매우 다양한 현상을 설명하기 위해 그토록 자주 언급되곤 하는 이 "개인주의"에 대해서는 보다 일반적인 질문을 제기함이 바람직하다. 우리는 종종 그러한 범주 아래 전혀 다른 현실들을 뒤섞어 놓는데, 사실은 다음과 같은 3가지 사항으로 구분하는 것이 적절하다. 첫째는 개인주의적 태도로서, 이것은 자기 나름의 특이성을 지닌 개인에게 부여된 절대적 가치와 개인이 속한 집단이나 제도에 비해 그 개인에게 허용되는 독립성의 정도에 의해 특징지어진다. 둘째는 사생활에 대한 가치부여, 다시 말해서 가족관계, 가정에서의 활동형태들과 가산을 둘러싼 이해관계에 부여된 중요성이다. 마지막으로 자기에 대한 관계의 강화, 다시 말해서 스스로를 변화시키고 교정·정화·구원하기 위해 자기 자신을 인식의 대상이자 행동영역으로 삼기를 요청하는 형식들의 강화를 들 수 있다. 이러한 태도들은 분명 서로 연관이 있을 것이다. 이를테면 개인주의가 사생활의 가치를 강화할 수도 있고, 아니면 자기와의 관계에 부여된 중요성이 개인적 특이성에 대한 고양과 결부되어 있을 수도 있다. 그러나 이러한 관계들은 지속적인 것도 필연적인 것도 아니다. 사생활이나 자기 자신과의 관계에 커다란 중요성을 부여하지 않고도, 자신을 독특하게 만들거나 다른 사람보다 우월할 수 있게 해 주는 행동들을 통해서 개인이 자신의 고유한 가치를 확인하도록 요구하는 사회나 집단 — 군사귀족계급이 분명 그러하듯이 — 이 있을 수 있다. 또한 사생활이 커다란 가치를 부여받는 사회, 즉 사생활이 세심하게 보호되고 조직될 뿐 아니라 행동지침의 중심이자 행동들에 대한 가치평가의 원칙이 되는 사회 — 아마도 19세기 서구사회의 부르주아 계급의 경우일텐데 — 도 있을 수 있는데, 그러나 바로 이 점 때문에 그러한 사회에서 개인주의는 미약하며 자기 자신과의 관계도 거의 발전하지 못한다. 마지막으로 자기 자신과의 관계는 강화·발전되지만 그렇다고 해서 반드시 개인주의나 사생활의 가치가 강화되지는 않는 사회도 있다. 가령 초기 기독교의 금욕주의적 움직임은 자기와의 관계를 극도로 강화시키는 것처럼 나타나지만 사생활의 가치는 격하된 형태를 띠었으며, 은거隱居주의의 형태를 취할 때에도 은거행위에 있을 수 있는 개인주의적 요소에 대해서는 명백한 거부를 표명하였다.

제정시대에 표명된 성적 엄격함에 대한 요구가 증대된 개인주의의 표명인 것 같지는 않다. 차라리 그러한 요구들이 나오게 된 배경을 특징짓는 것은 꽤 오랜 역사에도 불구하고 이 시기에 와서 절정을 이룬 하나의 현상, 즉 자기 자신에 대한 관계를 강화하고 그것에 가치를 부여한다는 점에서 "자기 연마"라고 부를 수 있는 것의 발달이다.

이러한 "자기 연마"[3]는 삶의 기술technē tou biou — 다양한 형태를 띤 — 이 "자기 자신을 돌보"아야 한다는 원칙에 의해 지배된다는 사실로 간략히 특징된다. 즉, 자기 연마를 필수적인 것으로 정당화하고 그 발전을 요구하며 실천하게 하는 것은 바로 이러한 자기 배려配慮의 원칙인 것이다. 그런데 분명히 해야 할 것은, 자기 자신에게 전념해야 하고 자기 자신을 돌보아야 한다heautou epimeleisthai는 이러한 생각은 그리스 문화에서는 사실상 매우 오래된 주제라는 점이다. 이 주제는 매우 일찍부터 널리 유포된 하나의 정언명령定言命令처럼 등장했다. 크세노폰이 이상적으로 묘사한 키루스는 모든 정복을 끝내고도 자신의 삶이 완성되었다고는 생각지 않는다. 왜냐하면 그에게는 자기 자신을

---

**3** 이 주제들에 대해서는 P. Hadot, *Exericices spirituels et philosophie antique* 참조.

돌보는 일 — 그리고 이것이야말로 가장 귀중한 일이다 — 이 남아 있기 때문이다. 그는 지난날의 승리를 생각하면서 "우리는 우리의 모든 소원을 들어주지 않았다고 해서 신들을 비난할 수 없다. 그러나 위대한 일들을 해냈기 때문에 더 이상 자기 자신을 돌볼 수 없고 친구와 즐거워 할 수 없다면 나는 기꺼이 그런 행복에 결별을 고할 것이다"[4]라고 말한다. 플루타르코스의 이야기에 따르면 스파르타의 한 격언은 땅을 돌보는 일이 노예에게 위임되어 있는 까닭은 바로 스파르타의 시민들이 "자기 자신에게 전념하고"[5] 싶어했기 때문이라고 단언하는데, 분명 여기서 말하는 자기에 대한 전념은 신체적 단련과 전투훈련을 가리키는 말일 것이다. 그에 반해 이 표현은 《알키비아데스》에서는 전혀 다른 의미로 사용되면서 대화의 본질적 주제의 하나를 이룬다. 소크라테스는 야심에 찬 한 젊은이에게, 통치하기 위해서 알아야 할 것을 사전에 미처 알지 못하면서 자기 나름대로 도시국가를 책임지려 하거나 도시국가에 충고하려 들고, 스파르타의 왕들이나 페르시아의 군주들과 경쟁하고자 하는 것은 매우 주제넘은 짓이라고 지적한다. 그보다는 먼저 자기 자신에 몰두해야 하며, 그것도 젊은 만큼 즉각 그러해야 하는데, "쉰 살이면 이미 너무 늦"[6]기 때문이다. 사실 《변명》에서 소크라테스가 그의 판관判官들에게 보이는 모습은 자기에 대한 배려의 거장으로서의 모습이다. 신은 소크라테스에게 인간들에게 부와 명예

4 Xénophon, *Cyropédie*, VII, 5.
5 Plutarque, *Apophthegmata laconica*, 217a.
6 Platon, *Alcibiade*, 127d~e.

가 아니라 자기 자신과 자신의 영혼에 관심을 쏟아야 한다는 점을 일깨울 임무를 부여하였던 것이다.[7]

그런데 이후의 철학은 소크라테스가 축성한 바로 이러한 자기에 대한 배려의 주제를 다시 취하여 마침내 그들이 주장하는 "삶의 기술"의 심장부에 위치시켰다. 그 결과 이 주제는 원래의 틀을 넘어 처음의 철학적 의미들로부터 떨어져 나와 점차 진정한 "자기 연마練磨"의 차원과 형태들을 획득하게 되었다. 이때 "자기 연마"란 말은 자기 배려의 원칙이 매우 일반적 가치를 획득했다는 뜻으로 이해되어야 하는데, 왜냐하면 자기 자신에게 전념해야 한다는 계율은 어쨌든 수많은 상이한 교의들 사이에서도 통용되는 하나의 정언명령이기 때문이다. 그것은 또한 태도나 처신방식의 형태를 띠고 생활방식 속으로 스며들어가 숙고하고 발전시키며 완성하고 가르쳐야 할 절차와 행위, 방법들로 발전하였다. 그리하여 자기 자신에게 전념하여야 한다는 계율은 개인 상호간의 관계, 교환과 소통은 물론 심지어 때로는 제도들까지 야기하면서 하나의 사회적 실천을 형성하였으며, 종국에는 어떤 인식유형과 지식의 형성을 야기하였다.

삶의 기술은 자기 배려의 모습으로 느리게 발전하였는데, 제정시대의 첫 두 세기는 그러한 발전곡선의 정점으로 간주될 수 있을 것이다. 물론 이러한 현상이 교양의 담지자이자 삶의 기술technē tou biou이 하나의 의미와 현실성을 띨 수 있었던, 수적으로 매우 제한된 사회집단에만 관련된 것으로 이해된다 할지라도 이 시기는 자기 연마에서 일종의

---

7 Platon, *Apologie de Socrate*, 29d~e.

황금기라고 할 만하다.

1. 자기에 대한 관심l'epimeleia heautou. la cura sui은 많은 철학적 교의에서 재발견되는 하나의 명령이다. 우리는 그것을 플라톤학파의 철학자들에게서도 재발견할 수 있다. 가령 알비누스는 철학연구를, "자기 자신으로 돌아가고, 되돌아가기 위해서" 또 "자신이 관심의 대상으로 삼아야 할 것"[8]을 알기 위해서 《알키비아데스》를 읽는 것으로부터 시작할 것을 권유한다. 아풀레우스는 《소크라테스의 신》의 말미에서 동시대인들이 자기 자신에 대해 소홀한 것에 놀라움을 표시한다. "그 사람들은 모두 최상의 삶을 영위하려는 욕망을 지니고 있으며, 영혼 외에 어떠한 생명기관도 없다는 것을 알고 있다 … 그럼에도 불구하고 그들은 영혼을 가꾸지 않는다animum suum non colunt. 그렇지만 날카로운 시력을 갖고 싶은 사람이라면 누구든지 보는 데 사용하는 눈을 잘 돌봐야 하고, 또 달리기를 잘 하려면 달리기에 사용되는 다리를 돌보아야 하는 것이다 … 이것은 각자 자신의 선호에 따라 주의를 기울여야 하는 신체의 다른 부분에 대해서도 마찬가지이다. 이 점에 대해서는 모두가 쉽사리 분명히 이해한다. 그렇기에 당연히 나는 왜 그들이 이성의 도움을 받아 자신들의 영혼을 완성시키지 않는지 놀라지 않을 수 없다cur non etiam animum suum ratione excolant."[9]

---

8 Albinus, cité par A.-J. Festugière, *Etudes de philosophie grecque*, 1971, p. 536.

9 Apulée, *Du dieu de Socrate*, XXI, 167~168.

에피쿠로스 학파의 철학자들에게, 《메네세에게 보내는 편지》는 철학이 자기에 대한 관심의 부단한 실천으로 간주되어야 한다는 원칙을 보여주는 책이다. "그 누구도 젊다고 해서 철학하는 데 지체하지 말고, 늙었다고 해서 철학에 싫증을 내지 말라. 사실 그 누구에게도 마음의 건강을 지키는 데 너무 이르거나 너무 늦은 경우는 없기 때문이다."[10] 세네카가 자신이 쓴 한 편지에서 인용하는 것도 자기 자신을 돌보아야 한다는 바로 이러한 에피쿠로스 철학의 주제이다. "청명한 하늘은 깨끗해져서 그 무엇으로도 더럽혀지지 않을 빛을 꿈꿀 때 가장 강렬한 빛을 띠듯이, 몸과 마음으로 행복의 씨실을 짜기 위해 자신의 육체와 영혼을 돌보는 사람hominis corpus animumque curantis은 영혼에 아무런 동요가 없고 육체에 아무런 고통이 없을 때 완벽한 상태가 되며, 또한 욕망의 절정에 이르게 된다."[11]

자신의 영혼을 보살핀다는 것은 처음부터 제논이 자기 제자들에게 주었던 계율戒律이며 1세기에 무소니우스가 반복하게 될 계율인데, 이에 대해서는 플루타르코스가 "스스로를 구제하고자 하는 사람은 끊임없이 자신을 보살피며 살아야 한다"[12]라는 문장 속에서 인용한 바 있다. 우리는 이러한 계율이 세네카에 이르러 자기 자신에 대한 전념이라는 주제로 풍부해짐을 알고 있다. 세네카에 따르면, 자기에게 몰두하기 위해서는 다른 일에 몰두하지 말아야 하며, 그렇게 함으로써 자

---

10 Epicure, *Lettre à Menécée*, 122.

11 Sénèque, *Lettres à Lucilius*, 66, 45.

12 Musonius Rufus, Ed. Hense, *Fragments*, 36; cité par Plutarque, *De ira*, 453d.

기 자신을 위해 자신을 비워둘 수 있을 것이다sibi vacare. [13] 그러나 이러한 "비움"은 시간을 낭비하지 않고, "자신을 형성하고", "자기 자신을 변화시키며", "자기에게로 되돌아오는" 데 수고를 아끼지 않기를 요구하는 다양한 활동으로 이루어진다. 세네카는 자기를 배려하기 위해 취해야 할 다양한 형태와 자기 자신과 다시 일치하고자ad se properare[14] 할 때의 초조함을 가리키기 위해 "자기를 형성하다se formare", [15] "자기의 권리를 주장하다sibi vindicare", [16] "자기를 만들어내다se facere", [17] "공부에 파묻히다se ad studia revocare", [18] "자기에게 전념하다sibi applicare", [19] "자기에게 몸을 바치다suum fieri", [20] "자기 속에 웅크리고 있다in se recedere", [21] "자기에게 돌아오다ad se recurrere", [22] "자기 자신에게 머무르다secum morari"[23]와 같은 어휘들을 열거한다. 마르쿠스 아우렐리우스 역시 자기 자신에게 전념할 때 똑같은 안달을 경험한다. 독서도, 글쓰기도, 자기 자신에게 행해야 할 직접적 배려 이상으로 그를 붙잡고 있어서는 안 된다. "더 이상 헤매지 말라. 너는 더 이상 너의 노트

---

13 Sénèque, *Lettres à Lucilius*, 17, 5; *De la brièveté de la vie*, 7, 5.

14 Sénèque, *ibid*, 35, 4.

15 Sénèque, *De la brièveté de la vie*, 24, 1.

16 Sénèque, *Lettres à Lucilius*, I, 1.

17 *Ibid.*, 13-1; *De la vie heureuse*, 24, 1.

18 Sénèque, *De la tranquillité de l'âme*, 3, 6.

19 Sénèque, *Ibid.*, 24, 2.

20 Sénèque, *Lettre à Lucilius*, 75, 118.

21 Sénèque, *De la tranquillité de l'âme*, 17, 3; *Lettre à Lucilius*, 74, 29.

22 Sénèque, *De la brièveté de la vie*, 18, 1.

23 Sénèque, *Lettres à Lucilius*, 2, 1.

도, 로마인들과 그리스인들의 고대역사도, 이야기들도, 노년을 위해 남겨두었던 선집들도 다시 읽을 운명이 아니다. 그러니 목표를 향해 서둘러라. 헛된 희망들에 작별을 고하고 너 자신을 기억한다면sautou boethei ei ti soi melei sautou 가능한 한 너를 도와라."[24]

이 주제가 철학적으로 최고로 형상화되어 나타나는 것은 아마도 에픽테투스의 경우일 것이다. 《대화》에서 인간 존재는 자기 배려를 위임받은 존재로 정의된다. 인간과 다른 생물체들과의 근본적 차이는 바로 거기에 있다. 동물들은 생존에 필요한 것이 "다 마련되어 있다고" 생각한다. 왜냐하면 자연이 동물들을 우리들의 자유로운 처분에 맡김으로써 동물들이 스스로에게 관심을 기울이거나 우리들 자신이 그들을 돌보아야 할 필요를 없애도록 했기 때문이다.[25] 반면에 인간은 자기 자신을 돌보아야 하는데, 그것은 결코 인간을 결핍의 상황 속으로 밀어 넣고 그 점에서 인간을 동물보다 열등한 존재로 만드는 일련의 결함에서 비롯된 결과가 아니라 인간이 자기 자신을 자유롭게 활용할 수 있기를 신이 원했기 때문이다. 그리고 바로 이러한 목적에서 신은 인간에게 이성을 부여하였다. 그러므로 이성은 결코 본래부터 부재하는 능력의 대용물로 이해되어서는 안 된다. 그와 반대로 이성은 필요할 때 제대로 다른 능력을 사용할 수 있게 해 주는 능력이다. 심지어 이성은 이성 그 자체도 사용할 수 있는, 전적으로 독특한 능력이다. 실제로 이성은 "다른 모든 것들과 마찬가지로 이성 그 자체를 연구대

---

**24** Marc Aurèle, *Pensées*, III, 14.
**25** Epictète, *Entretiens*, I, 16, 1~3.

상으로 삼을"[26] 수 있다. 제우스는 자연에 의해 이미 우리에게 주어진 이 모든 것을 이성으로 완성하면서, 우리에게 우리 자신을 배려할 의무와 가능성을 주었다. 자유롭고 이성적인 — 또한 이성적일 만큼 자유로운 — 한, 인간은 자연 속에서 자기를 돌보도록 위임받은 존재이다. 신은 우리를 피디아스가 그랬듯 부동의 승리가 놓인 손을 펼쳐진 날개 쪽으로 영원히 향하고 있는 아테나 대리석상으로 만들진 않았다. 제우스는 "너를 창조했을 뿐 아니라, 너를 오로지 너 자신에게 맡기고 위임했다".[27] 에픽테투스에게, 자기 배려는 우리 자신을 우리의 모든 관심의 대상으로 삼도록 강요하면서 우리에게 자유를 보장하는 하나의 특권이자 의무이며, 하나의 선물이자 구속이다.[28]

그러나 철학자들이 자기를 배려할 것을 권고한다는 사실이 곧 이러한 전념이 철학자들과 유사한 삶을 선택하는 사람들에게만 국한된 것이라거나 또는 이와 같은 태도가 철학자들 곁에서 지낼 동안만 필수적이라는 사실을 의미하는 것은 아니다. 자기에 대한 관심은 모든 사람에게 일생 유효한 하나의 원칙이다. 아플레우스는 바로 이 점을 강조한다. 우리는 회화의 규칙이나 키타라의 연주 규칙을 모르면서도 창피나 수치심을 느끼지 않을 수 있지만 "이성의 도움으로 자신의 영혼을 완성"할 줄 아는 것은 "모든 사람에게 똑같이 필요한" 하나의 규칙이라는 것이다. 플리니우스의 경우가 그 구체적 예가 될 수 있다. 그

---

26 *Ibid.*, I. 1, 4.
27 *Ibid.*, II, 8, 18~23.
28 Cf. M. Spanneut, "Epiktet," in *Reallexikon für Antike und Christentum*.

는 온갖 엄격한 교의에 소속되는 것을 멀리한 채 한결 같이 명예로운 삶을 영위하면서 변호활동과 문학작업에 몰두하였으며, 결코 단 한순간도 세계와 단절하지 않았다. 그럼에도 불구하고 그는 평생 자기 자신을 몰두해야 할 가장 중요한 대상으로 삼기 위해 자신이 들인 수고에 대해 끊임없이 언급한다. 아직 젊은 나이로 군인의 책무를 띠고 시리아에 갔을 때 그의 첫 관심사는 에우프라테스와 가까이 지내면서 그의 가르침을 받는 것은 물론 점점 더 그와 친해져서 "그의 사랑을 받고", 개인들에게 비난을 가하지 않으면서도 결점을 반박할 줄 아는 스승의 훈계를 받는 것이었다.[29] 훨씬 후에 로마에서는 라우렌테스의 자기 별장에 휴식을 취하러 가기도 했는데, 이것은 "독서, 작문, 건강관리에 열중하고", "자신과 자신이 쓴 글들과 함께" 대화를 나누며, 자기 자신에게 전념할 수 있기 위해서였다.[30]

이처럼 자기에 전념하는 데는 나이가 따로 없다. 에피쿠로스는 이미 "자기 영혼에 대해 관심을 기울이지 못할 정도로 너무 늦거나 너무 이른 시기란 결코 없다"고 말한 바 있다. "철학할 시간이 아직도 오지 않았다라든가 이미 지나갔다고 말하는 사람은 행복의 시간이 아직 오지 않았거나 더 이상 존재하지 않는다고 말하는 사람과 흡사하다. 늙은이는 늙어가면서 과거의 자신에 대한 감사의 마음으로 인해 더 젊어질 수 있도록, 또 젊은이는 젊은이대로 비록 젊지만 미래에 대한 두려움을 갖지 않음으로써 또한 노인과 같이 될 수 있도록, 노소를 불문하

---

**29** Pline, *Lettres*, I, 10.

**30** *Ibid.*, I, 9.

고 모두 철학해야 한다."[31] 평생 살아가는 법을 배우는 것, 그것은 세네카가 인용하는 격언이자 생활을 일종의 항구적 훈련으로 변화시키도록 권유하는 격언이다. 일찍 시작하는 것이 좋다 하더라도 중요한 것은 결코 열의가 식지 않도록 하는 것이다.[32] 세네카나 플루타르코스가 조언을 준 사람들은 사실 더 이상 플라톤의 책에 나오는 소크라테스나 크세노폰의 책에 나오는 소크라테스가 자기 자신에게 전념하라고 부추겼던 탐욕스럽거나 소심한 젊은이들이 아니다. 그들은 성인이다. 《평정함에 대하여*De tranquilictate*》(《데 콘스탄티아》와 어쩌면 《데 오티오》에서도) 에서 조언의 대상으로 삼는 세레누스는 세네카의 보호를 받는 손아래 친척이지만 학업 중에 있는 소년과는 아무런 닮은 점이 없다. 그는 《평정함에 대하여》가 나올 무렵에 로마에 막 도착한 시골 사람으로서 직업은 물론 생활방식에서도 여전히 갈팡질팡한다. 하지만 그는 예전부터 이미 일정한 철학적 도정道程을 밟아온 바 있으며, 그의 곤혹스러움은 근본적으로 그러한 도정을 완성시키는 방식에 관련된 것이다. 루실리우스에 대해서 말하자면, 아마도 그는 세네카보다 겨우 몇 살 아래였을 것이다. 62세부터 세네카와 내밀한 편지를 교환할 당시 그는 시칠리아의 행정장관이었다. 그들이 주고받은 편지 속에서 세네카는 루실리우스에게 자기 지혜의 원칙과 실천을 설명하고, 자신의 약점과 아직도 끝나지 않은 그러한 약점과의 투쟁을 이야

---

**31** Epicure, *Lettre à Ménécée*, 122.

**32** 이 주제에 대해서는 세네카의 *Lettres à Lucilius*, 82, 76; 90, 44~45; *De constantia*, IX, 13을 보라.

기하며, 심지어 때로는 그에게 도움을 청하기까지 한다. 게다가 그는 루실리우스에게 60세가 훨씬 넘은 나이에 메트로낙스의 가르침을 받으러 몸소 간 적이 있다는 사실을 말하는 데도 부끄러움을 느끼지 않는다.[33] 단순히 미덕과 결점, 영혼의 행복이나 삶의 불행에 대한 일반적 고찰만이 아니라 정해진 상황에 따른 처신에 대한 충고도 종종 담고 있는 플루타르코스의 논설서의 수신인 역시 성인들이다.

자신들의 영혼에 몰두하는 데 성인들이 기울이는 이 열정, 자신들에게 행복의 길을 일러주는 철학자들을 찾으러 가는 늙은 학생들의 이러한 열망은 루키아노스와 그와 함께 있는 다른 많은 사람의 신경을 거슬렀다. 루키아노스는 이미 나이가 많이 들었음에도 불구하고 거리에서 잊어서는 안 될 교훈들을 중얼거리고 다니는 헤르모티무스를 비웃는다. 헤르모티무스는 이미 20년 전부터 불행한 인간들의 삶과 자신의 삶을 더 이상 혼동하지 않기로 결심하였으며, 지복至福에 이르기 위해서는 아직도 20년이 더 필요하다고 생각한다. 그런데 그가 철학을 시작한 것은 40세 때부터이니까(이 점에 대해서는 조금 더 가서 자신이 직접 지적한다) 결국 그는 마지막 40년의 생애를 스승의 지도 아래 자신을 보살피는 데 바치게 될 것이다. 그의 대화 상대자인 리시누스는 조롱삼아 자신도 이제 막 40세가 되었으니 철학을 배울 때가 왔다는 사실을 깨달은 체한다. 그는 헤르모티무스에게 "나를 지팡이로 쓰라", 그리고 "손으로 나를 인도하라"[34]하고 말한다. 해도트가 세네카

---

33 Sénèque, *Lettres à Lucilius*, 76, 1~4. Cf. A. Grilli, *Il problema della vita contemplativa nello mondo greco-romano*, pp. 217~280.

에 대해 그렇게 말한 것처럼, 이 모든 영신지도靈神指導의 활동은 성인 교육de l'Erwachsenerziehung[35]의 차원에 속한다.

2. 자기에 대한 이러한 전념은 단순히 어떤 일반적 태도나 분산된 주의를 요구하지 않는다는 점을 이해해야 한다. "에피멜레이아epimeleia"라는 용어는 단지 하나에 전념하는 것을 가리키는 말이 아니라 모든 전념을 총칭하는 말이다. 즉, 집주인의 활동[36]과 신하들을 보살피는 군주의 임무,[37] 병자 또는 부상자에게 행해야 할 보살핌,[38] 또 신들이나 고인들에 대한 의무,[39] 이 모든 것을 지칭하기 위해 사용되는 것이 바로 에피멜레이아다. 마찬가지로 자기 자신에 대해서도 에피멜레이아는 노고勞苦의 의미를 함축하고 있다.

그러는 데는 시간이 필요하다. 하루 중 혹은 일생 동안 자기 연마에 할당할 몫을 결정하는 일이야말로 자기 연마의 가장 중요한 문제 중 하나이다. 사람들은 여러 다양한 방식에 도움을 청한다. 가령 아침이나 저녁마다, 명상하거나 해야 할 일을 검토하고 어떤 유용한 원칙들을 암기하고 지난 하루를 반성하는 데 얼마의 시간을 할애할 수 있다. 피타고라스학파 학자들이 아침, 저녁으로 행했던 성찰省察은 분명 내용

---

**34** Lucien, *Hermotime*, 1~2.

**35** I. Hadot, *Seneca und die griechisch-römische Tradition der Seelenleitung*, 1969, p. 160.

**36** Xénophon, *Economique*, V, 1.

**37** Dion de Pruse, *Discours*, III, 55.

**38** Plutarque, *Regum et imperatorum apophthegmata*, 197d.

**39** Platon, *Lois*, 717e.

이 다르긴 하지만 스토아학파 철학자들에게서도 발견된다. 세네카[40]나 에픽테투스,[41] 마르쿠스 아우렐리우스[42]는 자기 자신을 돌아보는 데에 할애해야 할 시간들에 대해 언급한다. 또한 사람들은 때때로 일상적으로 하던 일을 멈추고 묵상회에 참여할 수도 있는데, 이것은 누구보다도 특히 무소니우스가 강력하게 추천하는 것이다.[43] 이러한 묵상默想은 자기 자신과 대면하면서 과거를 끌어 모으고 지나간 삶 전체를 눈앞에 펼쳐 놓게 해 주며, 독서를 통해 본받고자 하는 전례와 규범들을 익히게 해 주고, 초탈한 삶 덕분에 이성적 행위의 본질적 원칙들을 되찾게 해 준다. 또한 살아가는 도중이나 삶의 끝에 이르러 온갖 다양한 활동으로부터 벗어나 욕망이 누그러지는 노년을 이용하여 철학적 작업에 몰두했던 세네카나 쾌적한 생활의 평온함에 몰두했던 스푸리나[44]처럼, 자기 자신에 완전히 몰두해보는 것도 가능할 것이다.

이러한 시간은 빈 것이 아니라 훈련과 실행해야 할 임무, 다양한 활동으로 채워진다. 자기 자신에게 관심을 기울이는 것은 쉬운 일이 아니다. 신체를 보살피고 건강을 관리해야 하며 지나치지 않은 신체단련과 욕구충족에 대한 최대한의 절제가 요구된다. 또한 명상과 독서, 책이나 합의된 대화에 관해 나중에 다시 읽어볼 수 있도록 적어두는 일, 이미 알고는 있지만 한층 더 자신의 것으로 만들기 위해서 진리를

---

40 Sénèque, *De ira*, III.

41 Epictète, *Entretiens*, II, 21 sq; III, 10, 1~5.

42 Marc Aurèle, *Pensées*, IV, 3. XII, 19.

43 Musonius Rufus, Ed. Hense, *Fragments*, 60.

44 Pline, *Lettres*, III, 1.

다시 한 번 기억해 두는 일 등이 요구된다. 예를 들어 마르쿠스 아우렐리우스는 "자기 안으로의 은둔"의 한 예를 제공하는데, 그것은 타인에 대해서는 물론 사고나 세상사에 대해서도 화를 내지 말라고 권유하는 이성적 논거와 일반 원칙을 재활성화시키는 장시간의 작업이다.45 또한 여기에는 속내 이야기를 할 수 있는 사람, 친구들, 후원자 또는 지도자와의 대화가 포함되며, 자신의 마음 상태를 드러내고 조언을 구하거나 반대로 필요로 하는 사람에게 조언하는 편지가 덧붙여진다. 필요로 하는 사람에게 조언하는 편지는 선생이라 불리는 사람 자신에게도 이로운 행위가 된다. 왜냐하면 그는 이 조언을 자기 자신을 위해서도 활용하기 때문이다.46 요컨대 말하고 쓰는 이 모든 활동은 자기 자신에 대한 배려를 중심으로 전개되며, 이러한 활동 속에서 자신에 대해 가하는 작업과 타인과의 소통행위는 서로 연결된다.

여기서 우리는 자기 자신에게 몰두하는 이러한 활동의 가장 중요한 점들 중 하나를 건드리게 된다. 그것은 이러한 활동이 고독의 실천이 아니라 진정한 사회적 실천을 이룬다는 사실이다. 그것도 여러 가지 의미에서 그러한데, 사실 자기 자신에 대한 몰두 행위는 다소간 제도화된 구조 속에서 형성되었다. 가령 신新피타고라스 학파 집단이나 에피쿠로스 학파 그룹이 행한 실천에 대해서는 필로데무스를 통해 어느 정도 정보를 얻을 수 있다. 그에 따르면, 이미 공인된 위계질서에 따라, 더 나은 사람들에게는 그보다 못한 사람들을 개인적으로든 집단

45 Marc Aurèle, *Pensées*, IV, 3.

46 Cf. Sénèque, *Lettres à Lucilius*, 7, 99 et 109.

적으로든 이끌 의무가 부과되었다. 하지만 자기를 돌보는 데 타인의 도움을 받을 수 있는 공동의 훈련 또한 존재하였는데, 그 임무는 "투 디 알레론 소제스테to di 'allēlōn sōzesthai"[47]로 정의되었다. 에픽테투스는 그 나름대로 학교와 유사한 틀 속에서 가르쳤다. 그는 여러 범주의 학생을 두었다. 그 중 일부는 뜨내기에 불과했고 다른 일부는 평범한 시민으로서의 생활이나 더 나아가 중요한 활동을 준비하기 위해 뜨내기들보다는 오래 머물렀으며, 나머지 다른 몇몇 사람들은 전문 철학자가 되기로 작정한 만큼 영신지도靈神指導의 규칙과 실천에 따라 스스로를 형성해 갈 작정이었다.[48] 또한 — 특히 로마의 상류 귀족사회에서는 — 한 가족이나 집단 속에서 생활에 대한 조언자나 정치적 지도자, 혹은 협상에서 잠재적 중재자 역할을 하는 개인 고문의 활동도 찾아볼 수 있다. "철학자를 부양하는 것이 유용하다고 생각하는 부유한 로마인들이 있었으며, 뛰어난 사람들은 이러한 위치를 수치스럽게 여기지 않았다." 왜냐하면 뛰어난 사람들은 "자신의 후원자와 그 가족들에게 도덕적 조언을 하고 용기를 북돋워 주어야 했고, 반면 후원자와 그 가족들은 이들의 칭찬으로부터 힘을 얻었기 때문이다".[49] 가령 트라시아 파에투스는 자살 당시 자신의 정신적 지주였던 데메트리우스를 참여시키는데, 그것은 그의 도움을 받아 삶의 마지막 순간에 자신의 삶

---

47 Philodème, *Oeuvres*, Ed, Olivieri, frag. 36, p. 17.

48 학교의 훈련들에 대해서는 B. L. Hijmans, *Askēsis: Notes on Epictetus, Educational System*, pp. 41~46.

49 F. H. Sandbach, *The Stoics*, p. 144, 또한 J. H. Liebeschütz, *Continuity and Change in Roman Religion*, pp. 112~113.

에 가장 아름답고 완결된 형태를 부여하기 위해서이다. 한편 교수, 지도자, 조언자, 속내 이야기를 들어주는 사람 등과 같은 이러한 여러 다양한 역할이 언제나 구분되어 있었던 것은 아니며 오히려 정반대이기도 했다. 즉, 자기 연마를 위한 실천에서 역할은 종종 서로 뒤바뀌기도 했으며, 동일한 인물에 의해 차례로 수행될 수도 있었다. 가령 루벨리우스 플라우투스의 정치적 조언자였던 무소니우스 루푸스는 루벨리우스가 죽은 후 유배당한 상태에서 자기 주변에 방문객과 추종자들을 끌어 모아 일종의 학교를 경영했으며, 이어 말년에는 베소파시엔 치하에서 두 번째 유배를 치르고 난 뒤 로마로 돌아와 대중들을 가르치며 티투스의 측근이 되었다.

그러나 학교나 교육, 영혼을 지도하는 전문가들이 이런 식으로 자신에게 전념專念하는 것을 떠받치는 유일한 사회적 지주는 아니다. 자기에 대한 전념은 혈족, 우애, 의무 등 모든 관습적 관계 속에서 쉽게 그 버팀목을 찾아냈다. 자신에 몰두하고 주의를 기울이기 위해 지도와 충고에 소질이 있다고 판단되는 사람에게 도움을 청하는 것은 하나의 권리를 행사하는 것이다. 또한 남을 아낌없이 돕는 것, 혹은 남이 우리에게 줄 수 있는 교훈을 감사하게 받아들이는 것은 하나의 의무이다. 이러한 관점에서 정념으로부터의 회복에 관한 갈레누스의 저작은 중요하다. 그는 자기 자신을 잘 돌보려는 사람에게 다른 사람의 도움을 구하라고 충고하지만 그렇다고 해서 능력과 지식을 인정받는 기술자를 추천하지는 않고 그저 비타협적일 정도로 솔직하며 평판이 좋은 사람을 추천한다.50 그러나 자기에 대한 보살핌과 타인의 도움 사이의 작용이 기존의 관계들 속에 편입되어 그 관계들에 새로운 색채와 더 큰 열기를 부여하는 경우도 또한 존재한다. 이때 자기에 대한 보살핌 — 혹은 다른 사람들이 자기 스스로를 배려하도록 신경 쓰는 것 — 은 마치 사회적 관계들의 강화처럼 보인다. 세네카는 자신이 유형流刑을 가게 되자 현재의 불행이자 훗날에는 아마도 더 큰 역경이 될 그 일을 어머니가 감내할 수 있도록 어머니에게 위안의 글을 보낸다. 또 세네카가 영혼의 평정에 대한 장문의 조언을 보냈던 세레누스란 사람은 세네카의 보호 아래 있던 지방의 젊은 친족이다. 한편 세네카가 루실리우스와 나눈 편지는 나이 차가 크게 나지 않는 두 사람 사이에 이미 형성되어 있던 관계를 한층 더 돈독하게 해 주었으며, 이러한 정신적 유도장치를 점차 각자에게 이로운 공동의 체험으로 만들어갔다. 루실리우스에게 보내는 34번째 편지에서 세네카는 "나는 당신을 맡았고, 당신은 나의 작품입니다"라고 말한 뒤 곧이어 "나는 이미 신속하게 내 곁을 벗어나 이제는 반대로 나를 격려해 줄 어떤 사람을 격려합니다"라고 덧붙인다. 그 다음 편지부터 그는 서로가 서로에게 영원한 도움이 될 수 있는 완벽한 우애라는 보상을 거론하는데, 이 문제는 109번째 편지에서 다루어진다. "싸움꾼이 지닌 능숙함은 싸움을 함으로써만 유지됩니다. 또 반주자는 음악가의 연주를 자극합니다. 이와 마찬가지로 현자賢者는 자신의 미덕에 숨돌릴 겨를을 주지 않을 필요가 있습니다. 가령 자기 자신을 자극하면서도 여전히 다른 현자로부터 자극을 받아야 합니다."[51] 그러므로 자기에 대한 배려는 본질적으로 타

---

**50** Galien, *Traité des passions de l'âme et de ses erreurs*, III, 6~10.

**51** Sénèque, *Lettres à Lucilius*, 109, 2. 세네카와 그의 여러 관계들, 그의 지도자로

인과의 교환작용 및 상호적 의무체계의 가능성을 포함한 "정신적 도움"에 연관되어 있는 것처럼 보인다.

3. 그리스 문화의 아주 오래된 전통에 따르면, 자기 배려는 의학적 사고 및 실천과 밀접한 상관관계가 있다. 이 같은 오래된 상관관계는 점차적으로 확대되었으며, 플루타르코스가 《건강에 대한 규범》의 첫머리에서 철학과 의학은 "단일하고 동일한 영역mia chōra"[52]에 관계된다고 말할 정도였다. 철학과 의학은 사실상 공통된 개념적 도구를 사용하는데, 그 중심 요소는 "파토스"란 개념이다. 이 개념은 신체적 질병과 마찬가지로 정념情念에도 사용되며, 마음의 무의지적 움직임과 마찬가지로 신체적 장애에도 적용된다. 그리고 각각의 경우에 그것은 어떤 수동적 상태와 관계되는데, 육체의 경우에는 체액이나 체질의 균형을 깨뜨리는 일종의 증상으로 나타나고, 마음의 경우에는 마음 스스로는 어찌할 수 없는 일종의 움직임으로 나타난다. 이런 공통적 개념에 입각해서 육체와 마음의 질병에 관한 유효한 분석의 틀이 만들어질 수 있었다. 가령 스토아학파 철학자들이 제시한 "병리학적" 도식을 예로 들어보자. 그것은 병의 발전 및 만성화 정도를 규정한 도식으로서, 이 도식에서는 병에 걸리기 쉬운 기질, 즉 병에 노출되는 "경향proclivitatus"과, 그리스어로 파토스pathos, 라틴어로는 아펙투스affectus라

---

서의 활동들에 대해서는 P. Grimal, *Sénèque ou la conscience de l'Empire*, pp. 393~410을 참조.

52 Plutarque, *De tuenda sanitate praecepta*, 122e.

불리는 감성, 즉 혼란, 그리고 감성과 혼란이 심신에 뿌리를 내릴 때 자리를 잡고 나타나는 질병nosēma, morbus, 또 훨씬 심각하고 지속적인 것으로서, 병에 걸리고 허약한 상태인 "아에그로타티오aegrotatio" 혹은 "아르호스테마arrhōstēma", 어떤 치료도 소용이 없는 만성병kakia, aegrotatio inveterata, vitium malum이 구별된다. 스토아학파 철학자들은 또한 치료의 여러 단계나 다양한 형태도 도식화하였다. 가령 세네카는 환자를, 병이 부분적으로 또는 전체적으로 치유된 사람들, 질병으로부터는 해방되었지만 자신의 혼란스런 감성으로부터는 해방되지 못한 사람들, 건강을 회복하긴 했지만 체질이 개선되지 않아 여전히 몸이 허약한 사람들로 구분한다.[53] 이러한 개념과 도식은 신체에 대한 치료와 정신치료 모두에 공통된 안내 역할을 해야 한다. 그것은 신체적 장애와 정신적 혼란에 동일한 유형의 이론적 분석을 적용할 수 있게 할 뿐만 아니라 동일한 과정을 따를 수 있게 함으로써 마음과 육체가 서로 간섭하고, 관심을 기울이고 보살펴서 마침내 심신을 치유하게 한다.

'상처 속으로 메스를 집어넣다', '종기를 절개하다', '절단해서 쓸모없는 것들을 버리다', '투약하다', '쓴 물약, 진통제, 강장제 등을 처방하다' 등[54] 일련의 온갖 의학적 메타포는 마음을 돌보는 데 필요한 처

---

53 Cf. Cicéron, *Tusculanes*, IV, 10; Sénèque, *Lettres à Lucilius*, 75, 9~15. 이 점에 대해서는 I. Hadot, *Seneca und die griechisch-römische Tradition der Seelenleitung*, Berlin, 1969, II$^{e}$ partie, Chap. 2를 보라.

54 신체의 치료법과 영혼의 치료 간의 비교에 관해서는 예를 들어 Sénèque, *Lettres à Lucilius*, 64, 8. 참조.

치를 지적하는 데에도 일정하게 사용된다. 우리가 철학에서 추구하는 영혼의 개선과 완성, 철학이 보장해야 하는 "단련paideia"은 점점 더 의학적 색채를 띠게 된다. 스스로를 형성하고 돌보는 것은 서로 연관되어 있는 활동이다. 에픽테투스는 이 점을 강조한다. 그는 자신이 운영하는 학교가 직업이나 명성을 얻는 데 유용한 지식을 습득하는 장소, 집으로 되돌아가기 전에 보다 유리한 입장에 서기 위해 그러한 지식을 이용하는 단순한 교육장으로 간주되지 않기를 원했다. 학교는 "영혼의 무료 진료소"로 간주되어야 한다. 즉, 철학자의 학교는 "진찰실iatreion" 바로 그것인 만큼 그곳을 나설 때까지는 즐기지도 못하고 고생만 하게 될 것이다.[55] 그는 제자들에게 자신의 상태를 하나의 병리학적 상태로 인식하고, 무엇보다도 스스로를 지식을 소유한 사람들에게 지식을 구하러 온 학생으로 생각지 말며, 마치 어깨가 삐었거나 종기가 났거나 아니면 누관瘻管 혹은 두통을 앓는 환자로 생각하라고 수차 강조한다. 에픽테투스는 제자들에게 그들이 스스로를 치료하기therapeuthēsomenoi 위해서가 아니라 판단력을 강화하고 교정하기epanorthōsontes 위해서 자신을 찾아온 것에 대해 비난한다. "자네들은 삼단논법을 배우고자 하는가? 먼저 상처부터 치유하게나. 과도한 기질을 억제하고 정신을 안정시키게나."[56]

반면에 갈레누스 같은 의사는 심각한 정신적 혼란(사랑의 광기는 전

---

**55** Epictète, *Entretiens*, III, 23, 30 et III, 21, 20~24. 또 철학자의 강의를 애청한 어떤 사람에 대해서는 Sénèque, 《*Aut sanior domum redeat, aut sanabilior*》도 참고하라. (*Lettres à Lucilius*, 108, 4).

**56** Epictète, *Entretiens*, II, 21, 12~22; 또한 II, 15, 15~20 참조.

통적으로 의학의 영역에 들어간다)을 치유하는 것뿐만 아니라, 정념(이성에 복종하지 않는 과도한 힘)과 (그릇된 견해로부터 나오는) 오류를 치료하는 것 또한 자신의 일이라고 생각하는데, 더욱이 그것들은 모두 "일반적 의미로 통틀어서" "잘못"이라고 불린다.[57] 예를 들어 갈레누스는 사소한 일에도 쉽게 화를 내는 한 여행 동료의 치료를 맡은 적이 있다. 또 언젠가 자신에게 진료를 받으러 온 적이 있는, 평소 잘 알고 지내는 한 청년의 의뢰를 받았는데, 사실 이 청년은 자신은 아무리 사소한 것이라 할지라도 정념으로 인한 혼란은 겪지 않을 것이라고 생각했다. 그러나 결국에는 자신이 사소한 문제에서조차 스승인 갈레누스가 중대한 문제에서 느끼는 혼란 이상으로 혼란스러워 한다는 것을 인정하지 않을 수 없어 갈레누스에게 도움을 청하게 된 것이다.[58]

자기 연마에서 의학적 관심의 증대는 신체에 대해 어떤 각별하고도 강도 높은 주의를 기울이는 형태를 띠는 듯하다. 그러나 이러한 주의는 체육과 스포츠 및 군사훈련이 자유민 교육의 일부를 이루던 시기에 신체적 활력을 높이 평가했던 경우와는 매우 구별되는 것이다. 게다가 그것은 그 자체로 역설적인 면을 지니고 있다. 그것은 적어도 부분적으로는 죽음, 질병 혹은 육체적 고통조차도 진정한 불행이 아니며, 신체관리에 주의를 기울이기보다 영혼에 전념하는 편이 더 낫다고 주장하는 도덕 내부에 포함되기 때문이다.[59] 왜냐하면 이러한 자기 훈

57 Galien, *De la cure des passions de l'âme*, I, 1.
58 *Ibid.*, IV, 16 et VI, 28.
59 Epictète, *Entretiens*, I, 9, 12~17; I, 22, 10~12; *Manuel*, 41.

련에서 사람들이 관심을 두는 점은 육체와 영혼의 질병이 서로 소통하고 전염될 수 있다는 점이기 때문이다. 즉, 영혼의 나쁜 습성들이 신체적 재난을 불러일으킬 수 있다면, 육체적 무절제함은 영혼의 약점들을 드러내고 지속시킨다는 것이다. 육체가 영혼을 지배하지 않기를 바란다면 영혼을 바로 잡는 것이, 영혼이 스스로를 완전히 제어할 수 있기를 바란다면 육체를 단련하는 것이 바람직하다는 사실을 고려해 볼 때, 불안은 특히 동요와 장애들이 통과하는 지점에 근거한다. 신체적 질병이나 불편 혹은 고통에 대한 주의는 그 개인의 약점인 바로 이러한 접촉 지점으로 향한다. 성인이 자신을 배려할 때, 관심을 기울여야 하는 육체는 더 이상 체육을 통한 단련이 문제인 젊은 육체가 아니다. 그것은 사소한 재난들로 인해 허약해지고 위협받고 쇠잔해진 육체이며, 지나치게 강한 욕구보다는 자체의 나약함으로 인해 이제는 정신마저 위협하는 육체이다. 세네카의 편지들은 건강과 식이요법, 불안, 또 육체와 정신 사이를 순환할 가능성이 있는 온갖 장애에 기울이는 이와 같은 주의의 많은 예를 제공할 것이다.[60] 프론톤과 마르쿠스 아우렐리우스[61]가 주고받은 편지 — 물론 질병에 대한 이야기에 아주 다른 차원들을 부여하고, 병 체험에 아주 다른 가치를 부여하는 아엘리우스 아리스테이데스의 《성스러운 대화》에 대해서는 언급하지 않더라도 — 는 이러한 자기 실천에서 신체에 대한 관심이 차지하고 있는 위치와 더불어 그 양상에 대해서도 잘 보여준다. 즉 과도함에 대

---

**60** Sénèque, Lettres à Lucilius, 55, 57, 78.

**61** Marc Aurèle, Lettres, VI, 6.

한 두려움, 절제된 식이요법, 장애에 대한 경청, 역기능에 대한 상세한 주의, 신체에 혼란을 일으킴으로써 정신도 혼란시킬 수 있는 모든 요소(계절, 기후, 섭생, 생활방식 등)에 대한 고려 등이 바로 그것이다.

그러나 보다 중요한 점이 있다. 그것은 이처럼 의학과 도덕을 (실천적·이론적으로) 접근시킴으로써 사람들로 하여금 스스로를 환자 혹은 질병으로 위협받는 존재로 인식하도록 권유한다는 점이다. 자기 실천은 자기 스스로가 보기에 단순히 교정되고 교육받아야 할 무지하고 불완전한 개체로서만이 아니라 몇 가지 질병으로 고통을 겪으면서 스스로든 치료능력이 있는 다른 누구에 의해서든 이 질병을 치료해야 할 개체로서 스스로를 형성해야 한다는 사실을 함축한다. 각자는 자신이 곤궁에 처해 있으며 치료와 도움을 받는 것이 필요하다는 사실을 깨달아야만 한다. 에픽테투스는 다음과 같이 말한다. "그러므로 우리의 주요한 신체 부위가 처해 있는 상태를 깨닫는 것aisthē sis tou idiou hēgemonikou pōs echei, 이것이 바로 철학의 출발점이다. 그것의 허약함을 알면 더 이상 더 과한 일에 그것을 사용하지는 않을 것이다. 그럼에도 불구하고 오늘날 최소한의 분량도 삼킬 수 없는 사람들이 처방책을 한 권 구입해 그것을 게걸스레 먹으려 한다. 그래서 그들은 토하거나 소화불량을 일으키게 된다. 이어 설사가 나고, 감기에 걸리며 열이 나는데, 그들은 무엇보다도 먼저 자신의 능력을 검토했어야 할 것이다."[62] 그리고 이처럼 환자로서 자기 자신과의 관계를 세우는 일은, 마음의 병이 신체의 병과는 달리 통증을 동반하지 않는 만큼 더욱 필요하다.

---

**62** Epictète, *Entretiens*, 또한 II, 11, 1 참조.

사실 이 병들은 오랫동안 감지되지 못한 채 남아 있을 수 있을 뿐만 아니라 그 병에 걸린 사람들의 감각을 무력하게 만든다. 플루타르코스는 신체적 장애가 대개 맥박이나 담즙, 체온이나 통증 등에 의해 탐지될 수 있으며, 신체적 질병 중에서도 가장 나쁜 질병은 혼수상태나 간질, 졸도 상태에서처럼 병에 걸린 주체가 자신의 상태를 깨닫지 못하는 경우임을 상기시킨다. 정신적 질병 중에서 심각한 것은 병이 감지되지 않고 간과되거나 혹은 질병을 미덕으로(분노를 용기로, 정욕을 우정으로, 선망을 대항의식으로, 비겁함을 신중함으로) 착각하는 것이다. 그런데 의사들이 원하는 것은 "사람들이 병에 걸리지 않는 것이 아니라, 병이 났을 경우 그러한 사실을 모르지 않는 것",[63] 바로 그것이다.

4. 개인적인 동시에 사회적인 이러한 실천에서 자기에 대한 인식은 분명 중요한 위치를 차지한다. 델포이적 원리가 자주 상기된다. 그렇긴 하지만 거기서 소크라테스가 제시한 주제의 순수·단순한 영향만을 확인하는 것으로는 불충분하다. 사실 자기 인식의 모든 기술은 뚜렷한 방법과 규범화된 훈련, 또 특수한 형태의 시험과 함께 발달했다.

(a) 이를테면 우리는 매우 도식적이지만 보다 완벽하고 체계적인 연구를 한다는 것을 조건으로 우선 "시험과정"이라고 부를 수 있는 것들을 떼어낼 수 있다. 시험과정은 미덕을 쌓게 함과 동시에 그렇게 하여 마침내 이르게 되는 지점을 가늠하도록 하는 이중의 역할을 한다.

---

**63** Plutarque, *Animine an corporis affectiones sint pejores*, 501a.

바로 여기서 플루타르코스와 에픽테투스 양자가 모두 강조한 바 있는 그러한 과정의 점진성漸進性이 나오게 된다. 그러나 이러한 시험의 궁극적 목적은 자신을 위한 포기를 실천하는 것이 아니라 시험의 유무에 전혀 상관없이 자신에 대한 절대적 지배력을 확립함으로써 필요 이상의 것을 필요로 하지 않을 수 있게 되는 것이다. 치러야 할 시험은 단계적으로 계속 뭔가를 박탈하는 과정이 아니라 필수적이거나 본질적이지 않은 그 모든 것에 대한 독립성을 가늠하고 확인하는 하나의 방법이다. 그것은 모든 과도한 것들과 그것들 없이도 지낼 수 있는 가능성을 동시에 현실 속에 드러내면서, 일시적으로 가장 기본적 욕구들로 귀착된다. 《소크라테스의 수호신》에서 플루타르코스는 이런 종류의 시험에 대해 이야기하는데, 그 중요성은 그 대화에서 신新피타고라스 학파의 주제를 나타내는 사람에 의해 확인된다. 그에 따르면 시험은 먼저 강도 높은 운동으로 식욕을 돋군 다음 가장 맛있는 음식들로 차려진 식탁 앞에 앉아 이를 구경한 뒤, 차려진 음식들은 노예들에게 주고 자신은 노예들이 먹는 음식으로 만족하는 순서로 이루어진다.[64]

절제節制에 대한 훈련은 에피쿠로스 학파와 스토아학파에게 공통적인 것이었지만 그 훈련이 가진 의미는 서로 달랐다. 우선 에피쿠로스 학파의 전통에서는 가장 기본적 욕구들에 대한 이러한 충족을 통해서 어떻게 모든 여분의 것에서 느끼는 쾌락보다 더 충만하고 순수하며 지속적인 기쁨을 맛볼 수 있는지를 보여주는 것이 문제되었다. 그리고 시험은 절제로 인한 고통이 시작되는 지점을 알아내는 데 사용되었다.

---

**64** Plutarque, *Démon de Socrate*, 585a.

에피쿠로스는 극도의 절식을 행하면서도 즐거움이 어느 정도 줄어드는지 알기 위해 며칠 동안은 그나마 양을 줄여 먹곤 했다.[65] 반면 스토아학파에게는 궁극적으로 관습, 여론, 교육, 명성에 대한 염려 및 과시의 욕구로 인해 집착하게 되는 모든 것 없이 지내는 것이 얼마나 쉬운 일인지를 깨달음으로써, 있을 수 있는 박탈에 대비하는 것이 문제가 되었다. 즉, 그들은 욕망을 줄이는 이러한 시험을 통해서 필수 불가결한 것은 항상 우리의 재량권 안에 있으며, 박탈에 대한 생각에서 비롯되는 모든 근심을 경계해야 한다는 점을 보여주고자 했던 것이다. 세네카는 다음과 같이 말한다. "그 전사戰士는 완전한 평화시에도 훈련을 하며, 눈앞에 적이 없어도 진지를 구축한다. 그는 반드시 필요한 일들을 충족시키려고 하면서, 쓸데없는 일들에 이미 지쳐버린다. 그대는 이 전사가 너무 많은 일로 머리가 돌아버리는 것을 원치 않는다. 그러니 행동에 앞서 먼저 그를 단련시켜라."[66] 또한 그는 다른 편지[67]에서도 언급한 바 있는 실천 하나를 언급한다. "일부러 가난을 체험"하는 짧은 연수가 그것으로, 매달 삼사 일 정도 자발적으로 기꺼이 "극도의 가난"에 처하여 초라한 침대, 남루한 옷, 질 나쁜 빵을 경험하는 것이다. 즉, 그것은 "놀이가 아닌 시험non lusus, sed experimentum"인 것이다. 한동안 궁핍을 참는 것은 미래에 더 섬세하게 그러한 것들을 음미하기 위해서가 아니라, 최악의 불운조차도 필수 불가결한 것을 앗

---

65 세네카는 *Letters à Lucilius*, 19, 9에서 이러한 에피쿠로스적 특징을 인용한다.
66 Sénèque, *op. cit.*, 18, 6.
67 *Ibid.*, 20, 11.

아갈 수 없으며, 때때로 참을 수 있는 것은 언제나 참아낼 수 있다는 것을 스스로 납득하기 위함이다.[68] 그리하여 우리는 최소한의 것에 익숙해지게 되는데, 62년 사투르누스 농경제 직전에 쓰여진 편지에 따르면 이것이야말로 세네카가 이루고 싶었던 것이었다. 당시 로마는 "땀에 젖어" 있었고, 방종이 "공식화되어 있었다". 이에 세네카는 축제의 참가 여부를 놓고 망설이게 되는데, 축제에 참가하기를 삼가고 일반적 태도에 휩쓸리지 않는 것은 분명 자제를 나타내는 행동이다. 그러나 스스로를 고립시키지 않는 것이야말로 훨씬 더 도덕적 힘을 발휘한 행동이다. 따라서 가장 좋은 것은 "군중에 휩쓸림 없이 동일한 일을 하되 "다른 방식"으로 하는 것이다". 그런데 이때 "다른 방식"이란 자발적 훈련과 절제를 위한 연수, 빈곤요법을 통해 미리 형성된 것으로, 바로 이러한 것들이 "향락luxuria"에 빠지지 않고도 남들처럼 축제를 즐길 수 있게 해 주며, 풍요 속에서도 초탈한 마음을 견지할 수 있게 해 준다. 다시 말해서, "가난이 힘겹지 않다는 것을 알 때 부유하더라도 마음은 더 평온할 것이다".[69]

(b) 이러한 실천적 훈련과 더불어 중요하게 간주되는 것은 자기 반성이다. 자성自省의 습관은 피타고라스식 교육의 일부였으나[70] 세간에도 널리 퍼져 있었다. 아침의 성찰은 특히 그날 하루의 과제와 책무

---

68 또한 Sénèque, *Consolation à Helvia*, 12, 3을 보라.

69 Sénèque, *Lettres à Lucilius*, 18, 1~8; 편지 17, 5참조. "지혜의 탐구는 절제의 실천 없이는 유용한 결과에 이르지 못한다. 그런데 절제는 일종의 자발적 빈곤이다."

70 Cf. Diogène Laërce, *Vie des Philosophes*, VIII, 1, 27. Porphyre, *Vie de Pythagore*, 40.

를 숙지하고 준비하기 위한 것으로 보인다. 반면 저녁 성찰은 훨씬 더 일관되게 그날 하루를 뒤돌아보는 데 모아진다. 이러한 훈련에 대해서는 여러 저자가 일정하게 권유한 바 있지만, 그에 대한 가장 상세한 묘사는 《분노에 대하여》에서 세네카가 하는 묘사이다.[71] 그는 이 훈련을 섹스티우스와 연관시키는데, 세네카는 이 로마인 스토아주의자의 가르침을 파비아누스와 소티온을 통해 접하게 되었다. 그는 섹스티우스의 방법을 하루를 마감하면서 주로 그날 하루 동안의 진전 사항을 점검하는 데 중점을 둔 방법으로 소개한다. 섹스티우스는 취침 전 명상瞑想할 때 자신의 영혼에다 대고 "오늘 너는 어떤 결점을 극복했는가? 어떤 악덕을 물리쳤는가? 뭔가 향상된 점이 있는가?"라고 질문한다. 세네카 역시 매일 저녁 이런 종류의 성찰을 실행한다. 어둠—"빛이 사라지자마자"—과 고요함—"그의 부인이 잠잠해지면"—이 그 외적 조건이다. 게다가 세네카는 숙면을 위한 준비도 빠뜨리지 않는다. "자신의 하루를 검토하는 이 습관보다 아름다운 것이 있을까? 어떤 졸음이 자신의 행적에 대한 검토 뒤에 오는 졸음만 할까? 자기 몫의 칭찬과 비난을 받은 영혼은 얼마나 평온tranquillus하고, 심오altus하며, 자유로운가liber." 처음 보기에 세네카가 스스로 행하는 점검은 작은 재판 장면과 흡사한데, 이는 "판사 앞에 출두하다", "자기 자신의 품행을 예심하다", "변호하거나 논거를 대다" 등과 같은 표현들에서도 분명히 나타난다. 이러한 요소들은 소송에서 주체가 판사와 피고인으로 양분됨을 말하는 듯하다. 그럼에도 불구하고 이러한 과정의 전체적

---

**71** Sénèque, *De ira*, III, 36.

모습은 또한 완수된 행위를 평가하여 그 원칙들을 다시 활성화시키고 장래에 그 적용을 바로 잡는 것이 문제가 되는 일종의 행정적 감독을 환기시킨다. 세네카가 언급하는 것은 판사로서의 역할 못지않게 감독관으로서의 활동 혹은 자신의 수익을 검토하는 집주인으로서의 활동이다.

사용된 용어들은 의미심장하다. 세네카는 자신이 지낸 하루 전체를 "검토"하고 싶어한다('흔들다', '먼지를 털어내다'를 의미하는 "excutere"란 동사는 계산 실수를 찾아내는 검토를 가리키기 위해 사용된다). 그는 하루일과를 "시찰"하고자 한다. 말하자면 자신이 저지른 행동과 말들을 "재평가"(재평가remetiri라고 말하는 것은, 일을 완수한 후에 그것이 처음 예상했던 것에 부합하는지 보기 위해서 하는 것이기 때문이다) 하고자 하는 것이다. 이러한 검토에서 주체가 자기 자신과 맺는 관계는 법적 관계에서처럼 피고인이 판사와 대면하는 형식을 취하지는 않는다. 차라리 그보다는 감독관이 업무와 수행된 임무를 평가하려는 시찰행위에서와 같은 양상을 띠는데, "스펙큘라토르speculator"라는 용어(우리는 자기의 관찰자speculator sui가 되어야 할 것이다)가 정확히 이러한 역할을 지칭한다. 더욱이 이러한 검토는 마치 재판절차라도 되는 양 "위반행위"를 대상으로 하지 않으며, 또한 유죄판결이나 자체 징벌로 귀결되지도 않는다. 세네카는 그 예로 어떤 방법으로도 설득이 불가능한 무식한 사람들과 지나칠 정도로 격렬하게 토론하거나, 친구를 개선시키고자 하면서 오히려 비난으로 화나게 만드는 것 같은 행동에 대해서 거론한다. 그는 이와 같은 행동에 대해서, 그러한 행동에 사용된 수단들이 원래 자기 스스로 제기한 목적에 도달하기 위해서는 사용되지 말았어야 할 것이었다는 점에서 못마땅해 한다. 필요할 경우 친구를 바로 잡아 주는 것은 좋은 일이지만, 적절하지 못한 질책은 친구를 개선시키기는커녕 상처만 주기 때문이다. 마찬가지로 무지한 사람들을 설득하는 것도 좋은 일이지만 이 또한 교화될 가능성이 있는 사람들을 선택하여야 한다. 따라서 이러한 검토의 목적은 자신의 유죄성을 그 가장 세세한 형태나 가장 가느다란 뿌리에서까지 찾아내는 것이 아니다. 만약 우리가 "아무것도 숨기지 않고", "어떤 것도 그냥 지나치지 않는다"면, 이는 합법적 목적뿐만 아니라 적절한 수단의 선택으로 그러한 목적에 도달할 수 있게 해 주는 행동규칙들 또한 기억하여 훗날 머릿속에서 되살려내기 위해서이다. 검토를 통해서 잘못을 되살리는 것은 죄의식을 고정시키거나 가책의 느낌을 자극하기 위해서가 아니라 실패를 상기하고 되새겨보는 확인과정으로부터 현명한 처신을 보장하는 이성적 장치를 강화하기 위해서인 것이다.

(c) 이것에 덧붙여 사유思惟가 사유 자체에 행하는 작업이 요구된다. 그것은 각자의 역량을 측정하기 위한 시험 이상의 것이 되어야 할 것이며, 또한 행위규칙에 대한 위반의 평가와는 다른 것이 되어야 할 것이다. 그것은 그 표상들에 대한 지속적 여과장치의 형태를 띠어야 한다. 즉, 표상들을 검토하고 통제하며 선별해야 하는 것이다. 그것은 일정한 간격을 두고 행해지는 훈련 이상으로, 자기 자신에 대해 취해야 할 일정한 하나의 태도이다. 에픽테투스는 이러한 태도를 특징짓기 위하여 원래와는 매우 다른 가치를 지닌 채 기독교 정신 속에서 면면이 이어져 온 비유들을 사용한다. 그는 각자가 자기 자신에 대해 도시나 주택의 입구를 지키고 서 있는 "불침번"의 역할과 태도를 취하

기를 바란다.72 또는 자신에게 "화폐 검사인", 혹은 확인 없이는 어떠한 동전도 받지 않은 화폐 교환자의 역할을 수행할 것을 제안한다. "화폐의 경우를 생각해 보자. 우리는 하나의 기술을 발명하였다. 화폐를 시험하기 위해서 화폐 검사인은 얼마나 많은 방법을 적용하는가! 그는 시각, 촉각, 후각, 마지막에는 청각까지 동원한다. 그는 화폐를 땅바닥에 던진 뒤 그 소리를 가늠해 본다. 단 한번으로 만족하지 않고 여러 번 시도하면서 음악가와 같은 귀를 가지려고 애쓴다." 에픽테투스는 이어서, 우리는 불행히도 돈이 문제가 될 때면 기꺼이 기울이는 이러한 주의를 우리의 영혼이 문제가 될 때는 등한시한다고 지적한다. 그런데 철학의 임무 — 철학의 주요한, 일차적 에르곤ergon — 는 바로 그러한 검사dokimazein를 행하는 일일 것이다.73

처신의 일반 원칙이자 도식인 것을 표현하기 위하여 에픽테투스는 소크라테스와 《변명》에 서술되어 있는, "반성 없는anexetatos bios 인생은 살 만한 가치가 없다"74란 경구를 참조한다. 그런데 소크라테스가 말하는 검토란 사실상 무지無知와 지知, 그리고 이 무지를 알지 못하는 것에 대해서 자기 자신과 남들이 하기를 바라는 검토이다. 반면 에픽테투스가 말하는 검토는 이와는 전혀 다른 것으로, 표상表象을 대상으로 하는 것이며 그것들을 "시험"하고 서로 서로 "구별diakrinein"하여 "아무것이나 선뜻" 수용하는 것을 피하는 것을 목표로 한다. "각각의 표

---

72 Epictète, *Entretiens*, III, 12, 15.

73 *Ibid.*, I, 20, 7~11; 또한 III, 3, 1~13.

74 Platon, *Apologie de Socrate*, 38a.

상을 멈춰 세우고, 불침번이 '신분증명서를 보여주시오'라고 요구하듯 표상들에게 '기다려라. 네가 누구이고 어디 출신인지 보게 해 다오'라고 말할 수 있어야 할 것이다. '너는 표상이 승인되기 위해 지녀야 할 표시를 자연으로부터 받았는가?'라고 말이다."[75] 그러나 분명히 할 것은 이러한 검토의 요점이 표상의 기원이나 대상 자체에 있는 것이 아니라 표상에 대한 동의 여부에 있다는 점이다. "선별diakrisis"작업은, 하나의 표상이 머리에 떠오를 때 그것에 우리의 관할을 벗어난 것과 우리의 관할 안에 있는 것을 구별하는 스토아학파의 그 유명한 규범을 적용하는 것이 될 것이다. 우리의 관할 밖에 있는 것들은 우리의 사정거리 밖에 있어 우리에게 수용되지 않기 때문에 "욕망"이나 "혐오", "이끌림"이나 "반감"의 대상이 될 필요도 없이 거부될 것이다. 검토는 지배력에 대한 시험이자 자유의 보장으로서, 우리의 자제력과 관계없는 것과는 무관함을 항구적으로 확인하는 하나의 방법이다. 자신의 표상들을 항구적으로 감시하거나 혹은 동전을 검사하듯 표시들을 확인하는 것은(이후 기독교적 정신 속에서 행해질 것처럼) 떠오른 생각의 심원한 기원에 대해 자문하는 것도, 겉으로 드러나는 표상 이면에 감춰진 의미를 해독하고자 함도 아니다. 그것은 표현된 것과 자기 자신 사이의 관계를 측정하여 자신과의 관계 속에서 오로지 주체의 자유롭고 이성적인 선택에 따른 것만을 받아들이려는 것이다.

5. 이러한 자기 실천에 공통된 목표는 그것들이 보여주는 다양한 차

---

**75** Epictète, *Entretiens*, III, 12, 15.

이에도 불구하고 자기로의 전향epistrophē eis heauton이라는 대단히 일반적인 원리로 특징지을 수 있다.[76] 이 표현은 플라톤적 외양을 띠고 있지만, 대부분의 경우 현저하게 다른 의미를 포괄하고 있다. 그것은 우선 활동의 변화처럼 이해될 수 있다. 그러나 이것은 다른 모든 활동을 중지하고 오로지 자기 자신에게만 완전히 몰두해야 된다는 것은 아니다. 하지만 해야 하는 활동의 경우에는 그것의 주목적을 언제나 자신, 즉 자기 자신과의 관계 속에서 찾아야 한다는 점을 유념해야 한다. 이러한 자기로의 전환은 관점의 이동을 함축한다. 일상적 동요나 타인의 생활에 대한 호기심(이러한 "호기심polupragmosunē"에 대해서는 플루타르코스가 논설서 한 권 전체를 바친 바 있다), 혹은 인간의 실제 삶과 인간의 실제 삶에 중요한 것과는 가장 거리가 먼 자연의 비밀을 밝히려는 호기심(세네카가 인용한 바 있는 디미트리우스는, 자연은 불필요한 비밀만을 은폐시키고 인간이 반드시 알아야 할 비밀은 인간의 시선과 손이 닿는 곳에 놓아두었다는 사실을 강조하였다) 같은 쓸데없는 호기심으로 시선이 분산되어서는 안 된다. 그러나 "자기로의 전향conversio ad se"은 또한 하나의 궤도로서, 이 궤도 덕분에 우리는 폭풍으로부터 안전한 항구나 튼튼한 성벽으로 보호받는 성채와도 같이 모든 종속과 예속에서 해방되어 마침내 자기 자신과 합류할 수 있게 된다. "미래의 일들로부터 벗어나 스스로 만든 요새 속에서 스스로를 방어하는 영혼은 난공불

---

76 *Epistrophē eis heauton*, *epistrephein eis heauton* 이라는 표현들은 에픽테투스의 *Entretiens* I, 4, 18; III, 16, 15; III, 22, 39; III, 23, 37; III, 24~106; *Manuel*, 41에서 나타난다.

락의 위치를 차지하고 있다. 이러한 영혼을 공격하는 화살은 언제나 그 발 밑에 떨어질 뿐이다. 행운의 여신은 여론이 생각하는 것처럼 팔이 길지 않다. 행운의 여신은 행운의 여신에게 집착하는 사람들 외에는 그 누구도 좌지우지하지 않는다. 그러니 가능한 한 행운의 여신에게서 멀리 떨어질 수 있도록 힘껏 도약하자."77

전향이라는 단어를 이루는 이러한 자신과의 관계와 모든 자기 실천의 궁극적 목표는 여전히 자제의 윤리에 있다. 그러나 이 관계를 특징짓기 위해서는 다스리기 어려운 힘들에 대한 승리와 이 힘들에 대해 별 무리 없이 행사할 수 있는 지배라는 불가지론적 형태를 내세우는 것만으로는 부족하다. 이러한 관계는 종종 법률적 소유의 모델로 비춰 생각되곤 한다. 즉, 우리는 "우리 자신에게" 속하며 "우리 자신의 것"이다("suum fieri, suum esse"는 세네카에게서 흔히 인용되는 표현들이다).78 다시 말해서 우리는 "우리 자신의 소관sui juris"이다. 우리는 우리 자신에 대해 그 어떠한 것으로부터도 제한·위협받지 않는 하나의 권리를 행사한다. 즉, "포테스타스 수이potestas sui"를 소유하고 있는 것이다.79 그러나 이처럼 차라리 정치적이고 법률적인 형태를 통하여, 자기와의 관계는 또한 마치 자신을 자신의 소유물이자 바로 자기 눈앞에 있는 물건처럼 즐길 수 있게 해 주는 하나의 구체적인 관계처

---

77 Sénèque, *Letters à Lucilius*, 82, 5.

78 Sénèque, *De la brièveté de la vie*, II, 4; *De la tranquillité de l'âme*, XI, 2; *Lettres à Lucilius*, 62, 1; 75, 18.

79 Sénèque, *De la brièveté de la vie*, V, 3(*sui juris*); *Lettres à Lucilius*, 75, 8(*in sehabere potestatem*); 32, 5(*facultas sui*)

럼 정의된다. 자기로 전향한다는 것은 외부에 대한 관심이나 야망에 대한 염려, 또 미래에 대한 두려움으로부터 멀어지는 것으로서 바로 그럴 때 우리는 각자 자기의 고유한 과거로 되돌아가, 과거를 수집하고 눈앞에 마음 내키는 대로 전개시키면서 자기의 과거와 그 어떤 것도 방해하지 못할 관계를 맺을 수 있게 된다. "그것은 모든 인간적 우연과 운명의 지배로부터 벗어나 있으며, 가난이나 두려움, 질병의 침입으로부터 결코 동요되지 않는 신성불가침의 우리 삶의 유일한 부분이다. 이것은 동요될 수도 강탈당할 수도 없는 것이며, 그 소유는 지속적이고 차분하다."**80** 그리고 이러한 소유 속에서 형성되는 자기에 대한 경험은 단순히 통제된 어떤 힘에 대한 경험이나 혹은 거역할 준비가 되어 있는 어떤 힘에 대한 지배력의 경험이 아니다. 그것은 자기 자신에 대해 느끼는 일종의 기쁨의 경험이다. 마침내 자기 자신에 접근할 수 있게 된 자는 그 자신에게 하나의 즐거움의 대상인 것이다. 사람들은 있는 그대로의 자신에 만족하고, 그것으로 만족하는 데 동의할 뿐 아니라 "스스로를 즐긴다".**81** 세네카가 보통 "가우디움gaudium" 또는 "로에티티아loetitia"라고 부르는 이러한 기쁨은 심신에 어떠한 형태의 장애도 수반하지 않는 하나의 상태를 의미한다. 그 기쁨은 우리 자신과 무관하고 따라서 결과적으로 우리의 능력을 벗어나는 그 어떤 것으로는 결코 유발되지 않는 기쁨이다. 요컨대 그것은 우리 자신으로부터

---

**80** Sénèque, *De la brièveté de la vie*, X, 4, et XV, 5.

**81** Sénèque, *Lettres à Lucilius*, 13, 1. 또한 23, 2~3; Epictète, *Entretiens*, II, 18; Marc Aurèle, *Pensées*, VI, 16 참조.

우리 자신 안에서 발생하는 기쁨이다.[82] 또한 그것은 어떠한 단계나 변화도 거치지 않고 "한꺼번에" 주어지며, 일단 주어지면 어떠한 외부적 사건도 침해하지 못한다는 특징을 지닌다. 이 점에서 이러한 종류의 쾌락은 "관능voluptas"이라는 용어로 지칭되는 쾌락과는 정확하게 반대되는 것이라고 할 수 있다. 왜냐하면 관능은 우리 외부와 우리가 존재를 확신할 수 없는 사물들 속에 기원을 둔 쾌락을 지칭하는 것이기 때문이다. 따라서 그것은 그 자체로 일시적 쾌락이며, 박탈에 대한 두려움으로 손상되고 충족 혹은 충족되지 않을 수도 있는 욕망의 힘으로 우리를 끌어당기는 그런 쾌락이다. 이처럼 격렬하고 불확실하고 일시적 쾌락은 평온하고 지속적인 상태에서 자기 자신에 대해 느끼는 즐거움의 한 형태로 대체될 수 있다. 세네카는 루실리우스에게 "기쁨을 배우라disce gaudere"고 말한다. "나는 그대가 결코 환희를 잃지 않기를 바란다. 또한 그대의 집에 그 환희가 넘쳐흐르기를 원한다. 그러자면 그 환희는 그대의 내면에 존재해야 할 것이다… 일단 그 환희를 어디서 취해야 할지 알게 되면 그것은 결코 고갈되지 않을 것이다. 그대는 진정한 행복으로 눈을 돌려야만 한다. 즉, 그대의 고유한 자산de tuo에 만족하라. 그런데 이 자산이란 대체 무엇인가? 그것은 바로 그대 자신과 그대가 지닌 가장 우수한 부분을 의미한다."[83]

기원후 초기 몇 세기 동안 쾌락의 도덕에 대한 성찰은 바로 이러한

---

**82** Sénèque, *Lettres à Lculius*, VI, 16.

**83** *Lettres à Lucilius*, 23, 3~6. 또한 124, 24 참조. 관능에 대한 비판에 관해서는 *De la vie heureuse*, XI, 1~2 참조.

자기 연마와 그 주제 및 실천의 틀 속에서 전개되었다. 그러므로 바로 이러한 측면에서 바라보아야만 이 도덕에 영향을 미칠 수 있었던 변화들을 이해할 수 있다. 처음 보기에는 근엄함이 훨씬 더 강조되고 더욱 엄격해지며, 의무에 대한 요구가 훨씬 더 강화된 것처럼 여겨질 수도 있지만 그렇다고 이를 곧 금지조항들이 강화된 것으로 해석해서는 안 된다. 왜냐하면 금지조항들의 영역은 거의 확장된 바가 없으며, 보다 권위적이고 효율적인 금지체계를 구성하려고 하지도 않았기 때문이다. 오히려 그러한 변화는 개인이 스스로를 도덕적 주체로 형성해 가야 하는 방식과 관련된다. 자기 연마의 발달은 욕망을 차단할 수 있는 것의 강화 속에서가 아니라 도덕적 주관성을 구성하는 요소와 관련된 어떤 변화들 속에서 사실상 이루어졌다. 이것은 전통적 자제의 윤리와의 단절을 의미하는 것인가? 물론 그렇지는 않지만 강조점이 이동하고 수정되고 달라진 것은 지적될 수 있다.

윤리적 실체로서의 성적 쾌락은 여전히, 그리고 언제나, 힘 — 주체가 언제나 맞서 싸워야 하고 그것에 대한 지배력을 확신해야만 하는 — 의 차원에 속한다. 그러나 폭력과 과도함, 반항과 투쟁의 이러한 게임에서 강조점은 점점 더 개인의 나약함과 연약함, 그리고 도피, 방어, 피신할 필요성에 놓이게 된다. 성 윤리는 삶의 미학적 · 도덕적 기준을 규정하는 일정한 삶의 기술에 개인이 복종할 것을 몇 번이고 되풀이하여 요구한다. 그런데 이러한 기술은 사회적 신분에 관계없이 모든 사람이 똑같이 따라야 하는 자연이나 이성의 보편적 원칙들에 점점 더 의거하게 된다. 그 결과 각자가 자신에 대해 완수해야 할 과업을 정하는 일 또한 자기 연마를 통해서 상당한 변모를 겪게 된다. 필수적

"아스케시스askēsis"를 구성하는 절제와 자제의 훈련을 통하여 자기 인식에 마련된 자리가 한층 더 중요해진다. 즉, 다시 말해서 잘 규정된 일련의 과업 속에서 자신을 시험 · 관찰 · 통제하는 임무는 도덕적 주체 형성의 중심에 진실의 문제 — 이때 진실이란 우리는 누구이며, 무엇을 하고 또한 무엇을 할 수 있는지에 관한 진실이다 — 를 가져다 놓는다. 이러한 형성 작업의 귀결점은 여전히 개인이 자기 자신에 대해 갖는 지배력에 의해 규정될 것이다. 그러나 이 지배력은 자신과의 관계가 지배의 형태뿐만 아니라 욕망도 동요도 없는 즐김의 형태를 띠는 하나의 경험으로까지 확장된다.

성적 쾌락이 악과 결부되고, 성적 행위가 보편적 법률형태에 따라 이루어져야 하며, 욕망을 간파하는 것이 정화된 삶에 도달하기 위한 필수적 조건이 되는 그러한 성적 쾌락의 경험으로부터 우리는 여전히 멀리 떨어져 있다. 그럼에도 불구하고 우리는 이미 악의 문제가 어떻게 힘이라는 오래된 주제에 작용하기 시작하는지, 법률의 문제가 어떻게 예술과 "기술technē"의 주제를 굴절시키기 시작하는지, 또 진실의 문제와 자기 인식의 원리가 금욕의 실천 속에서 어떻게 발전하는지 볼 수 있다. 그러나 그에 앞서 어떠한 배경과 원인에서 자기 연마가 우리가 이제 막 살펴 본 바와 같은 그런 형태로 발전하는지 살펴보는 것이 바람직하다.

제3장

# 자기와 타인들

1. 결혼의 역할
2. 정치게임

*Histoire de la sexualité*

*Le souci de soi*

이러한 자기 연마의 발달과 그 당시 쾌락의 윤리 속에서 이루어진 변화에 대해서는 역사가들의 작업이 몇 가지 동기를 시사해 줄 수 있다. 두 가지 점이 특히 중요해 보인다. 그것은 바로 결혼관습의 변화와 정치 게임의 규칙들 속에서 일어난 변화이다. 나는 이 짧은 장에서는 이 두 주제에 관해 앞서 이루어진 역사 연구들에서 몇몇 요소를 차용하여 하나의 총체적 가설을 제안하는 것으로 만족할 것이다. 결혼과 부부 관계가 새롭게 중요해지고 정치적 역할들 속에서 어떤 재분배가 이루어진 것이, 본질적으로 남성들의 도덕이었던 이 도덕 안에서 자기와의 관계에 대한 새로운 문제제기를 유발했던 것은 아니었을까? 그러한 변화는 자성自省이 아니라 여자와 타인, 시국과 정치적·시민적 활동과의 관계 속에서 자기 자신을 성찰해 보는 새로운 방식, 그리고 스스로를 쾌락의 주체로 간주하는 또 다른 방식을 야기했을 수도 있을 것이다. 자기 연마는 이러한 사회적 변화의 필연적 "결과"도, 이 변화가 이데올로기 차원에서 표출된 것도 아닐 것이다. 자기 연마는 이러한 사회적 변화에 대하여 새로운 삶의 양식 형태로 하나의 독창적 대답을 이룰 것이다.

## 1

# 결혼의 역할

헬레니즘이나 로마 문명에서, 상이한 지역과 사회계층에 따라 결혼관습이 실제 얼마나 확장되었는지를 말하기는 힘들다. 그럼에도 불구하고 역사가들은—고증을 할 수 있는 경우—제도적 형태나 부부관계의 구성 혹은 그것들에 부여될 수 있었던 도덕적 가치와 의미 등과 관련된 어떤 변화들을 찾아낼 수 있었다.

우선 제도적 관점에서 살펴보자. 가족, 가족의 권위, 가족이 행하고 스스로 자신들의 것이라 여기는 규칙들의 지배를 받는 사적 행위로서의 결혼은 그리스에서는 물론 로마에서도 공권력의 개입을 초래하진 않았다. 그리스에서 결혼은 "오이코스oikos"의 영구성을 보장하기 위한" 행위로서, 결혼의 두 가지 근본적이고 필수적인 행위 중 하나는 그때까지 아버지가 행사했던 보호권이 남편에게로 이전되는 것을, 또 다른 하나는 약혼녀를 그녀의 배우자에게 실제적으로 인도하는 것을 표시하였다.[1] 그러므로 결혼은 "실제적 가장인 처녀의 아버지와 잠재적 가장인 미래의 남편, 이 양자 사이에 체결되는 하나의 흥정, 하나의 사적 거래"를 이루었으며,[2] 사적인 이 흥정은 "정치·사회적 조직과는 아무런 관계도 없는" 것이었다. 마찬가지로 J. A. 크룩과 P. 벤느는 로마에서의 결혼이란 원래 "당사자들의 의도에 달려 있고", "예식으로 표시되며", "법적 효력들"을 끌어내긴 하지만 그렇다고 해서 "법률행위"는 아닌 하나의 사실 상태에 불과했음을 상기시킨다.[3]

헬레니즘 사회에서 결혼은 점차 공적 영역 안에 자리잡기 시작한다. 그리하여 결혼은 가족의 권위가 "공식적으로" 승인되지만 또한 상대적으로 제한 받는다는 역설적 결과와 함께 가족의 틀을 넘어서게 된다. 클로드 바탱은 헬레니즘 사회에서의 이러한 변화는 어떻게 보면 공적 제도와 사적 행위 사이에서 매개 구실을 하던 종교예식에 근거를 둔 것이라고 본다. 기원전 1, 2세기에 그 결과를 확인할 수 있는 이러한 변화를 요약하면서 클로드 바탱은 다음과 같이 쓴다. "그 이후로 결혼이 가족제도의 틀을 벗어난 것은 명백하며, 아마도 고대의 사적 결혼의 잔재인 알렉산드리아의 교회 결혼식 역시 일종의 공민제도였음이 분명하다. 공무원에 의해 행해지건 사제에 의해 행해지건 간에 결혼을

---

1 J. P. Broudehoux, *Mariage et famile chez Clément d'Alexandrie*, pp. 16~17.

2 Cl. Vatin, *Recherches sur le mariage et la condition de la femme mariée à l'époque hellénistique*, p. 4.

3 J. A. Crook, *Law and Life of Rome*, p. 99 sq. P. Veyne, "L'amour à Rome," *Annales E. S. C.*, 1978, 1, pp. 39~40.

승인하는 것은 항상 도시국가 전체이다." 농촌사회에 관계된 자료와 알렉산드리아의 도시에 관한 자료를 대조하면서 그는 다음과 같이 덧붙인다. "우리는 다양한 변형들과 더불어, '코오라chōra'와 수도에서 사적 제도가 공적 제도로 급속히 변화되는 현상을 목격하게 된다."[4]

우리는 그러한 변화가 상이한 경로를 따라 이루어지고 결혼이 늦게까지도 본질적으로 "사적 예식이며 잔치"[5]였던 로마에서조차 전체적으로 보아 이와 동일한 유형의 변화를 확인할 수 있다. 일련의 법적 조처는 점차 결혼제도에 대한 공권력의 지배를 나타낸다. "간통adulteriis"에 대한 그 유명한 법률은 이러한 현상에 대한 하나의 표현이다. 이 법률은 외간남자와 육체관계를 맺은 유부녀와, 유부녀와 육체관계를 맺은 남자(미혼의 여성과 관계를 가진 유부남은 아니고)에게 간통죄를 선고한다는 점에서는 흥미롭지만, 그러한 사실들의 평가에 대해서는 어떤 새로운 것도 제시하지 않는다. 이 법률은 윤리적 평가에 대한 전통적 도식들을 정확히 다시 취한다. 즉, 다시 말해 그것은 그때까지 가족의 권위에 속해 있던 제재를 공권력에 이양하는 것에 그친다.

결혼이 이처럼 점진적으로 "공공화"되는 현상은 다른 많은 변화를 수반하는데, 결혼의 공공화는 그것의 결과인 동시에 수단이며 매개물이다. 문헌에 의거하여 판단할 때, 결혼이나 정기적 내연관계는 일반화되었거나 아니면 적어도 보다 유력한 계층으로 확산된 것 같다. 고대적 형식 속에서 결혼은 사적 행위이면서도, 어떤 법적 효력이나 아

4 Cl. Vatin, *op. cit.*, pp. 177~178.
5 P. Veyne, *loc. cit.*

니면 적어도 신분의 효력을 지니는 한에서만 이로운 것이었고 그 존재 이유를 지닐 수 있었다. 이름 물려주기, 후계자 형성, 협력체제 구성, 재산 병합이 바로 그러한 것들인데, 이러한 것들은 그러한 영역에서 전략을 발휘할 수 있는 자들에게만 의미가 있었다. "이교도 사회에서는 모든 사람이 결혼하는 것은 아니었다. 반대로 … 결혼은 가산을 가족의 다른 구성원이나 친구 아들에게 물려주기보다 자기 자손들에게 물려주고자 하는 사적 목적에 부합하는 것이었다. 또한 시민으로서의 신분을 영속화하고자 하는 신분정책에도 부합하는 것이었다."[6] J. 보스웰의 표현을 다시 인용하자면, 문제가 되는 것은 "대단히 역동적이고 정치적이며 경제적인 상류계층의"[7] 결혼이었다. 반면 가난한 계급의 경우, 그들의 결혼관습에 대해서는 거의 아는 바가 없긴 하지만, S. B. 포므루아처럼 두 가지 서로 상반된 요인이 작용했을 것이라고 가정해 볼 수 있다. 그 두 요인은 모두 결혼의 경제적 기능에 관계된 것으로, 말하자면 아내와 아이들은 자유민 신분의 가난한 남성에게 유용한 일손이 될 수 있었던 것이다. 그러나 다른 한편으로 "아내와 아이들을 거느릴 희망조차 품을 수 없는 경제적 수준도 존재하였다".[8]

결혼을 지배하던 정치・경제적 요구(어떤 경우에는 결혼을 필수적으로 만들고 다른 경우에는 불필요하게 만드는)는, 특권계급 내에서 지위와 재산이 단지 가족 집단들 간의 협력관계보다 군주와의 친분관계나

---

6 *Ibid.*

7 J. Boswell, *Christianity, Social Tolerance, and Homosexuality*, p. 62.

8 S. B. Pomeroy, *Goddesses, Whores, Wives and Slaves*, 1975, p. 133.

군인 혹은 민간인으로서의 "경력", "사업"에서의 성공에 더 의존하게 되자 어느 정도 그 중요성을 상실하게 되었음이 틀림없다. 결혼은 전략상의 여러 부담을 덜게 됨으로써 훨씬 더 "자유로워"진다. 즉, 배우자의 선택에서는 물론, 결혼을 결심하는 데서나 결혼하게 되는 개인적 이유에서도 자유로워진 것이다. 또한 특권을 덜 받는 계급 내에서는 결혼이 — 결혼을 평가 가능한 것으로 보일 수 있게 했던 경제적 동기들을 넘어서 — 삶의 공유, 상호 원조, 정신적 도움을 포함한 강력한 개인적 관계들을 설정하고 지탱한다는 사실로부터 그 가치를 부여받게 되는 일종의 유대 형태가 될 수도 있었을 것이다. 어쨌든 묘비명 墓碑銘에 대한 연구는 귀족계급이 아닌 계급 내에서 결혼이 상대적으로 빈번하고 공고했음을 보여준다.[9] 또 노예들의 결혼에 대한 증거도 있다.[10] 결혼관습의 확산과 관련해 어떤 대답이 주어지든지 간에 결혼은 훨씬 접근하기가 쉬어진 것처럼 보이는데, 이는 결혼을 "이익과 관련된 것"으로 만드는 문턱이 낮아진 탓이다.

결과적으로 결혼은 점점 더 결혼 당사자 간의 자유로운 합의에 의한 결합으로 나타나며, 그들 양자 간의 불평등은 사라진 것은 아니라 하더라도 어느 정도까지는 감소한다. 다양한 지역적 차이를 고려한다 하더라도 헬레니즘 사회에서 여성은 고대에 비하여 — 특히 아테네의 상황에 비하여 — 독립적 지위를 획득하게 된 것 같다. 이러한 상대적 변화는 무엇보다도 시민으로서의 남자의 위치가 일정 정도 그 정치적

---

9 *Ibid.*, p. 209.

10 P. Veyne, *loc. cit.*, p. 40; S. B. Pomeroy, *op. cit.*, p. 193.

중요성을 상실하게 된 데서 기인하며 또한 여성의 역할, 즉 여성의 경제적 역할과 법적 독립성이 긍정적으로 강화된 것에서도 기인한다. 어떤 역사학자들에 따르면 문헌들은 여자 아버지의 개입이 결혼에서 점점 덜 결정적인 것이 되었음을 보여준다. "아버지가 법적 보호자로서 딸을 결혼시키는 것은 일반적 추세였다. 그러나 어떤 계약들은 그저 일생을 함께 하기로 동의한 남녀 사이에서 체결되었다. 결혼한 딸이 아버지의 권위에 반하여 스스로 결정할 권리가 확립되기 시작한 것이다. 아테네와 로마, 이집트의 법률에 따르면 아버지에게는 자신의 의사와 무관하게 결혼한 딸을 이혼시킬 수 있는 권한이 부여되었다. 그러나 그 이후 이집트 법률의 지배를 받는 로마령 이집트에서는 여성의 의사를 결정적 요인으로 규정하는 사법적 결정이 내려짐으로써 결혼한 딸에 대한 아버지의 권위에 이의가 제기되었다. 딸이 결혼 상태를 유지하기를 원한다면 딸은 그렇게 할 수 있었다."[11] 점차로 결혼은 개인적으로 결혼을 약속한 두 당사자들의 소망에 의한 계약처럼 체결되었다. 처녀가 아버지 혹은 후견인에 의해 정식으로 배우자에게 넘겨지는 "에크도시스ekdosis"는 "점차 사라져 갔다". 또 전통적으로 결혼에 수반되던, 본질적으로 재정적 측면의 계약은 마침내 서면 결혼의 경우에만 존속하게 되었는데, 이 경우에도 각 개인들에 관계된 계약 조항이 보충되었다. 결혼한 여자들도 자신들 몫의 지참금을 받았을 뿐만 아니라 결혼생활에서 자신들이 받아온 지참금을 점점 더 자유롭게 사용할 수 있게 되었으며, 어떤 계약서들은 이혼할 경우 여성들이

---

**11** S. B. Pomeroy. *op. cit.*, p. 129.

그 지참금을 다시 받는 것은 물론, 자기 몫의 유산까지도 받을 수 있도록 미리 명기해 두기도 하였다.

결혼계약이 배우자들에게 부과하는 의무와 관련하여 클로드 바탱의 연구는 헬레니즘 시대 이집트에서 중요한 변화가 있었음을 보여준다. 기원전 4세기 말 혹은 3세기에 나온 문헌들을 보면 여성들이 맺는 계약에는 남편에게 복종하며, 밤이나 낮에 남편의 허락 없이 외출을 삼가며, 외간남자와는 어떠한 성 관계도 가져서는 안 되며, 집안의 명예를 실추시키지 않고 남편을 불명예스럽게 하지 않아야 할 의무가 포함되어 있었다. 반면 남편은 아내를 부양해야 했고 배우자를 학대해서는 안 되며, 혼외관계에서 자식을 보아서는 안 되었다. 좀 더 뒤에 나온 계약에는 남편 쪽에 훨씬 더 엄격한 의무가 명시된다. 그 계약들에는 남편에게 아내가 필요로 하는 것을 조달할 의무가 있음이 명시되었을 뿐만 아니라 애인이나 동성의 애인을 갖는 것, 그리고 다른 집을 소유하는 것(그 집에서 첩을 거느릴 수 있을 것이므로)을 금하는 것 또한 명시되어 있다. 클로드 바탱이 지적하듯이 이러한 유형의 계약에서 "문제가 되는 것은 남편의 성적 자유이다. 이제부터는 아내도 남편만큼 배타적으로 될 것이다". 이렇게 발전된 결혼계약은 남편과 아내를, 분명 평등하지는 않지만 책임과 의무를 공유하는 체계 속으로 들어가게 한다. 그리고 이때 의무의 분담은 어떻게 보면 결혼 상태에서는 배우자 각각이 그 대표자라고 할 수 있는 가문에 대한 존중의 명목에서가 아니라 부부의 관점에서, 안정된 부부관계와 그 내적 조절이라는 관점에서 이루어진다.**12**

이러한 의무들이 명시되면서 부부에게는 과거에 비해 훨씬 밀착된 형태의 부부생활이 요구되고 제시된다. 그런데 이러한 규정이 계약 속에 정식으로 나타날 수 있었던 것은 이것이 이미 어떤 새로운 태도와 상응하기 때문일 것이다. 그리고 그와 동시에 이러한 규정들은 배우자 각자에게 영향을 미쳐 그들의 삶 속에 과거보다 훨씬 더 분명하게 부부의 현실을 새겨 놓았음에 틀림없다. 클로드 바탱은 쌍방 동의에 의한 결혼의 법제화는 "부부 공동체가 존재하며, 부부에 의해 이루어지는 이러한 현실은 그 구성요소들, 즉 배우자 각각의 가치보다 우월한 가치를 갖는다는 생각을 낳게"[13]한다고 적고 있다. 이는 P. 벤느가 로마 사회에서 찾아낸 것과 다소 유사한 변화이다. "공화정共和政하에서 각각의 배우자는 행해야 할 일정한 역할을 지니고 있었고, 일단 이러한 역할이 완수되기만 하면 부부간의 애정관계는 어떤 식으로든 가능했다 … 제정帝政하에서는 … 결혼의 기능 자체가 상호 이해, 그리고 애정의 법칙에 근거를 둔 것으로 간주된다. 그리하여 하나의 새로운 개념이 탄생하게 되는데, 그것은 바로 안주인과 바깥주인으로 구성된 한 쌍의 부부라는 개념이다."[14]

그러므로 이러한 결혼행위의 변천에는 수많은 역설이 있게 될 것이다. 가령 결혼은 공권력 쪽에서 보증인을 찾으면서도 사생활에서 점점 더 중요한 일이 된다. 결혼은 결혼에 가치를 부여했던 사회·경제적 목적에서 해방되면서 그와 동시에 일반화된다. 결혼은 부부들에게 점

---

12 Cl. Vatin, *op. cit.*, pp. 203~206.

13 *Ibid.*, p. 274.

14 P. Veyne, "L'amour à Rome," *Annales E. S. C.*, 1978, 1.

점 더 강압적인 것이 되지만, 그와 동시에 마치 요구가 많으면 많을수록 더 매혹적이 되는 것처럼 결혼에 대해 점점 더 호의적 태도를 갖도록 그들을 부추긴다. 결혼은 실천으로서 더욱 일반화되고, 제도로서 더욱 공적인 것이 되며, 생활방식으로서 더욱 사적인 것이 되고, 부부를 결합시키기 위해서 더욱 강력해지며, 따라서 여타의 사회적 관계의 장 속에서 부부를 고립시키기에 더욱 효과적인 것이 될 것이다.

이러한 현상의 규모를 정확히 측정한다는 것은 분명 어려운 일이다. 접근 가능한 참고자료는 몇몇 특정한 지역을 근거로 한 것이며 그나마 몇몇 특정 계층만을 조명한 것이기 때문이다. 설사 누락되고 흩어진 정보들을 통하여 어느 정도 하나로 수렴될 수 있는 정보들을 찾아낸다 할지라도 그로부터 하나의 보편적이고 집단적인 움직임을 끌어내는 것은 사변적인 것이 될 것이다. 어쨌든 기원 초 몇 세기 동안 나온 다른 문헌들을 신뢰한다면 결혼은 남성들에게 — 우리가 갖고 있는 것은 남성들의 증언들뿐이기 때문에 — 훨씬 더 중요하고, 강도 높고, 힘들며, 문제제기적 경험의 온상이었던 것 같다. 또한 결혼은 단순히 도시국가나 가문에 유용한 제도나 훌륭한 가족 구성원의 틀 안에서 그 규범에 따라 전개되는 가정활동이 아니라 결혼 "상태", 즉 삶의 형태, 생활의 공유, 개인적 유대, 이러한 관계 속에서의 파트너 상호간의 위치로서 이해되어야 할 것이다. 이것은 이미 보았다시피 고대의 결혼생활이 부부 사이의 친근함과 애정을 배제했다는 얘기가 아니다. 그러나 크세노폰이 제시한 이상에 따르면 이러한 감정은 남편으로서의 지위 행사와 남편에게 부여된 권위에 직접적으로 연결되어(그렇다고 이것이 진지함이나 격렬함을 배제하는 것은 아닌데) 있었던 것처럼 보인다. 젊은 자기 아내에게 조금은 아버지 같았던 이스코마크는 아내에게 아내가 해야 할 것들을 인내심을 갖고 가르쳤다. 그리고 사실상 그녀가 가정주부로서 고유한 임무와 역할을 잘 수행함에 따라 그는 아내에게 죽을 때까지 변치 않는 존경과 애정을 품게 되었다. 제정기帝政期의 문학에서는 그와는 달리 훨씬 복잡한 결혼 경험에 대한 증언들을 찾아볼 수 있다. "부부의 명예"에 관한 윤리적 탐구는 남편의 역할, 남편을 아내와 결합시키는 관계의 성격과 형태, 자연적인 동시에 법적인 우위와 요구와 의존에까지 이를 수 있는 애정 간의 상호작용에 관한 성찰 등을 통하여 잘 드러난다.

가령 우리는 플리니우스가 자신의 몇몇 편지에서 자기 자신에 대해 "결혼한 개체"로서 부여한 이미지를 떠올려 볼 수도 있을 것이고, 이를 이스코마크가 보여주었던 또 다른 좋은 남편상과 비교해 볼 수도 있을 것이다. 아내의 부재를 슬퍼하며 아내에게 보낸 그 유명한 단문의 편지에 나타나는 것은, 다른 편지들에서처럼 단순히 사랑스럽고 순종적인 아내를 자신이 이룬 문학적 업적과 법정에서의 성공의 증인으로 삼는 남자의 모습이 아니다. 거기서 묘사되는 남자는 아내에 대한 강한 애정과 너무나 강렬한 육체적 욕망으로 아내가 곁에 없을 때조차 밤낮으로 아내를 찾아다니지 않을 수 없는 그러한 남자이다. "내가 얼마나 당신을 그리워하는지 당신은 알 수 없을 것입니다. 당신을 그리워하는 까닭은 무엇보다도 당신을 향한 내 사랑 때문이고, 또한 우리가 헤어져 있는 것에 익숙하지 않아서입니다. 그래서 나는 대부분의 밤을 당신의 모습을 떠올리면서 하얗게 지새우고 있습니다. 그래서 낮이 되어 늘 당신을 보러 갔던 바로 그 시간이 되면 내 발걸음은 저절로 당신의 집으로 향합니다. 그리고는 끝내 마치 누가 나에게 문을 닫아버리기라도 한 듯이 슬픔과 낙심에 젖어 텅 빈 당신의 방으로 되돌아옵니다. 내가 이러한 고통에서 벗어나는 유일한 순간은 내 친구들의 소송에 몰두한 채 대광장 위를 지나갈 때뿐입니다. 그러니 일 속에서 휴식을 찾고 권태와 근심 속에서 위안을 찾아야만 하는 내 삶이 어떨지 한번 상상해 보십시오."[15] 이 편지의 어투는 조심스럽다고 할 만하다. 그러나 이 편지에는 개인적이고 열렬하며 애정에 찬 독립적 부부관계, 남편의 권위와 지위, 가정에 대한 책임, 이러한 것들이 갖는 특징들이 분명하게 나타난다. 사랑이나 일상생활의 공유가 모두 다 정당하게 아내의 존재를 소중하게 만들고 아내의 부재를 고통스럽게 만드는 데 기여한다 할지라도, 이 편지 속에서 사랑은 일상생활의 공유와는 세심하게 구별된다. 다른 한편으로 플리니우스는 전통적으로 사랑의 열정으로 알려진 여러 가지 징후를 강조한다. 즉 밤마다 떠나지 않는 영상이라든가, 무심결에 서성대는 행동이라든가, 사라진 대상을 찾아다닌다든가 하는 것이 바로 그러한 것들이다. 그런데 정열에 대한 부정적이고 고전적인 묘사에 속하는 이러한 행위들이 여기서는 긍정적으로 제시된다. 아니 차라리 그가 남편으로서 겪는 고통이나 그를 사로잡는 열정, 그가 욕망과 슬픔에 지배당하고 있다는 사실 등은 마치 부부간 애정에 대한 긍정적 증거인 양 제시된다. 결국 플리니우스는 결혼생활과 공적 활동 사이에 가정의 관리와 타인들에 대한 권위를 하나로 결합하는 하나의 공동원칙이 아니라 대체와 보상의

---

15 Pline, *Lettres*, VII, 5.

복잡한 게임을 상정한다. 즉, 아내가 가져다 줄 행복이 자신에게는 없기 때문에 그는 공무公務에 몰두한다. 그러나 그가 외부의 이러한 권태로운 삶 속에서 자신의 개인적 슬픔에 대한 위로를 찾았던 것은 그의 고통이 그만큼 극심했기 때문이라고밖에는 생각할 수 없다.

많은 다른 문헌들에서도 부부관계는 혼례적 기능, 남편의 법적 권한, 가족 구성원들에 대한 합리적 관리 등으로부터 벗어나 그 자체의 힘과 문제, 애로, 의무, 이점, 고유한 쾌락들을 지닌 하나의 독특한 관계로 나타난다. 우리는 플리니우스의 다른 편지들을 인용하거나 아니면 루카누스나 타키투스에게서 그에 관한 정보들을 찾아낼 수도 있을 것이다. 혹은 스타티우스가 예를 제공하는 부부애夫婦愛에 관한 시를 참조할 수도 있을 것이다. 이 시에서 결혼 상태는 변함없는 정열 속에서의 두 운명의 융합처럼 나타나며, 이러한 융합 속에서 남편은 애정 어린 속박상태를 인정한다. "꽃다운 나이에 우리를 맺어 준 것은 바로 비너스입니다. 인생의 황혼 녘에도 비너스는 우리에게 호의를 베풀어줄 것입니다. 나는 당신의 법칙에 만족하고 순종하고libens et docilis 있습니다. 날마다 더욱더 절감하는 이 관계를 나는 깨뜨리지 않을 것입니다 … 이 대지는 당신을 위해 나를 태어나게 했습니다creavit me tibi. 이 대지는 나의 운명을 당신의 운명에 영원히 묶어 두었습니다."[16]

하지만 제정시대에 결혼생활이 실제 어떠할 수 있었는지에 대한 묘사를 반드시 이와 같은 문헌들 속에서 찾아야 하는 것은 아니다. 그 문헌들이 공공연하게 내세우는 진실성은 증언으로서의 가치가 없다. 그

---

16 Stace, *Silvres*, III, 3, v. 23~26 et 106~107.

문헌들은 부부생활의 이상을 임의로 주장하는 문헌들이다. 그러므로 그것들은 어떤 상황의 반영으로서가 아니라 어떤 요구사항의 표명으로 간주되어야 하며, 바로 그러한 이유로 현실의 일부를 이루고 있는 것이다. 이 문헌들은 결혼이 하나의 삶의 방식으로서 검토되었음을 보여주는데 그것의 가치는 "오이코스oikos"의 기능에 배타적으로 관계하는 것도 혹은 더 나아가 본질적으로도 연결되지 않고 두 파트너 간의 관계양상에 연결된다. 또한 이 문헌들은 이러한 관계 속에서 남성은 단지 사회적 지위나 특권, 가정에서의 기능에 입각해서 뿐만 아니라 아내에 대한 "관계 역할"에 입각하여 처신해야 함을 보여준다. 마지막으로 이 문헌들은 이러한 역할이 단지 교육·훈련·지도하는 통치기능이 아니라 애정의 상호성과 상호 의존의 복잡한 작용에 속하는 것임을 보여준다. 그런데 훌륭한 결혼생활에 관한 도덕적 성찰이 오랫동안 그 원칙을 "가족 구성원"과 구성원들의 내적 욕구의 분석에서 찾아온 것이 사실이라면, 남성이 부부관계에서 도덕적 주체가 될 수 있는 방식을 규정하는 것이 문제인 새로운 유형의 문제들이 등장함을 이해할 수 있을 것이다.

# 2

## 정치게임

자율적 실체로서의 도시국가가 기원전 3세기경부터 쇠퇴하기 시작한 것은 널리 알려진 사실이다. 우리는 흔히 그러한 사실에서 시민활동이 시민들의 진정한 직업을 구성했던 정치적 생활이 전반적으로 퇴조하게 된 동기와 전통적 지배계급이 몰락하게 된 이유를 보게 된다. 또한 그 결과로 자성自省의 움직임을 보게 되는데, 특권계급의 대표자들은 이러한 자성의 움직임에 의해 실질적 권위의 상실을 자발적 은거隱居로 변형시킬 수 있었을 것이며, 그렇게 함으로써 개인적 생활과 사생활에 점점 더 가치를 부여하게 되었을 것이다. "도시국가의 붕괴는 불가피한 것이었다. 일반적으로 사람들은 자신이 통제할 수도 없고 심지어 변화시킬 수조차 없는 세계적인 힘의 지배 아래 있다고 느꼈다… 우연이 지배했다… 헬레니즘 시대의 철학은 근본적으로 도피의 철학이었으며, 이 도피의 주요한 수단은 자율성을 함양하는 것이었다."[1]

3세기부터 도시국가들 — 그러한 철학들이 존재하고 있었던 — 이 자치권의 일부를 잃어버렸다 해도, 헬레니즘·로마 시대의 정치구조 영역에서 일어날 수 있었던 변화들의 본질을 이러한 현상으로 귀착시키는 것은 분명 이론의 여지가 있는 일일 것이다. 또한 그 속에서 도덕적 성찰과 자기 실천 속에서 발생할 수 있었던 변화들을 근본적으로 설명할 수 있는 원칙들을 찾는다는 것도 부적절한 일일 것이다. 사실상 — 그리고 이 점에서는 19세기가 정성들여 그려낸 향수 어린 도시국가의 위대한 모습을 상당히 변질시킨 역사가들의 작업을 참조해야 한다 — 헬레니즘 시대의 군주제와 그 이후 로마제국의 조직을 단순히 시민생활의 퇴조라는 부정적 용어로만 분석할 수는 없다. 그와는 반대로 지방의 정치활동이 국가 전체를 이루는 거대한 조직들의 강화와 복구로 인해 억눌리지 않았다는 사실을 강조하는 것이 바람직할 것이다. 도시국가들의 생명은 원래 편입되었던 틀이 확장되었다고 해서 그 법규와 쟁점, 투쟁과 더불어 사라진 것은 아니었으며 이는 군주제 형태의 권력의 발전의 여파 앞에서도 마찬가지였다. 자신들의 정치공동체를 망가뜨릴지도 모를 너무나 거대한 우주 앞에서 느끼는 불안은 우리가 회고적으로 그리스·로마 시대 사람들에게 부여한 감정일 수도 있을 것이다. 헬레니즘 시대의 그리스인들은 "헬레니즘이 도시국가들의 세계였다"는 탁월한 이유로 "도시 없는 대大제국들의 세계"를 회피할 필요가 없었다. 샌드바하는 도시국가 체제의 붕괴 이후 철학이 "폭풍우를 피할 피난처"가 되었을 것이라는 생각을 비판하면서,

---

1 J. Ferguson, *Moral Values in the Ancient World*, pp. 135~137.

먼저 과거에는 "도시국가들이 결코 안정을 보장하지 않았다"는 사실을, 그 다음으로 "군사력이 대군주들의 손에 넘어간 후에도" 여전히 도시국가들이 사회조직의 일차적이고 정상적인 형태였다는 사실을 지적한다.[2]

중앙집권화된 제국주의帝國主義의 영향으로 인해 정치활동이 축소되고 백지화되었다고 생각하기보다는 하나의 복잡한 공간, 즉 작은 도시국가들의 공간보다는 훨씬 더 방대하고 덜 불연속적이며 덜 폐쇄적이지만, 3세기의 대위기 후에 사람들이 조직하려고 애썼던 전제적이고 관료적인 제국보다는 더 유연하고 더 분화되었으며 위계가 덜 엄격한 공간이 편성되었다고 생각해야 할 것이다. 그것은 다양한 권력의 중심이 존재하고 수많은 활동과 긴장, 갈등이 존재하는 공간이며, 그러한 활동과 긴장, 갈등이 여러 차원으로 전개되면서 다양한 타협에 의해 균형을 획득하는 공간이다. 어쨌든 헬레니즘의 군주정치가 지방권력을 제거하거나 속박, 혹은 완전히 재조직하려 했다기보다는 그것에 의지하려 했고, 그것을 정기적 조세징수나 특별세의 징수, 또 군대에 필요한 물품조달을 위한 중계자로 삼으려 했다는 것은 엄연한 사실이다.[3] 마찬가지로 일반적으로 로마 제국주의가 직접적 행정을 시행하기보다는 이러한 종류의 해결책을 선호했던 것 또한 사실이다. 토지의 시유화市有化 정책은 상당히 오랫동안 지속되었는데, 이는 제국

2 F. H. Sandbach, *The Stoics*, p. 23.

3 M. Rostovtzeff, *Social and Economical History of the Hellenistic World*, II, pp. 1305~1306.

의 보다 더 넓은 틀 속에서 도시국가의 정치활동을 고무하는 효과를 낳았다.[4] 카시우스 디오 코세이아누스가 마에케나스의 입을 빌려 전하고 있는 담론이 아우구스투스에게 조언하여 실제로 추진된 정책과 비교해 시대착오적이라고 할지라도, 그것은 분명 첫 두 세기 동안의 제국통치의 몇몇 중요한 경향을 잘 보여준다. 즉, 그것은 "도움과 동맹" 찾기, 권력을 쥔 유력한 시민들을 확실히 평정시킬 것, "피통치자들에게 자신들이 노예취급을 받지 않을 뿐만 아니라" 이익과 권위를 똑같이 나눠 받고 있으며 "단지 하나의 커다란 도시국가를 형성하고 있을 뿐이라고"[5] 설득할 것 등이다.

그렇다면 전통적 귀족계급의 쇠퇴와 그들 계급이 대상이었을 정치적 박탈, 그리고 그러한 박탈의 결과였을 자기에 대한 내적 성찰에 대해 말할 수 있을까? 물론 거기에는 정치・경제적 요인들이 있었다. 즉, 반대파 제거와 재산 몰수가 한몫을 했던 것이다. 또한 안정에 관련된 요인들도 있었다. 즉 세습재산에서 부동산이 차지하는 중요성이나[6] 혹은 이러한 종류의 사회에서는 재산, 영향력, 위신, 권위, 권력이 부단히 연결되어 있다는 사실 등을 들 수 있다. 그러나 도덕적 성찰이 새롭게 강화되는 데 가장 중요하고 가장 결정적인 현상은 전통적 지도계급이 사라졌다는 사실이 아니라 권력을 행사하는 조건들 속에서 발견할 수 있는 변화들과 관계된 것이다. 이러한 변화들은 우선 징

4 J. Gagé, *Les Classes sociales à Rome*, pp. 155 sq.

5 Dion Cassius, *Histoire romaine*, LII, 19.

6 R. MacMullen, *Roman Social Relations*, pp. 125~126.

병徵兵과 관계된다. 왜냐하면 이제 문제가 되는 것은 복잡한 동시에 방대한 행정적 수요를 감당해내는 것이기 때문이다. 이 때문에 아마도 마에케나스는 아우구스투스에게 순리대로 통치하기 위해서는 원로원 의원과 기사騎士의 수를 필요한 만큼 늘려야 한다고 말했을 것이며,[7] 그 결과 우리는 비록 그러한 집단들이 전체 인구에 비해서는 극소수에 불과하다 할지라도, 초기 몇 세기 동안 사실상 눈에 띌 정도의 비율로 늘어났음을 알고 있다.[8] 변화는 또한 정치 게임에서 그러한 집단들이 황제와 그 측근, 황제의 조언자들이 황제를 직접 대변하는 이들에 대하여 행해왔던 역할과 그들이 차지하던 위치에도 영향을 미쳤다. 그들은 투쟁적 사회에서 볼 수 있는 것과는 다른 양상을 띠긴 하지만 여전히 경쟁이 치열한 위계질서 내부에서, 대개는 군주의 의지에 따라 즉각 경질 당할 수도 있는 일들을 맡아 하였으며, 명령을 하달하거나 시행해야 하는 상위 권력과 복종을 끌어내야 할 개인 및 그룹 사이에서 거의 언제나 중개자 역할을 하였다. 로마 행정이 필요로 한 것은 "세계를 통치하기 위하여" 필요한 다양한 범주의 대리인들 — "군대 장교, 재정을 담당하는 지방 징세관, 지방 총독" — 을 제공할 실무적 귀족계급, 바로 심므가 말하는 "귀족 관료계급managerial aristocracy"이었다.[9]

이들 엘리트 속에서 개인적 윤리, 일상적 행동 및 사생활과 쾌락의

7 Dion Cassius, *Histoire romaine*, LII, 19.

8 C. G. Starr, *The Roman Empire*, p. 64.

9 R. Syme, *Roman Papers*, II, p. 1576.

도덕에 주어졌던 관심을 이해하고자 한다면, 결코 퇴폐나 낙심, 침울한 은둔과 같은 것에 대해 이야기해서는 안 된다. 그보다는 차라리 그러한 관심 속에서 자신의 신분과 역할, 활동, 의무에 걸맞다고 여겨지는 관계를 성찰하는 하나의 새로운 방식에 대한 추구를 보아야 한다. 고대의 윤리는 타인에 대한 권력과 자기에 대한 권력이 대단히 긴밀하게 뒤얽혀 있었다. 따라서 신분에 부합되는 삶의 미학에 의거해야 했음에 반해, 정치게임의 새로운 규칙들은 현재의 자기와 자기가 할 수 있는 것, 또 해야만 하는 것 사이의 관계 규정을 훨씬 더 어렵게 만든다. 다시 말해서 자기 자신을 자기 행동의 윤리적 주체로 세우는 일이 한층 더 문제를 제기하게 된 것이다.

R. 맥크뮬렌은 로마사회의 두 가지 근본적 특징을 강조했다. 그것은 극소수의 부자와 대다수의 빈자 사이의 간극이 계속 심화되는 사회에서 볼 수 있는 지나치게 "수직화된" 차이와 생활의 공개화이다.[10] 이 두 가지 특징의 교차에서 우리는 신분의 차이와 신분 간의 위계, 신분을 나타내는 명백한 표시들, 그리고 그러한 표시들의 세심하고 과시적인 연출에 부여된 중요성을 이해하게 된다.[11] 우리는 새로운 정치상황이 신분과 직무, 권한과 의무 사이의 관계를 변화시킨 바로 그 순간부터 상반되는 두 가지 현상이 발생할 수 있었을 것이라고 추측할 수 있다. 사실 이 두 현상은 제국시대 초기부터 — 그 두 현상의 대립 바

---

**10** R. MacMullen, *op. cit.*, p. 93.

**11** *Ibid.* p. 110. 세네카의 *Lettres*, 31, 11과 에픽테투스의 *Entretiens*, III, 14, 11; IV, 6, 4도 함께 참조.

로 그 속에서 — 확인된다. 한편으로는 개인들로 하여금 자신의 정체성을 신분과 자신의 신분을 눈에 가장 잘 띄게 드러내는 요소들에 의해 규정할 수 있도록 해 주는 모든 것에 대한 강조가 있다. 사람들은 신체적 거동이나 의복, 주거, 관대하고 아량 있는 몸짓, 소비행위 등, 겉으로 드러나는 모든 표지와 표시에서 가능한 한 자신을 자신의 신분에 적합한 것으로 맞추려고 한다. 맥크뮬렌은 다른 사람에 대한 자신의 우월성이 명백히 표시되었다고 확신해 주는 이러한 처신이 로마 귀족계급 내에서 얼마나 빈번했으며, 또 어느 정도까지 극심했는지를 보여준다. 그러나 그 반대편 극점에서, 그와는 반대로 자신의 정체성을 자기와의 순수한 관계 속에서 규정하려는 태도를 보게 된다. 이때 문제가 되는 것은 타인에 대한 지배력을 나타내는 기호체계가 아니라 신분과 신분을 나타내는 외적 형태와는 가능한 한 무관한 관계를 통하여 자신을 자기 행위의 주체로 형성·인식하는 것이다. 왜냐하면 그러한 관계는 자기 자신에게 행사하는 지배력 속에서 실현되기 때문이다. 새로운 형태의 정치 게임과, 태생과 역할, 권한과 임무, 의무와 권리, 특권과 복종 사이에서 자기 자신을 행위의 주체로 생각하는 데 따르는 어려움에 직면하여, 사람들은 신분을 드러내는 모든 표지標識를 강화하는 방식으로든지 아니면 자기 자신에 적합한 관계를 추구하는 방식으로 이에 대응하였던 것이다.

이러한 두 가지 태도는 대개 엄격히 상호 대립적인 것으로 인식되고 묘사되었다. 가령 세네카는 다음과 같이 말한다. "나날이 손상되지 않는 뭔가를, 어떤 것에 의해서도 방해받지 않는 것을 찾도록 하자. 그런데 그런 것은 무엇일까? 그것은 바로 영혼이다. 나는 올바르고 선하고 위대한 영혼에 귀를 기울인다. 우리는 영혼을 죽음이 내정된 육체의 주인이 된 신이라고밖에는 달리 명명할 수 없을 것이다. 이 영혼은 노예나 해방된 노예의 육체 안에서처럼 로마 기사의 육체 안에도 강림할 수 있다. 로마 기사는 무엇인가? 해방된 노예는 무엇이고 또 노예는 뭔가? 그러한 것들은 거만함과 불의로부터 생겨난 명칭들이다. 가장 누추한 거처에서도 우리는 천상까지 솟아오를 수 있다. 그러니, 일어서라."[12] 이것은 또한 에픽테투스가 가공의 혹은 실제의 이야기 상대자의 존재방식에 반대하여 자신의 것이라고 주장하는 존재방식이기도 하다. "그대, 그대의 관심사는 대리석으로 지은 호화저택에 살면서, 노예와 평민들이 그대를 시중드는 것에 신경 쓰고, 시선을 끌 만한 옷을 입고, 많은 사냥개를 기르며 키타라 연주자와 배우들을 고용하는 것이다. 행여 내가 그대에게 이러한 점을 비난하는 걸까? 혹은 그대 자신이 여러 평판들에, 그대 자신의 이성에 마음을 쓰고 있는 걸까?"[13]

우리는 헬레니즘과 로마의 사상 속에서 자기 자신으로의 귀환 혹은 자기 자신에 대해 가져야 할 관심이라는 주제가 지녔던 중요성을 흔히 시민활동과 정치적 책임이 봉착하게 된 일종의 딜레마 같은 것으로 간주한다. 사실 몇몇 철학적 조류에서 공적인 일과 그러한 것들이 초래할 정념과 괴로움으로부터 벗어나라는 충고를 발견할 수 있는 것도 사실이다. 그러나 주된 분할선이 참여와 회피 사이의 이러한 선택에 놓여 있지는 않다. 더욱이 자기 연마가 그 고유한 가치와 실천을 제기한

12 Sénèque, *Lettres à Lucilius*, 31, 11; 47, 16. *Des bienfaits*, III, p. 18.

13 Epictète, *Entretiens*, III, 7, 37~39.

다는 사실이 활동적 삶과 대립되는 것도 아니다. 자기 연마는 그보다는 차라리 자기와의 관계 원칙을 규정하고자 한다. 이러한 원칙은 정치행위, 공직charges de pouvoir에의 참여, 역할이행 등이 가능하거나 불가능한, 혹은 받아들일 만하거나 필수적일 형식과 조건들을 정할 수 있게 해 줄 것이다. 헬레니즘과 로마 사회에서 일어났던 중요한 정치적 변화는 어떤 자성自省행위들을 유도해낼 수 있었다. 그러나 그러한 변화들은 훨씬 더 일반적이고 근본적인 방식으로 특히 정치활동에 대한 문제제기를 촉발하였다. 우리는 그것을 다음과 같이 간략히 특징지을 수 있다.

## 1. 상대화

새로운 정치게임 속에서 권력을 행사한다는 것은 두 가지 방식으로 상대화된다. 한편으로 누군가 태생에 의해 공직을 부여받았다 할지라도, 그가 그것을 받아들이는 것을 당연시할 만큼 자신을 더 이상 자신의 사회적 지위와 동일시하지는 않는다는 것이다. 혹은 어쨌든 많은 이유들, 더욱이 최상의 이유들로 인해 공적이고 정치적인 삶을 살아야 한다면, 바로 이러한 이유들로 인한 의지에 따른 개인적 행위의 결과로서 그러한 삶을 사는 것은 좋은 일이라는 것이다. 플루타르코스가 메네마크 2세에게 보낸 논고論告는 이러한 점에서 특징적이다. 플루타르코스는 정치를 임의적 행위로 만들려는 태도를 비난한다. 그러나 그는 정치를 신분에 의한 다소 필연적이고 자연스러운 결과로 취급하는 것도 거부한다. 그는 정치행위를, 그것 말고는 다른 할 일이 없고 또 상황이 유리하기 때문에 뛰어들었다가 난관에 부딪치자마자 그만두어버리는 일종의 여가활동scholē으로 간주해서는 안 된다고 말한다.[14] 정치, 그것은 "하나의 삶"이고 "실천"이다bio kai praxis.[15] 그러나 우리는 자유롭고 자발적인 선택에 의해서만 거기에 투신할 수 있다. 이 점에서 플루타르코스는 스토아학파의 전문용어인 프로에레시스proairesis를 사용한다. 즉 이러한 선택은 판단력과 이성krisis kai logos에 근거해야 하며,[16] 그것만이 제기될 수 있는 여러 문제에 결연히 맞설 수 있는 유일한 방법이라는 것이다. 물론 정치적 활동의 수행은 개인적이고 지속적인 참여를 함축하는 하나의 "삶"이다. 그러나 그 토대, 즉 자기 자신과 정치활동 사이의 관계, 다시 말해 개인을 정치행위자로 형성하는 것이 그 개인의 사회적 지위거나, 오로지 사회적 지위에 의해서만 정치행위자로 형성되는 것은 아니다. 왜냐하면 개인을 정치행위자로 만드는 것은 개인의 태생과 신분에 의해 규정되는 일반적 틀 속에서 이루어지는 개인적 행위이기 때문이다.

하지만 또 다른 의미에서의 상대화를 이야기할 수 있다. 군주 자신이라면 모르되, 나머지 사람들은 자신이 하나의 접합점의 위치를 차지하는 그물망 속에서 권력을 행사한다. 그는 어떤 방식으로든 항상 통치하고 통치 받는다. 아리스토텔레스도 《정치학》[17] 속에서 이러한 작용에 대해 언급했지만 그것은 양자택일 혹은 순환의 형태를 띤 것이었

---

14 Plutarque, *Praecepta gerendae reipublicae*, 798c~d.

15 *Ibid.*, 823c.

16 *Ibid.*, 798c~d.

17 Aristote, *Politique*, I, 12, 1259b.

다. 즉, 때로 통치하기도 하고 때로 통치받기도 한다는 것이다. 반면에 아리스티드는 주고받는 명령과 통제, 취해진 결정에 대한 호소 등을 통하여 통치하는 동시에 통치받는다는 바로 그러한 사실에서 훌륭한 통치의 원리 자체를 보았다.[18] 세네카는 《자연의 문제들》제 4권 서문에서 로마 고급 공무원의 이러한 "매개적" 입장에 대해 언급하는데, 그는 루실리우스에게 그가 시칠리아에서 행사해야 할 권력은 지고至高의 권한, 즉 "임페리움imperium"이 아니라 "프로쿠라티오procuratio"라는 양도된 권력인 만큼 그 한도를 넘어서는 안 된다는 점을 상기시킨다. 그리고 세네카에 따르면 바로 이 점이 그러한 직무를 행하는 데서 기쁨을 느끼고, 그 직무로부터 남는 여가를 이용할 수 있는 조건이라는 것이다.[19] 플루타르코스는 어떻게 보면 이러한 상황의 역逆을 제시한다. 그가 조언하는 한 젊은 귀족은 자기 동료들 사이에서 선두 그룹에 속하더라도 아무 소용이 없었다. 왜냐하면 "지도부", 즉 로마인들과도 관계를 가져야만 했기 때문이다. 플루타르코스는 자기가 속한 도시국가에서 자신들의 권력을 보다 더 공고히 하기 위해 제국 행정의 대표자들에게 비굴하게 구는 자들을 비판한다. 그는 메네마코스에게 그들에 대해 필요한 의무를 완수하고 그들과 유익한 우정을 맺되 결코 조국을 모욕하거나 모든 사항에 대해 다 허가를 받아내려고 애쓰지는 말라고 충고한다.[20] 권력을 행사하고자 하는 사람이라면 누구나 그 자신이 하나의

---

**18** Aristide, *Eloge de Rome*, 29~39.

**19** Sénèque, *Questions naturelles*, IV, préface.

**20** Plutarque, *Praecepta gerendae reipublicae*, 814c.

전환점을 차지하는 복잡한 관계의 장에 자리를 잡아야 한다. 그의 사회적 지위가 자리를 정해줄 수는 있겠지만,[21] 그렇다고 해서 그것이 따라야 할 규칙과 준수해야 할 한계를 정해주는 것은 아니다.

## 2. 정치행위와 도덕적 행위자

도시국가는 그 지도자들이 덕성스러울 때만 태평할 수 있고 잘 다스려질 수 있다는 것과 역으로 훌륭한 도시국가와 현명한 법률의 형성이 행정관과 시민들의 올바른 품행을 위한 결정적 요인들이라는 것 또한 그리스 정치사상의 가장 일관된 주제 중 하나였다. 제국시대의 모든 정치사상 속에서 통치자의 덕德은 항상 필수적인 것으로 간주되었으나 그 이유는 약간씩 달랐다. 통치자의 덕이 필수 불가결한 것은 그것이 전체적 조화의 표현이나 결과이기 때문이 아니라 통치자는 통치라는 어려운 기술 속에서나 수많은 함정의 와중에서도 자신의 개인적 이성에 따라 스스로를 인도해야 하기 때문이다. 즉, 스스로 훌륭하게 처신할 줄 알 때 다른 사람들을 훌륭하게 이끌 수 있을 것이다. 프루스의 디온에 따르면 법과 형평을 준수하는 사람, 일개 병사들보다 더 용감한 사람, 억지로 일하는 자보다 더 열심히 일하는 사람, 모든 종류의 사치를 거부하는 사람(보다시피, 여기서 문제되는 것은 모든 사람의 덕이면서 좀 더 높은 신분에서 명령하고자 할 때 바람직하게 지녀야 할 덕이다),

---

21 또한 플루타르코스가 어떻게 부하들에게 일정한 세부적 과제들을 위임해야 하는지에 대해 응답하고 있는 구절도 참조하라(811a~813a).

이런 사람들은 자기 자신에게뿐 아니라 타인에게도 좋은 "다이모니온 daimon" (운명, 행동을 다스리는 수호신. 영. 어떤 일의 선악을 판단하기 어려울 때 내심에 속삭여주었다고 함 — 역자 주) 을 가지고 있다.**22** 다른 사람을 통치할 때의 합리성은 자기 자신을 다스릴 때의 합리성과 동일한 것이다. 이 점이 바로 《경험 없는 군주에게 주는 논설》에서 플루타르코스가 설명하고자 하는 바이다. 즉, 자기 자신을 다스리지 못하면 타인을 통치할 수도 없다는 것이다. 그렇다면 누가 통치자를 지도해야 하는가? 그것이 법임에는 틀림없다. 그렇지만 이를 성문법으로 이해해서는 안 된다. 그보다는 통치자의 마음속에 살아 있고 결코 버려서도 안 되는 이성, 즉 "로고스logos"로 이해해야 한다.**23**

도시국가의 정치조직과 법률이 비록 소멸되지는 않았으나 갑자기 중요성을 상실해 버리고, 결정적 요인들이 점점 더 남자들, 남자들의 결정, 남자들이 자신의 권위를 행사하는 방식, 이들이 균형과 화해의 작용 속에서 보여주는 지혜와 관련되는 정치공간 속에서, 자기 자신을 다스리는 기술은 하나의 결정적인 정치적 요소처럼 보인다. 황제들의 덕과 사생활, 그들이 자신들의 정열을 제어하는 방식의 문제가 갖는 중요성을 우리는 알고 있다. 그 속에서 우리는 황제들이 정치권력을 행사할 때 스스로 한계를 설정할 줄 알았다는 사실의 증거를 발견한다. 그러나 이 원칙은 통치자 누구에게나 가치 있는 것이다. 즉, 통치자라면 누구나 자기 자신에게 관심을 갖고 자기 영혼을 인도하며

---

**22** Dion de Pruse, *Discours*, III.

**23** Plutarque, *Ad principem ineruditum*, 780c~d.

자기 고유의 "에토스ethos"를 세워야 하는 것이다.

한편으로는 사회적 지위와 구분되는 직업의 형태를 띠며, 다른 한편으로는 개인적 덕성의 세심한 실천을 요구하는, 정치권력의 체험이 가장 명백하게 진술되는 것은 마르쿠스 아우렐리우스에게서이다. 그는 안토니우스 황제에 대한 두 가지 인물묘사 중 가장 간단한 묘사에서 그가 3가지 교훈을 받았음을 상기한다. 즉, 자기가 행하는 정치적 역할과 자기 자신을 동일시하지 말아야 한다는 교훈("카이사르처럼 되거나 어떤 것에 젖어드는 것을 경계하라")과 가장 일반적인 모습으로 덕을 실천하라는 교훈("단순 · 순수 · 정직 · 신중하고, 자연스러우면서도 정의롭고, 경건 · 관대 · 다정하며, 의무 완수에도 철저할 수 있도록" 자신을 유지할 것), 그리고 신을 경배하고, 인간을 구원하며, 삶이 얼마나 짧은지를 알아야 한다는 등의 철학 규범을 유념해야 한다는 교훈이 바로 그것이다.24 《명상록》의 서문에서 마르쿠스 아우렐리우스는 자신에게 삶의 규범으로서의 가치를 지니는 안토니우스 황제에 대한 또 다른 초상을 아주 상세하게 그리면서 바로 이러한 원칙이 권력을 행사하는 자신의 방식을 어떻게 통제했는지 보여준다. 즉, 안토니우스 황제는 불필요한 화려함과 허영심의 만족, 흥분과 과격함을 피하는 한편, 사회적 제재를 받을 만한 것이나 의심받을 수 있는 모든 일들을 멀리하고 현명하고 솔직한 조언자들이 자신에게 접근할 수 있도록 아첨꾼들과는 거리를 둠으로써 자신이 어떻게 "카이사르와 같은" 존재양식을 물리칠 수 있었는가를 보여주었다. (음식, 의복, 침구, 사환의 문제에

---

24 Marc Aurèle, *Pensées*, VI, 30.

대해서도) 절제를 실천하고 생활에 편리한 물품을 언제나 절도 있게 사용하며 마음을 동요 없는 평정의 상태로 유지하며 변덕스럽지도 정열적이지도 않은 우정관계를 함양함으로써, 그는 "평정함을 잃지 않은 채 자기 자신으로 충분할 수 있는 기술"을 익혔다. 바로 이러한 상황에서 황제로서의 책임이행은 많은 일, 예를 들어 업무를 자세히 검토하고, 단 하나의 서류라도 미완성 상태로 내버려두지 않으며, 불필요한 지출을 삼가고, 계획을 면밀히 검토하여 실행에 옮기는 등의 많은 일을 요구하는 진지한 직무에 종사하는 것처럼 보일 수 있다. 모든 자기에 의한 자기완성은 자신을 권력의 표식과 뽐내듯이 동일시하지 않으면 않을수록 더욱 훌륭히 완수될 이러한 임무를 위해 필요하다.

에픽테투스도 그 나름대로, 상대적으로 높은 지위에 있는 책임자가 자신의 임무를 행할 때 따라야 할 원칙들을 제시했다. 한편으로 그는 자신의 생활이나 개인적 이해관계라 할 수 있는 것들은 고려하지 않은 채 자신의 의무를 완수해야만 한다. "사람들은 당신을 제국의 어떤 지위에 붙잡아 두었으며, 더욱이 그것은 보잘 것 없는 자리가 아니라 원로원의 종신회원 자리입니다. 이러한 부류의 사람은 가정사에는 거의 시간을 할애하지 않되, 명령하거나 복종하기 위해, 행정관의 직무를 완수하거나 전쟁에 나가기 위해 혹은 재판하기 위해 거의 언제나 집을 비워야 한다는 사실을 모르십니까?"[25] 그러나 그 행정관이 사생활과 사생활에 집착하게끔 만드는 것들을 무시해야 한다고 할 때 타인을 통치하는 방법 속에서 그에게 균형 잡힌 원리와 지침 구실을 해 줄 것은

---

**25** Epictète, *Entretiens*, III, 24, 3.

이성적 인간으로서 바로 그가 지닌 개인적 덕성들이다. 에픽테투스는 도시의 한 감독관에게 다음과 같이 설명한다. "당나귀를 몽둥이로 때리는 것, 그것은 인간을 다스리는 방식이 아닙니다. 사람들에게 유익한 것을 제시하면서 이성적 존재로서 다스리십시오. 그러면 사람들은 따를 것입니다. 반면 사람들에게 해로운 것을 제시한다면 사람들은 그것을 멀리할 것입니다. 사람들이 당신 인품의 열렬한 모방자가 되도록 노력하십시오 … '이것을 하라, 저것은 하지 말라, 그렇지 않으면 너를 감옥에 집어넣을 것이다'라는 식은 이성적 존재를 통치하는 방식이 전혀 아닙니다. 그보다는 제우스가 한 것처럼 '이것을 하라, 그렇지 않으면 너는 고통과 해를 입을 것이다'라는 식으로 해야 할 것입니다. 어떤 해를 말하냐고요? 임무를 다하지 않았다는 바로 그러한 손해이지요."**26** 통치자와 피통치자 사이의 관계를 구체적 형태로 형성하고 결정짓는 것은 바로 이러한 이성적 존재로서의 양상이지 신분에 따른 자격 부여가 아니다.

이처럼 정치적 노역을 모델화하는 것 — 황제와 관계된 것이건 아니면 어떤 책임을 행사하는 자와 관계된 것이건 간에 — 은 이러한 형태의 활동이 사회적 신분에서 벗어나서 완수해야 할 하나의 직무처럼 나타나는 방식을 잘 보여준다. 그러나 이 직무는, 자체의 고유한 능력과 기술을 내포하는 "직업"이 문제가 될 때처럼, 타인을 통치하는 기술에 고유한 법률로부터 규정되지는 않는데, 이 점은 적잖이 중요하다. 그것은 "개인의 자기 자신으로의 후퇴", 다시 말해서 자신에 관한 자신

**26** *Ibid.*, III, 7, 33~36.

의 윤리적 작업 속에서 자기 자신에 대해 설정하는 관계에 입각하여 수행되어야 한다. 플루타르코스는 아직 교육 중에 있는 왕자에게 통치자는 권력을 잡자마자 "자신의 마음에 올바른 방향을 부여"해야 하며 자신의 에토스를 적절히 조절해야 한다고 말한다.[27]

## 3. 정치행위와 개인의 운명

운명의 불안정함 — 지나친 성공이 신의 질투를 끌어내든지 아니면 민중이 한때 주었던 호의를 다시 거두어 가고자 하든지 간에 — 은 분명 명상의 전통적인 한 주제였다. 제국 초창기의 정치행위에 대한 성찰에서 권력행사에 고유한 이러한 불안정성은 두 가지 주제에 결부되어 있다. 한편으로 사람들은 그러한 불안정성을 타인에 대한 의존과 결부된 것으로 파악한다. 이러한 취약함은 행운과 악운에 고유한 순환에 의해서가 아니라 세네카가 "타인에게 진력하는 힘potentia aliena", 혹은 "보다 강한 힘vis potentioris"이라고 부른 것의 영향력 아래 우리가 놓여 있다는 사실에 의해서 설명된다.[28] 권력의 복잡한 망 속에서 사람들은 적들과 결코 홀로 마주하는 것이 아니다. 도처에서 사람들은 영향과 모략, 음모와 실총失寵에 노출되어 있다. 안전하기 위해서는 "그 누구의 감정도 상하게 하지 않도록 조심해야 할 것이다. 우리가 두려워해야 할 존재는 때로는 민중이며, 때로는 원로원 내에서 신임을 얻

---

27 Plutarque, *Ad Principem ineruditum*, 780b.

28 Sénèque, *Lettres à Lucilius*, 14, 4, 3.

고 있는 자들이다 … 또 때로는 민중으로부터 권한을 부여받아 그 권한을 바로 민중에게 행사하는 개인들이다. 이 모든 사람을 다 친구로 삼는다는 것은 분명 어려운 일이다. 그러므로 그들을 적으로 삼지 않는 것만으로도 충분하다". 경우에 따라 호의를 베풀기도 하고 거두어가기도 하는 왕과 원로원 회원과 민중 사이에서 권력의 행사는 불안정한 상황의 지배를 받는다. "너는 가장 고귀한 직무를 행하고 있다. 그런데 그것이 세이아누스의 직무만큼 대단하고 놀랍고 무한한 것일까? 원로원을 수행원으로 거느리게 된 바로 그 날, 민중은 그를 갈기갈기 찢어 놓았다. 그리하여, 신들과 인간이 가능한 모든 호의를 베푼 이 특권자에게서도 사형집행인의 갈고리가 한 번 스쳐지나간 뒤에는 한 조각의 잔해도 남아 있지 않았다."[29]

우리는 야망이 야기할지도 모르는 이러한 역전과 불안에 대해 자기가 키우는 야망에 스스로 미리 한계를 정함으로써 대비해야 한다. "운명이 제멋대로 우리를 방해할 때까지 기다리지 말고 파국의 순간이 오기 훨씬 전에 우리 스스로 미리 전진을 멈추어야 한다."[30] 그리고 때가 되면 이러한 활동과, 그러한 활동으로 인해 동요되고 우리 자신에 몰두할 수 없게 되는 순간들로부터 벗어남이 바람직하다. 만약 갑자기 불행이 닥쳐와 지위를 박탈당하고 추방된다면 — 이는 아마도 플루타르코스가 그 몇 해 전에 "자유로운 선택"[31]으로 정치를 해야 한다고

---

29 Sénèque, *De la tranquillité de l'âme*, XI, 11.

30 *Ibid.*, X, 7.

31 사람들은 유배에 관한 논설이 *Praecepata gerendae reipublicae*와 동일 인물에게 바쳐진 것이라는 점을 인정한다.

부추겼던 바로 그 메네마코스에게 했던 충고일텐데—, 우리는 이를 통치자에 대한 복종이나 너무 비용이 많이 드는 예식, 의무적인 일, 외교업무의 수행, 세금납부 등으로부터 마침내 해방된 것으로 생각해야 한다.[32] 또한 세네카는 별 위험에 처해 있지도 않은 리실리우스에게 에픽테투스가 요구한 것처럼, 자기 자신을 자기 마음대로 처분하기 위해서는 적당한 시기에 점차적으로 자신의 임무로부터 벗어나야 한다고 조언한다.[33]

정치활동에 대하여 가져야 할 태도의 요체는, 자기 존재가 자신이 차지하는 지위나 수행하는 임무, 놓여있는 위치—다른 사람보다 위 혹은 아래인—에 의해 규정되는 것은 아니라는 사실을 일반 원칙에 결부시켜야 한다는 것이다. 하나의 궁극적 목표로서 관심을 기울여야 할 현재의 자기 존재는, 각자에게서 드러나는 모습은 특이하지만 모두가 바라는 형태에서는 보편적이며, 개인들 간에 설정된 공동체의 유대에 의해서 또한 집단적인 하나의 원칙이다. 적어도 스토아학파 철학자에게는 신의 원리로서 우리 안에 현존하는 인간의 이성이 그러하다. 그런데 "죽음을 피할 수 없는 육체의 주인"인 그 신은 로마의 기사 집단뿐만 아니라 노예상태에서 해방된 자유민이나 노예집단에서도 찾아볼 수 있을 것이다. 이처럼 자기와의 관계라는 관점에서 볼 때, 정치·사회적 신분은 존재양식의 진정한 표지標識로 작용하지 않는다. 로마의 기사인가, 해방된 자유민인가, 노예인가 하는 것은 비본

---

**32** Plutarque, *De l'exil*, 602c~e.

**33** Sénèque, *Lettres à Lucilius*, 22, I, 12.

질적이고 인위적이며 근거 없는 표시로, 오만과 불의에서 나온 명칭을 그냥 사용하는 것이다.[34] "각자는 자기 인격의 장인匠人이다. 그러나 그 사용은 운명에 달린 것이다."[35] 그러므로 이러한 법칙에 따라서 그것을 사용하든지 아니면 버리든지 해야 할 것이다.

보다시피 정치활동이 도덕적 성찰 속에서 주로 삼가느냐 참여하느냐 하는 식의 단순한 양자택일의 형태로 고려되어 왔다고 말하는 것은 부적절할 것이다. 흔히 그와 비슷한 용어로 문제가 제기되었던 것은 사실이다. 그러나 이 양자택일 자체는 보다 더 일반적인 문제, 즉 사회적 · 시민적 · 정치적 활동의 총체 속에서 사람들이 스스로를 도덕적 주체로 형성하는 방법과 관계된 것이었다. 그것은 의무적이거나 임의적인, 자연적이거나 인습적인, 지속적이거나 일시적인, 무조건적이거나 혹은 어떤 생활 속에서만 권장되는 활동방법들을 결정짓는 것과 관계되었다. 또한 그 활동들을 수행할 때 적용해야 할 규칙들에 관계되었으며, 타인 가운데 자리 잡고 권위의 적법한 부분을 강조하며 명령과 복종 관계의 복잡하고도 유동적인 작용 안에 위치할 수 있기 위해 자기 자신을 다스리는 방법과도 관계되었다. 은퇴하느냐 활동하느냐 하는 선택의 문제는 물론 거듭 제기되었다. 그러나 문제제기에 사용된 표현들과 사람들이 흔히 제시했던 해결책은 단순히 정치활동의 전반적 퇴조를 자성의 철학 안에서 표현하는 것이 문제는 아니었다는 사실을 잘 보여준다. 문제가 되었던 것은 이러한 사회적 · 시민적 · 정

34 *Ibid.*, 31, II.
35 *Ibid.*, 47, 15.

치적 활동들에 대하여 사람들이 다소 거리를 취하였건 말건, 이러한 활동들이 취할 수 있는 다양한 형태 속에서 그러한 활동들에 대해 스스로를 윤리적 주체로 형성할 수 있게 해 주는 하나의 윤리학을 완성하는 일이었다.

결혼행위나 정치게임 내에서의 이러한 변화를 통하여, 우리는 자기지배의 전통적 윤리학이 표명되는 상황들이 어떻게 변했는지 볼 수 있다. 전통적 자제自制의 윤리는 사람들이 자기 자신에 대해 발휘하는 우월함과 한 가정 구성원의 범주 안에서 발휘하는 우월함, 그리고 마지막으로 투쟁적인 한 사회의 장 속에서 발휘하는 우월함 사이에 대단히 밀착된 관계를 함축한다. 그리하여 자기에 대한 우월함의 실천은 나머지 다른 두 가지 우월함을 이성적이고 절도 있게 활용할 수 있고, 또한 반드시 활용하도록 보장하였다.

그런데 이후로 사람들은 이러한 관계가 더 이상 동일한 방법으로 작용할 수 없는 세계 속에 있게 된다. 가정 내에서 아내에 대해 행해지던 우위의 관계는 다소간 평등하고 상호적인 형태로 이루어지게 된다. 타인에 대한 자신의 우월함을 표명하고 증명하고자 했던 투쟁적 게임의 경우도 훨씬 더 광대하고 복잡한 권력의 장 속에 통합되어야만 했다. 그리하여 윤리의 근본적 핵으로서 자기에 대한 우위의 원칙, "자기 비판주의"의 일반적 형태가 재구성되어야 했다. 우위의 관계가 사라진 것은 아니었다. 그러나 그것은 결혼생활에서는 불평등과 상호성간의 어떤 균형에 자리를 내주어야 했다. 또한 사회적 · 시민적 · 정치적 삶 속에서는 자기에 대한 권력과 타인에 대한 권력 사이에 일종의 분리작업을 행해야만 했다. "자기 자신"의 문제에 부여된 중요성, 헬레니즘 시대의 자기 연마의 발전, 그리고 제국 초기에 그것이 누렸던 전성기는 자제의 윤리학을 재구축하려는 이러한 노력을 나타내는 것이다. 바로 이러한 재구축의 와중에서 (자기, 가정, 타인에 대한) 3가지 통제 사이의 긴밀한 상관관계와 직결된 쾌락의 활용에 대한 성찰은 변모하게 될 것이다. 이것은 공공적 속박과 금지의 증대인가? 혹은 사생활에 대한 가치부여를 동반한 개인주의적 자성인가? 차라리 그보다는 주체의 위기나 주관화의 위기를 생각해야 할 것이다. 다시 말해 개인이 스스로를 자기 행위의 도덕적 주체로 형성하는 데 따를 수 있는 어려움을, 그리고 자기에 대한 몰두 속에서 개인으로 하여금 스스로 규칙들에 복종하게 하고 자기 존재에 궁극성을 부여할 수 있게 하는 것들을 찾기 위한 노력들을 생각해 보아야 할 것이다.

제 4장

# 육체

1. 갈레누스
2. 성적 쾌락은 좋은가 나쁜가?
3. 쾌락의 관리법
4. 영혼의 작업

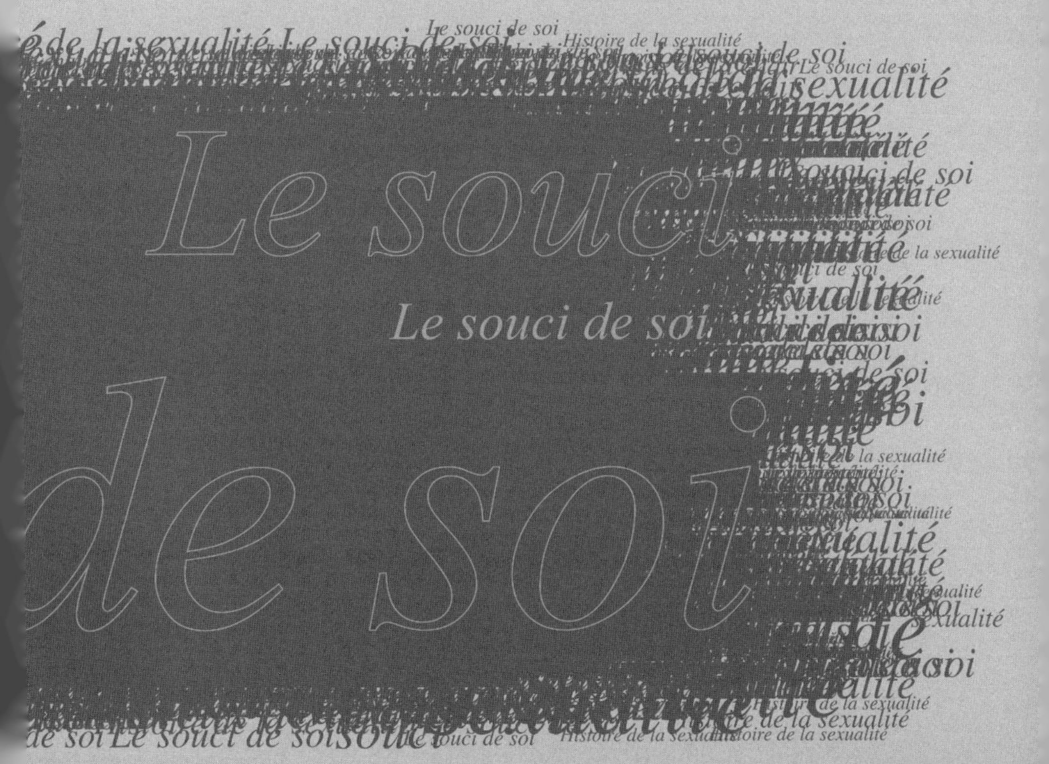

사람들은 플라비아누스 왕조와 안토니우스 왕조 시대에, 의학적 사항에 대한 관심이 얼마나 강렬했고 확산되었는지에 대해 자주 강조해 왔다. 의학은 공익의 실천[1]으로서 널리 인정받았으며, 또한 수사학과 철학에 근접한 상위의 문화형태로서 인정받았다. 바우어소크는 의학이 제 2의 궤변술詭辯術의 발달을 가져왔으며, 유력한 수사학자 가운데 많은 수가 의학교육을 받았거나 의학분야에 대한 관심을 표명하였다고 지적한다.[2] 비록 철학과의 경계 구분이 교의상의 문제를 제기하고 권한을 둘러싼 경합을 불러일으켰음에도 불구하고, 의학은 아주 오래 전부터 철학과 대단히 유사한 것으로 확립되어 왔다. 플루타르코스는 《건강에 대한 규범》의 처음 몇 줄에서 이러한 논쟁에 응수하는데, 그의 말에 따르면 철학이 없어도 된다고 주장하는 의사는 잘못 생각하고 있으며, 철학자들에게 자기 고유의 영역을 넘어서 건강과 건강관리에 몰두하는 것을 비난하는 사람들 또한 옳지 못하다는 것이다. 그는 의학이 우아함, 품위, 만족감 부여라는 면에서 교양과목 eleutherai technai에 전혀 뒤지지 않으며, 복지와 건강에 관계되는 것인 만큼 그것을 공부하는 사람들에게 대단히 중요한 지식에 접근할 수 있게 해 주는 것으로 간주되어야 한다고 결론짓는다.[3]

---

1 G. W. Bowersock, *Greek Sophists*. C. Allbut, *Greek Medicine in Rome*과 J. Scarborough, *Roman Medicine*도 참조.

2 G. W. Bowersock, *op. cit.*, p. 67. 셀수스는 *de médecine* (*Préface*, trad. Vedrenes, pp. 21~23) 에서 의학의 발생을 "문학연습" (*litterarum disciplina*) 의 발달로 설명한다.

3 Plutarque, *De tuenda sanitate*, 122d~e.

이러한 이유로 의학은 병이 났을 경우 치료나 수술에 도움을 청하는 단순한 처치술로 간주되지 않았다. 이것은 또한 지식과 규칙을 담은 자료집의 형태로서 하나의 생활방식과, 자신 및 자신의 육체, 영양, 깨어있음과 수면, 여러 가지 활동과 환경을 신중히 고려한 하나의 관계양상을 규정해야만 했다. 의학은 양생술養生術의 형태로 자발적이고 합리적인 행동구조를 제시해야 했다. 논점 중 하나는 의학적으로 무장된 이러한 생활이 의사들의 권위에 어느 정도로, 어떤 형태로 의존해야 하는가에 관한 것이다. 의사가 환자의 생활을 지배하여 가장 세세한 부분까지 간섭하는 방식은 철학자들이 영혼을 감독하는 것과 같은 이유로 비판의 대상이 되었다. 셀수스는 양생의학의 합리적이고 높은 가치를 믿어 의심치 않았음에도 불구하고, 사람들이 건강이 양호할 경우에는 의사의 말을 따르지 않기를 원했다.[4] 양생술에 관한 문헌은 이러한 자율성을 보장하기 위해 마련되었다. 각자 언제든지 활용할 수 있는 의학적 지식을 스스로 갖추고 있어야 하는 것은 너무 잦은 진료 — 그것은 항상 가능하지도 않을 뿐만 아니라 대개는 바람직하지도 않기 때문에 — 를 피하기 위해서이다. "종종 우리 스스로가 건강에 이로운 것들에 대한 완벽한 상담자가 되기 위해서는, 교과목 속에 다른 학문들 외에 의학도 포함시켜 모든 사람으로 하여금 강의를

4 셀수스는 그의 의학개론서 서문에서 식이요법에 의한 의학(*victu*)과 의약에 의한 의학(*medicamentis*), 수술에 의한 의학(*manu*)을 구분한다. 첫 번째 의학을 주창한 사람들은 "대부분 저명한 사람들로서 몇몇 주제를 심도 있게 파헤치려 하며 사물의 본성 자체를 탐색하려 한다"(p. 23). 셀수스는 건강한 사람이 의사들에게 몸을 맡기지 않는 것을 반대하지 않는다(I, 1, p. 40).

듣도록 하는 것이 유용할 뿐 아니라 차라리 필수적이다. 사실 밤이나 낮이나 의학의 필요성을 느끼지 않는 때는 거의 한순간도 없기 때문이다. 가령 산책하거나 앉아있거나, 기름을 바르거나 목욕하거나, 먹거나 마시거나, 잠자거나 깨어있거나 간에, 한 마디로 무슨 일에 열중하며 살든지 간에 이 삶을 유익하고 불편 없이 영위하기 위해서는 조언이 필요하다. 그런데 그 모든 세부사항에 대해서 의사에게 항시 문의하는 것은 피곤할 뿐 아니라 불가능한 일이다."[5] 바로 여기서 우리는 자기 실천의 근본원칙들 중 하나를 쉽게 알 수 있는데, 그것은 바로 "도움이 될 만한 말들"을 일찍부터 배워서 자주 반복하고 정기적으로 숙고함으로써 항시 수중에 둘 수 있게 그 말들로 무장하고 있어야 한다는 것이다. 의학의 로고스는 바로 그러한 자기 실천의 원칙들에 속하는 것으로서, 매순간 양생술을 부추긴다.

매순간 무엇을 어떻게 해야 하는지를 알게 해 줌으로써 어떻게 보면 일상생활의 영구적 뼈대를 이루는 "건강의 실천hugieinē pragmateia ou technē"이 없다면 합리적 생활은 영위될 수 없을 것이다. 건강에 대한 실천은 어떻게 보면 세계에 대한 아니면 적어도 사람들이 살아가는 공간과 환경에 대한 의학적 인식을 내포한다. 환경요인은 건강에 긍정적이거나 부정적인 결과를 가져오는 것으로서 인식된다. 즉, 개체와 그를 둘러싼 환경 사이에는 온갖 간섭의 그물망이 있어서 상황 속에서

---

5 Athénée, in Oribase, *Collection des médecins grecs et latins*, *Livres incertains*, XXI, Ed. Bussemaker et Daremberg, III, p. 164.

의 이러저러한 배치, 이러저러한 사건, 이러저러한 변화가 신체에 병적 결과를 유발할 수도 있고, 반대로 그러한 신체의 취약한 형성이 이러저러한 환경에 의해 조장될 수도 있고 아닐 수도 있다고 가정하는 것이다. 환경에 대한 지속적이고도 상세한 문제제기가 이루어진다. 육체와 관련하여 이러한 환경에 대해 차별화된 가치를 부여한다거나 환경에 따른 육체의 약화 같은 문제가 바로 그러한 것들이다. 한 예로 안티로스가 제시하는 집의 건축양식과 방향, 시설이 지닌 다양한 의학적 "변수"에 대한 분석을 들 수 있다. 그 속에서 각각의 요소는 영향학적 혹은 치료학적 가치에 관계한다. 가령 집은 질병에 유해하거나 유익한 일련의 구획이다. 1층의 방은 급성의 질병과 각혈 증상, 두통에 좋으며, 위층에 있는 방은 신물이 나는 병에 좋다. 또 남쪽에 있는 방은 열을 식힐 필요가 있는 사람을 제외하고는 모두에게 다 좋다. 그러나 서향 방일 경우에는 아침에는 음침하고 저녁에는 두통을 유발하기 때문에 좋지 않다. 하얗게 회칠한 방은 눈부실 정도로 환하게 칠이 되어 있어서 착란상태에 빠진 사람들에게는 악몽을 가져온다. 반면 석벽은 너무 차갑고, 벽돌 벽이 더 좋다.[6]

동일한 시각에서, 다양한 시기 — 하루, 계절, 나이 — 또한 다양한 의학적 가치를 지닌다. 따라서 세심한 관리가 되려면 역법과 자기 자신에게 기울여야 할 주의 간의 관계를 정확하게 결정할 수 있어야 한다. 아테네는 겨울철의 대비책으로 다음과 같이 충고한다. 즉, 집에서나 마을에서나 안전하고 따뜻한 장소를 찾아야 하며, 두꺼운 옷을

6 Antyllos, in Oribase, II, p. 307.

입고 "숨을 쉴 때는 옷의 일부분으로 입을 가리고 숨을 쉬어야 할 것이다". 음식으로는 "신체 부위들을 덥혀 주고 추위로 굳어지고 두꺼워진 체액을 녹일 수 있는 것을 선택해야 할 것이다. 마실 것으로는 꿀물, 꿀을 탄 포도주, 오래되고 향기로운 흰 포도주, 대체로 습기 전체를 빨아들일 수 있는 것들이어야 할 것이다. 말린 음식은 잘 발효되고 잘 익고 담백해야 소화하기가 쉬울 것이다. 그리고 회양풀과 미나리를 섞어야 한다. 채소로는 양배추, 아스파라거스, 부추, 살짝 데친 양파, 삶은 고추냉이를 먹는다. 생선으로는 몸에 쉽게 흡수되는, 바위 근처에 사는 생선을 먹는다. 그리고 육류로는 가금류와 그 외 다른 육고기 중에서는 염소 새끼와 어린 돼지를 먹는다. 소스로는 후추, 겨자, 화전, 자고의 수컷, 식초로 만들어진 것을 먹는다. 다소 격렬한 운동과 호흡 늘리기, 힘찬 마찰, 특히 불 옆에서 하는 마찰이 좋을 것이다. 또한 수영장이나 작은 욕조 등에서 뜨거운 목욕을 하는 것도 좋다".[7] 여름철의 관리도 이만큼 세세하다.

환경, 장소, 그리고 시기에 대한 이 같은 염려는 자기에 대한, 즉 자신의 현재 상태와 행동에 대한 끊임없는 주의를 요구한다. 셀수스는 특별히 약하다고 간주되는 범주의 사람들인 도시인과 특히 연구에 몰두하는 사람들litterarum cupidi에게는 세심한 주의를 하라고 당부한다. 즉, 소화가 잘 되었을 때에는 일찍 일어나야 하며, 소화가 잘 안 되었을 경우에는 휴식을 취해야 한다. 소화가 잘 안 되었음에도 불구하고 일어나지 않으면 안 될 때에는 나중에 다시 잠을 자도록 해야 한다. 그

---

7 Athénée, in Oribase, *Livres incertains*, XXIII; t. III, p. 182 sq.

리고 소화가 전혀 안 되었을 경우에는 완전히 휴식을 취해야 하고, "일이나 운동, 업무" 그 어떤 것에도 몰두해서는 안 된다. 아침에 "오줌 색깔이 처음에는 엷다가 불그스름해지면" 건강한 상태임을 알 수 있는데, "처음은 소화가 진행되고 있음을, 나중은 소화가 완전히 끝났음을 가리킨다". 온종일 일에 붙잡혀 있을 때도 "신체의 건강관리curatio corporis"를 위해 약간의 시간은 남겨 두어야 한다. 해야 할 훈련으로서는 "큰 소리로 책읽기, 펜싱, 공놀이, 달리기, 산책이 있는데, 산책의 경우 표면이 균일하지 않은 땅에서 하는 것이 더 좋다. 몸이 극도로 허약한 경우를 제외하고는 오르막과 내리막의 경사가 신체에 다양한 움직임을 전달함으로써 훨씬 더 좋은 효과를 내기 때문이다. 산책의 경우에는 회랑에서보다는 야외에서, 머리가 견딜 수 있으면 그늘보다는 햇볕 아래에서, 지붕 밑 그늘에서보다는 벽 그늘이나 나무 그늘에서, 구불구불한 선으로보다는 직선으로 하는 것이 몸에 더 좋다". "또한 운동 후에는 햇볕에서나 불 앞에서 기름을 바르거나 목욕을 하되 가능한 한 높고 햇볕이 잘 드는 넓은 방에서 하는 것이 좋다."[8]

대체로 고대 이후의 영양학에 관련된 모든 주제는 놀랄 만큼 연속적으로 남아 있다. 일반적 원칙들은 잘 보다시피 그대로이고, 기껏해야 발전되고 상세해지고 정교해졌을 따름이다. 그러한 원칙들은 생활의 테두리를 좀 더 좁히기를 제안하며, 원칙을 지키고자 하는 사람들 편에서 볼 때는 신체에 대해 더욱 지속적이고 세심한 주의를 기울이도록 부추긴다. 세네카의 편지들이나 마르쿠스 아우렐리우스와 프론톤이

8 Celse, *Traité de médecine (De medicina)*, I, 2, p. 42.

주고받은 편지에서 엿볼 수 있는 본인들의 일상생활에 대한 언급은 자기 자신과 자기의 신체에 대한 관심의 그러한 양상을 증명한다. 한마디로 그것은 근본적 변화라기보다는 강화이며, 신체에 대한 격하가 아니라 신체에 대한 불안의 증가, 스스로를 육체적 개체로 인식하는 또 다른 방식이 아니라 주의를 가하는 요소들 안에서의 등급의 변화라고 할 수 있는 것이다.

신체, 건강, 환경, 상황에 대한 염려가 이토록 강하게 표시되는 바로 이러한 전체적 틀 속에서 의학은 성적 쾌락의 문제를 제기한다. 즉, 성적 쾌락의 성질과 메커니즘의 문제, 유기체에 대한 성적 쾌락의 긍정적 혹은 부정적 가치의 문제, 성적 쾌락이 따라야 할 양생술의 문제 등이 제기되는 것이다.[9]

---

9 이 주제에 대해 A. 루셀이 《Porneia. 신체의 통제에서 감각의 박탈까지》*Porneia. De la maîtrise du corps à la privation sensorielle* 라는 중요한 책을 내놓았다.

# 1

## 갈레누스

1. "아프로디지아"에 대한 갈레누스의 분석은 죽음, 불멸, 그리고 생식 간의 관계에 대한 오래된 주제 내부에 자리 잡고 있다. 모든 철학적 전통에서와 마찬가지로 갈레누스에게서도 양성 분리의 필요성과 이성 간의 강렬한 끌림, 그리고 생식의 가능성은 바로 영원성의 결여에 뿌리를 두고 있다. 바로 그러한 것이 《음부의 유용성에 관하여》[1]가 제시하는 전반적 설명이다. 자연은 자신의 작품을 만들면서 하나의 장애이자 자신의 과업에 내재된 어떤 양립 불가능성 같은 것에 부딪치게 된다. 자연의 관심사이자 자연이 노력을 기울인espoudase 것은 불멸의 작품을 만드는 것이었다. 그러나 그것을 만드는 데 사용한 재료는 이를 허락하지 않았는데, "썩지 않는 재료"로 동맥과 신경, 뼈를 만들 수

1 Galien, *De l'utilité des parties*, XIV, 2.

는 없었기 때문이다. 갈레누스는 조물주의 작품dēmiourgēma 바로 한가운데 있는 하나의 내적 한계이자 일종의 "실패"와도 같은 것을 지적하는데, 그것은 원래 계획이 목표한 불멸성과 사용된 물질이 지닌 부패성 사이의 피할 수 없는 불일치에서 기인하는 것이다. 자연계를 세운 로고스는 도시국가의 창건자가 처한 상황 속에도 어느 정도 들어 있다. 즉, 그는 사람들을 하나의 공동체로 결속시킬 수는 있다. 그러나 만약 그가 최초의 시민들이 죽고 난 이후에도 그 도시국가를 존속시킬 수 있는 방법을 찾지 못한다면 도시국가는 사라질 것이고 따라서 멸망할 것이다. 이 근본적 난관을 극복하기 위해서는 하나의 수단이 필요하다. 갈레누스의 어휘들은 집요하면서도 의미심장하다. 인류의 구원과 존속을 보장하기 위해서는 도움을 구하고 방편을 마련해야 하며boētheia, 방법을 찾고technē 함정delear을 이용해야 한다. 간단히 말해서 교묘한sophisma2 어떤 것이 필요하다. 조물주는 자기 작품의 논리적 결과를 잘 끌어내기 위하여 생물을 만들고 그들에게 번식의 방법을 가르쳐 주면서 하나의 술책에 초점을 맞추었음에 틀림없다. 그것은 바로 세계를 주관하는 로고스의 술책으로, 이 세계 자체를 구성하는 물질의 불가피한 부패를 극복하기 위한 것이다.

이 술책은 3요소를 작동시킨다. 첫째, 모든 동물에 부여된 수정에 사용되는 기관들과, 둘째, 예외적이고 "아주 강렬한" 쾌락의 능력, 셋째, 마음속에 그 기관들을 이용하고 싶어하는 욕망epithumia — 놀랍고 형언할 수 없는arrhēton — 이 바로 그것이다. 따라서 성의 "교묘함"은

---

2 Galien, *ibid.*, XIV, 2 et 3.

단지 미묘한 해부학적 배열과 세심하게 정비된 메커니즘 속에만 있는 것이 아니라 쾌락과 욕망이 그러한 것들에 결합된 데에도 있는데, 그것의 독특한 힘은 "말로서는 도저히 표현할 수 없는" 것이다. 자신의 계획과 그것에 사용된 재료들 간의 불가피한 양립불가능성을 극복하기 위해서 자연이 살아있는 존재의 몸과 마음속에 넣어야 했던 것은 특별한 "힘dunamis"의 원칙이다.

따라서 자기 작품의 실체와 그것의 한계를 잘 알고 있는 조물주의 원칙은 흥분 — 욕망의 "자극"인 — 의 메커니즘을 발명하는 지혜를 발휘한 것이다(갈레누스는 여기서 전통적 이미지, 통제할 수 없을 만큼 격렬한 욕망을 은유적으로 표현하는 전통적 이미지들을 다시 채택한다).[3] 그 결과 그러한 자극의 영향하에, 자연의 현명한 목적을 이해할 수 없는 사람들조차 — 왜냐하면 그들은 젊고 비이성적이며aphrona, 이성이 없기 때문에aloga — 자연이 목적한 바를 사실상 실현하게 된다.[4] "아프로디지아"는 워낙 격렬하기 때문에 그것을 행하는 사람들이 굳이 그 이유를 몰라도 된다.

2. 성행위에 관한 갈레누스의 생리학은 이전의 전통에서 발견할 수 있는 몇몇 기본 특징을 여전히 지니고 있다. 우선 지적할 수 있는 특징은 남자와 여자에게 성행위가 동형이라는 점이다. 갈레누스는 그것을 양성의 성기가 해부학적으로 동일하다는 원칙에 의거하고 있다. "여

3 Platon, *Lois*, VI, 782e~783a.
4 Galien, *op. cit.*, XIV, 2.

성의 음부를 밖으로 뒤집어 보라. 그리고 남자들의 음부를 안으로 돌려 접어보라. 그러면 그것들이 서로 서로 닮았음을 알 수 있을 것이다."[5] 그는 남자의 경우와 마찬가지로 여성에게도 정액의 분출이 있음을 가정하는데, 단지 차이가 있다면 여성의 경우 분비액의 발달이 남자보다 덜 완전하고 덜 완성되어 있다는 것이다. 이러한 사실은 태아胎兒를 형성하는 데 여성의 역할이 덜 중요함을 말해 준다.

또한 갈레누스의 책에는 신체를 관통하며 신체를 동요시키고 온 몸이 녹초가 되게 하는 발작적 배설과정에 대한 전통적 모델이 제시되어 있다. 그렇지만 그가 자기 특유의 생리학 용어를 사용하여 행하는 그 과정의 분석에 대해서는 신중할 필요가 있다. 그의 분석은 성행위의 메커니즘을 유기체 전체와 아주 밀접하게 연결시키는 동시에, 성행위를 개인의 건강과 종국에는 개인의 생명 자체를 연루시키는 과정으로 파악하는 이중의 결과를 담고 있다. 또한 성행위의 메커니즘을 연속적이고 촘촘한 생리학의 그물망 속에 끼워 넣으면서도 그것에 고도의 잠재적 위험성을 부과한다.

이는 욕망과 쾌락의 "생리학화"라고 부를 수 있는 것에서 분명히 드러난다. 《음부의 유용성에 관하여》의 제 4권 9장에서는 다음과 같은 문제가 제기된다. "왜 그토록 강렬한 쾌락이 생식부위의 사용에 결부되어 있는가?" 애초부터 갈레누스는 강렬하고 격렬한 욕망이 단순히 창조주인 신들의 의도에 의해서 성행위에 결부되고 그리하여 인간들에게 마치 그들을 성행위로 몰아넣는 동기처럼 받아들여졌을 것이라

---

5 Galien, *ibid.*, XIV, 6.

는 생각을 거부한다. 그렇긴 하지만 그는 조물주의 권능이 우리를 끌어당기는 그 같은 강렬함을 존재하게 만들었다는 사실에 대해서는 부인하지 않는다. 다만 그가 말하고자 하는 것은 그 강렬함이 마음에 추가로 덧붙여진 것이 아니라 신체 메커니즘의 결과로서 그야말로 마음에 새겨진 것이라는 점이다. 욕망과 쾌락은 해부학적 배열과 신체적 과정의 직접적 결과이다. 궁극적 대의명분 — 그것은 세대를 계속 이어가는 것인데 — 은 질료인과 유기체의 배열을 통해서 계속 추구된다. "만일 이러한 욕망과 쾌락이 동물에게도 존재한다면 그것은 단지 인간을 창조한 신들이 동물에게도 교미에 대한 격렬한 욕망을 불어넣었거나 교미하는 데서 강렬한 쾌락을 느끼도록 만들었기 때문이 아니라 그러한 결과가 생길 수 있도록 물질과 기관을 배치했기 때문이다."[6] 욕망은 영혼의 단순한 움직임이 아니며 쾌락은 추가로 덧붙여진 보상이 아니다. 그것들은 압력과 갑작스런 배출의 결과로, 갈레누스는 그러한 메커니즘에서 쾌락의 몇몇 요소를 본다. 먼저 체액의 축적이 있는데, 체액은 그것이 쌓이는 곳에 강렬한 감각을 불러일으키는 성질을 가지고 있다. "종종 피하에서 썩기 쉬운 체액이 퇴적되었을 때 일어나는 것과 유사한 어떤 현상이 일어나는데, 그것은 기분 좋은 근질거림과 같은 쾌감을 자극한다."[7] 또한 하반신에서 특히 강한 열과 간장에 가까이 있고 간장에서 나오는 여러 맥관 때문에 오른쪽 절반에서 이상하게 강한 열이 일어나는 것을 고려해야 한다. 그 같은 열의 불균형은

6 Ibid., XIV, 9.

7 *Ibid.*, *id.*

남아가 비교적 자궁 오른쪽에서 만들어지고 여아는 자궁 왼쪽에서 만들어지는 사실[8]을 설명해 주며, 또한 대개는 오른쪽 부위들이 강렬한 쾌락의 중심이기 쉽다는 사실을 설명해 준다. 어쨌든 자연은 그 부위의 기관들에 특별한 감각 — 피부감각과 기능이 같음에도 불구하고 피부감각보다 더 강한 — 을 부여했다. 마지막으로 갈레누스가 "고환"이라 부르는 선체腺體에서 나오는 대단히 묽은 체액은 쾌락의 또 다른 물질적 요소이다. 그 체액은 성행위시 관계되는 음부들을 적시면서 그것들을 더욱 유연하게 만들며 즐거움을 배가시킨다. 따라서 신체와 그 고유한 메커니즘 속에 과도할 정도로 강렬하게hypëroche tes hedonës 쾌락을 새겨 넣는 일련의 모든 해부학적 배치와 신체적 정돈이 존재하는데, 이러한 해부학적 배치 속에서 그러한 강렬한 쾌락에 저항하기란 속수무책이다. 말하자면 그것은 "억누르기 힘든 것amëchanos"이다.[9]

그러나 쾌락이 이처럼 국부적인 곳에 고정되어 형성된다 할지라도, 성행위가 성행위시 작용하는 요소들과 그 결과들에 의해서 몸 전체를 연루시킨다는 것 또한 사실이다. 갈레누스는 《발생론》을 쓴 위선적 작가처럼 정액이 피로부터의 흥분에 의해서 형성된다고 생각지 않는다. 또 그는 아리스토텔레스처럼 정액이 소화의 마지막 상태를 이룬다고도 생각지 않는다. 그는 정액 속에서 두 요소의 결합을 본다. 정액 속에는 한편으로는 꼬불꼬불한 정관 속에서 피가 어느 정도 "화농"하여 생겨난 것들(그것이 점차적으로 제 색깔과 농도를 갖게 되는 것은 그

---

8 *Ibid.*, XIV, 7.

9 *Ibid.*, XIV, 9.

진행과정이 완만하기 때문이다)이, 그리고 다른 한편으로는 프네우마pneuma가 존재한다. 성기를 부풀리면서 몸 밖으로 거세게 빠져나가고자 하며, 사정射精 순간에 정액 속으로 빠져나가는 것이 바로 프네우마이다. 그런데 이러한 프네우마가 형성되는 곳은 뇌의 복잡한 미궁 속에서이다. 성행위는 성행위가 이루어져 정액과 프네우마를 내보낼 때 신체의 모든 요소가 마치 "합창대처럼" 연결되어 있는 신체의 대역학大力學에 작용하게 된다. 그리고 "지나친 성교의 결과로 모든 정액이 사정되고 나면 고환은 겹쳐진 정맥들로부터 그것들이 담고 있는 정액을 모두 끌어들인다. 그런데 그 액은 이슬 모양으로 피에 소량으로 섞여 있을 따름이다". 한편 "더 힘차게 움직이는 고환으로부터 자신의 액을 전부 빼앗긴 그 정맥들은 이번에는 그 위에 위치한 정맥들로부터 액을 끌어들이고, 후자는 또 다시 뒤에 오는 정맥들로부터, 그리고 이 마지막 정맥들은 인접한 정맥들로부터 액을 끌어온다. 이러한 끌어당기기 운동은 운반작용이 몸 전체에 퍼질 때까지 계속된다". 그런데 만약 이러한 소모가 계속된다면 몸은 단순히 정액만을 빼앗기는 것이 아니다. "그 동물의 몸 전체가 생명력을 빼앗긴 상태가 된다."[10]

3. 이로부터 우리는 갈레누스의 생각 속에서 성행위와 간질, 경련 현상 사이에 설정된 관계들의 망을 이해할 수 있게 된다. 즉 유사관계, 상사관계, 인과관계가 바로 그것이다.

성행위는 그 메커니즘상, 경련들의 대계보大系譜에 속하는데, 이에

---

10 Galien, in Oribase, XXII; t. III, pp. 46~47.

대해서는 〈병든 국소局所에 관하여〉라는 논문이 그 이론을 제공한다.[11] 그 논문에서 갈레누스는 그 과정을 볼 때 경련이 여타의 자발적 동작과 같은 성격을 띤다고 분석한다. 단지 차이가 있다면 신경에 의한 근육수축은 의지가 아니라 어떤 건조상태(이것은 햇볕에 놓아둔 끈처럼 신경을 팽팽하게 한다)나 포만상태(이것은 신경을 부풀리면서 신경의 길이를 짧게 하여 신경을 근육 위로 지나치게 잡아당긴다)에 그 원리를 두고 있다는 점뿐이다. 성행위에 고유한 근육경련과 관련된 것은 후자 유형의 메커니즘이다.

갈레누스는 이러한 경련들의 대계보 속에서 간질癎疾과 성행위 사이에 특별한 유사점이 있음을 알아낸다. 그에 따르면 간질은 진한 액으로 가득 차 있는 뇌충혈腦充血에 의해서 유발되는데, 이로 인해 프네우마가 머무르고 있는 뇌실로부터 나오는 맥관이 막히게 된다. 따라서 그러한 축적에 의해서 프네우마는 갇히게 되며, 고환 속에 정액과 함께 축적되었을 때와 마찬가지로 밖으로 나가려 하게 된다. 바로 이러한 시도가 간질 발작이나 "아프로디지아"의 실현 속에서 다양한 비율로 신경과 근육의 흥분이 일어나게 되는 근원이다.

마지막으로 간질 발작과 경련성 발작 사이에는 한 방향, 혹은 그와는 다른 방향에서 설정될 수 있는 하나의 인과관계가 존재한다. 간질 발작은 성기性器에 경련을 일으킬 수 있다. 갈레누스는《음부의 유용성에 대하여》에서 "위중한 간질들과 유정遺精이라 명명되는 병은, 성교에 한몫을 하는 그 같은 종류의 발작이 사정射精에도 어느 정도로 기

---

11 Galien, *Des lieux affectés*, III, 8.

여하는지 우리에게 알려 줄 것이다. 사실 심각한 간질의 경우, 몸 전체와 더불어 생식부위가 격렬한 발작에 사로잡혀 있기 때문에 사정이 일어나게 된다"[12]라고 말한다. 역으로 적절한 시기를 무시하고 성적 쾌락에 몸을 맡기면 점차로 몸이 고갈되고 신경의 긴장이 더욱더 강화되어 발작형의 병들이 유발된다.

갈레누스가 세운 대이론 체계 속에서 "아프로디지아"는 3가지 차원 속에 차례로 자리 잡는 것으로 보인다. 우선 "아프로디지아"는 조물주의 섭리의 체계 속에 강하게 자리 잡는다. 즉, "아프로디지아"는 창조의 지혜가 죽음 속에서 부딪힌 한계들을 극복하기 위해서 신의 권능을 구조하러 오는 바로 그 지점에서 구상되고 배치된다. 두 번째로 "아프로디지아"는 그 과정의 정확한 해부학적 자리 잡기와 동시에 그것이 프네우마(신체의 통일성을 보장해 주는)의 전체 구조 속에서 이끌어내는 결과들에 의해서 신체와의 복잡하고 부단한 상관관계의 작용 속에 위치한다. 마지막으로 "아프로디지아"는 질병 전체와 유사관계에 있는 거대한 영역 속에 자리 잡고 그 내부에서 유사관계와 인과관계를 유지한다. 갈레누스의 분석에는 생식의 우주학으로부터 경련성 사정의 병리학에 이르는 아주 뚜렷한 흐름이 엿보인다. 그리고 "아프로디지아"의 토대에서 "성격"에 이르기까지, 갈레누스는 "아프로디지아"의 내적 성질을 구성하고 "아프로디지아"를 무서운 질병들과 유사한 것으로 만드는 위험한 메커니즘에 대한 분석을 수행한다.

---

**12** Galien, *De l'utilité des parties*, XIV, 10.

## 2

# 성적 쾌락은 좋은가 나쁜가?

성적 쾌락에 대한 의학적 사고의 이 같은 모호함은, 비록 다른 사람들에게서보다 갈레누스에게서 더 잘 엿볼 수 있는 것이라고 하더라도 갈레누스에게만 고유한 것은 아니다. 그것은 현재 남아 있는 1, 2세기의 의학서적들의 핵심을 나타낸다. 게다가 그것은 모호함이라기보다는 양면성이라 할 수 있다. 왜냐하면 정반대 되는 두 가지 가치평가가 얽혀 있는 것이 문제이기 때문이다.

긍정적 가치평가에 속하는 것으로는 우선 씨, 즉 정액精液에 대한 것을 들 수 있다. 자연은 이 귀중한 물질을 만들기 위해서 인간의 몸을 정비하는 데 그토록 세심한 주의를 기울였다. 이것은 생명 속에 있는 가장 강한 것을 모아 전달함으로써 죽음을 모면하게 했다. 그러한 씨가 자신의 힘을 최대한 발휘하고 최고로 완벽하게 되는 것은 수컷에게서 이다. 따라서 바로 이 씨가 수컷에게 우월성을 부여하며, "건강,

몸과 마음의 활력, 생식에" 기여한다.[1] 수컷의 우월성이란 곧 탁월한 정액의 동물이 되는 것을 말한다. 또한 성행위에 대해서도 긍정적 가치평가가 이루어지는데, 그것을 위해 기관들은 양성 안에 대단히 정교하게 자리 잡고 있다. 성적 결합은 본능에 속하는 것이기 때문에 나쁜 것으로 간주될 수 없다. 에페수스의 루푸스가 성 관계는 자연스러운 행위이며, 따라서 그 자체로는 유해한 것일 수 없다고 말할 때, 그는 일반적 의견을 표명하고 있는 것이다.[2]

그러나 그렇게 하여 정당화되는 것은 어떻게 보면 성행위의 능력과 원칙이다. 왜냐하면 성행위는 그것이 이루어지는 순간부터 그 전개 속에서 내재적으로 위험한 것으로 간주되기 때문이다. 성행위가 위험한 것은 아무리 정액의 축적이 성행위를 부추긴다고 하더라도 어쨌든 그것은 그 귀중한 물질을 소모하는 행위이며, 정액이 집결시켰던 모든 생명력을 빠져나가게 하는 행위이기 때문이다. 그것은 또한 질병과 흡사하게 전개된다는 점에서도 위험스러운 행위이다. 아레테는 성행위가 간질의 "징후sumbola를 지니고 있다"고 의미심장하게 표현한 바 있다.[3] 카일리우스 아우렐리아누스는 성행위 과정과 간질의 발작 과정을 조목조목 비교하면서 그 단계들이 정확히 똑같은 것임을 다시 한 번 발견한다. 즉, 두 과정은 모두 "근육이 흥분되고 숨을 헐떡거리며 땀이 나고, 눈동자가 뒤집히고, 얼굴이 붉어졌다가 창백해지며, 끝내

---

1 Arétée, *Des signes des maladies aiguës*, II, 5. (trad. L. Renaud), p. 165.

2 Rufus d'Ephèse, *Fragments*, extraits d'Aetius, in *Oeuvres*, Ed., Daremberg, p. 320.

3 Arétée, *De la cure des maladies chroniques*, I, 4, p. 388.

몸 전체에 힘이 빠지는"4 과정을 거친다. 이상과 같은 것이 바로 성적 쾌락의 역설逆說이다. 즉, 자연이 성적 쾌락에 부여한 상위기능, 성적 쾌락이 전달하고 따라서 소모시켜야 할 물질의 가치, 바로 이런 것들이 성적 쾌락을 질병에 근접시키는 것이다. 1, 2세기의 의사들이 그 같은 양면성을 최초로, 그리고 유일하게 표명한 것은 아니다. 하지만 그들은 그러한 양면성에 대해 과거에 입증된 것보다 더 발전되고 더 복잡하며, 더 체계적인 병리학을 기술하였다.

1. 성적 활동 자체에 대한 병리학은 통상 성행위의 위험을 특징짓는 두 요소인 격렬한 무의식적 긴장, 고갈될 정도의 무한정한 소모 주위에서 구성된다.

한쪽에는 흥분의 메커니즘을 무한히 연장하면서 성행위를 유지하는 지속적 흥분병興奮病이 있다. 그러한 종류의 병 — 병적 성욕 항진증 혹은 발기 지속증으로 지칭되는 — 이 남성에게 나타날 때, 성행위와 사정을 준비하는 모든 메커니즘(긴장, 흥분, 과열)은 하나로 결합되어 사정이 있건 없건 간에 계속 유지된다. 즉, 그것은 결코 해소될 수 없는 성적 흥분이다. 환자는 간질과 아주 흡사한 심한 발작을 일으키면서 지속적 경련상태에 놓이게 된다. 아레테의 묘사는 이를테면 한도 끝도 없이 성행위 자체에 몰두하게 되는 이 이상한 병이 사람들에게 어떻게 받아들여졌는지를 보여주는 하나의 예가 될 수 있다. 그의 묘사 속에서 성행위의 경련성과 발작성은 적나라한 상태로 드러난

4 Caelius Aurelianus, *Maladies chroniques*, I, 4.

다. "그것은 음경을 발기시키는 병이다 … 이 질환은 정념을 만족시키는 것조차도 완화시킬 수 없는 성교에 대한 일종의 채워질 수 없는 욕망이다. 왜냐하면 갖은 쾌락을 맛본 후에도 발기는 계속되기 때문이다. 이때 모든 신경은 경련을 일으키고 힘줄과 서혜부, 회음會陰은 이완되며, 성기 부위는 부풀고 아프다." 이런 상태가 지속되는 사이사이로 발작이 이어진다. 그때 병자들은 "말과 행동을 조심하지 않으며 부끄러워하지도 않는다 … 그들은 토하고 그들의 입술은 마치 발정한 숫염소의 입술처럼 거품으로 뒤덮이며, 심지어 발정한 숫염소의 냄새까지 풍긴다". 그들의 정신은 광란에 빠지고 일단 절정이 끝난 후에야 비로소 평상시의 양식을 되찾는다.5 병적 성욕 항진증에 대해서는 갈레누스가 《병든 국소에 대하여》에서 한결 간명한 묘사를 보여준다. "발기 지속증은 반듯이 누운 사람들의 경우에 일어나는 것처럼, 성교에 의한 흥분이나 체온의 상승 없이도 음경陰莖 전체가 길이로, 그리고 둘레로 늘어나는 것이다. 보다 간단히 말해서 그것은 음경의 지속적 팽창이다."6 갈레누스에 의하면 그 병의 원인은 발기의 메커니즘에 입각해 이해되어야 하며, 따라서 "확장된 동맥의 구멍" 속에서나 "신경에서의 프네우마의 생성"에서 찾아야 할 것이다. 사실 그는 그 증상의 발생에 이 두 원인이 결합되어 있음을 인정한다. 하지만 그는 두 원인 중에서도 대개는 전자, 즉 동맥의 확장을 의심하는 쪽으로 기우는데, 그에 의하면 동맥의 확장은 "공동이 있는 신경 속에서" 프네우마가 팽

---

5 Arétée, *Des signes des maladies aiguës*, II, 12, pp. 71~72.

6 Galien, *Des lieux affectés*, VI, 6.

창하는 것보다도 더 자주 발생하는 현상이다. 이런 종류의 병은 "정액이 많고", 남아도는 피를 다양한 일로 해소할 방법을 찾지 못하면 평소와 다르게 "성교를 삼가는" 사람들에게서나, 금욕을 실천함에도 불구하고 어떤 장면을 보거나 기억을 떠올리는 것으로 성적 쾌락을 맛보는 사람들에게서 발견된다.

여자들의 경우에도 병적 성욕 항진증이 언급되는 수가 있다. 소라누스는 여자들에게서도 똑같은 종류의 증세를 발견하는데, 그 증세들은 "성기 부위에 소양증"의 형태로 나타난다. 그 병에 걸린 여자들은 "아주 강렬한 충동"에 의해서 성교를 하게 되며 "부끄럽다는 생각은 그녀들에게서 모두 사라진다".[7] 그러나 여자들의 경우, 성기의 과도한 긴장으로 인해 유발되는 병을 가장 잘 대표하는 것은 아마도 히스테리일 것이다. 어쨌든 갈레누스는 이런 식으로 증상을 묘사하면서 그 증상이 자궁의 이동과 관계있다는 생각은 하지 않는다. 그에 따르면, 몇몇 사람들로 하여금 건조해진 성 기관이 물기를 찾아 횡경막을 향해서 거슬러 올라간다고 믿게 했던 그러한 변화는 월경의 정체停滯나 정자의 정체에서 기인한다. 도관導管들이 막히게 되면 그것들은 옆으로 확장되고 따라서 짧아지는데, 이렇게 해서 자궁 위로 지속적인 인장引張 현상이 일어난다. 하지만 이러한 과정 자체가 다른 증세 전체를 유발하는 것은 아니다. 다른 증세는 모두 월경이 중단되거나 여성이 성 관계를 중단했을 때 일어나는 체액의 정체에서 파생된다. 이로부터 히스테리가 생겨나는데, 히스테리는 과부들에게서, "특히 과부가 되기

7 Soranus, *Des maladies des femmes*, I, 51.

전에는 월경이 매우 규칙적이고 풍부하며, 남자들과도 기꺼이 접촉해 오다가 이 모든 것을 박탈당한"[8] 과부들에게서 확인할 수 있다.

병리학의 또 다른 극을 이루는 것은 무한한 소모消耗이다. 그것은 그리스인들이 "고노레gonorrhée"라 부르고, 라틴 사람들이 "세미니스 에푸지오seminis effusio"라고 부르는 것이다. 갈레누스는 이것을 "무의식적 사정", 혹은 "더 정확히 말해서 음경이 발기되지도 않은 상태에서 의식하지도 못한 채 일어나는 빈번한 사정"으로 정의한다. 병적 성욕 항진증은 페니스를 침범하는 반면에 고노레는 정관을 침범하여 "정체停滯능력"[9]을 마비시킨다. 아레테는 《만성병의 징후들에 관하여》에서 고노레를 전반적 쇠약과 조로早老, 신체의 여성화라는 3가지 결과를 낳는 것으로 생명의 근원을 고갈시키는 것으로 묘사한다. "그 병에 걸린 젊은이들은 모든 일상적 신체 움직임에서 노화와 노쇠의 흔적을 지니고 있다. 그들은 게으르고, 힘과 용기도 없이 무기력하고 우둔하며 의기소침해지고, 허리는 구부정한 채 안색은 창백하며, 아무것도 하지 못한다. 또한 나약하고 식욕이 없으며, 열정도 없고 사지는 무겁고 다리는 마비되며, 극도로 허약해져 한마디로 거의 불수不隨가 된다. 그 병은 몇몇 사람들의 경우에는 심지어 마비증세로까지 이어진다. 생식과 생명의 근원 자체가 미약해졌는데 사실 어떻게 신경의 기능이 온전할 수 있겠는가? 왜냐하면 우리를 씩씩하고 용감하며 열정으로 가득 찬 털투성이의 건장한 존재로 만들고, 우리의 목소리에 낮

---

8 Galien, *Des lieux affectés*, VI, 5.

9 *Ibid.*, VI, 7.

은 음색을 부여하며, 또 활기차게 생각하고 행동하기에 적합한 존재 — 바로 사춘기에 이른 남자들이 이러한데 — 로 만드는 것은 생명을 주는 체액이기 때문이다. 반면 이러한 체액이 부족한 남자들은 주름살이 지고 허약하며 목소리는 가냘프고 수염은 물론 털도 없이 여자들과 비슷하게 된다."[10] 고노레와 더불어 사라져 버리는 것은 바로 그러한 남성다움, 즉 생명의 근원이다. 바로 여기서 이 문제와 관련하여 전통적으로 강조되어 온 특징들이 나오게 된다. 먼저 그것은 수치스러운 병인데, 그것은 이 병이 대개 지나친 성교로부터 비롯되는 병이기 때문이기도 하지만 다른 한편으로 그 자체로 남성의 숫기를 잃게 하는 측면을 지니기 때문이다. 또한 그것은 죽음이 불가피한 병이다. 셀수스는 그 병이 환자를 얼마 못 가 쇠진해 죽게 만든다고 말했다.[11] 마지막으로 아레테의 말에 따르면 이 병은 본인뿐만 아니라 그 후손에게도 위험한 병이다.[12]

2. 성행위는 1, 2세기의 의학에 의해 병리학의 고유 영역을 넘어서서 복잡한 병원학의 교차로에 위치하게 된다. 한편으로 성행위를 알맞게 치르고 끝내는 데는 다양한 요인, 예컨대 개인의 기질이나 기후, 하루 중 시기, 섭취한 음식, 음식의 질과 양 등이 모두 하나로 얽혀 영향을 미칠 수 있다. 성행위는 너무나 민감한 것이어서 최소한의 편차

---

10 Arétée, *Des Signes des maladies chroniques*, II, 5, pp. 163~165.

11 Celse, *De artibus*, VI, 28.

12 Arétée, *De la cure des maladies chroniques*, II, 5, p. 408.

나 가장 경미한 병으로도 방해받을 수 있다. 갈레누스가 말한 것처럼 성적 쾌락을 누리기 위해서는 정확히 중립 상태에, 이를테면 있을 수 있는 모든 유기체적 변이가 0도가 되는 곳에 자리 잡아야 할 것이다. "너무 과하거나 너무 적은 것을 피하고" "피로, 소화불량뿐만 아니라 건강에 의심스러울 수 있는 모든 것"을 피해야 할 것이다.[13]

설사 "아프로디지아"가 아주 미약하게, 그리고 아주 일시적으로 활동한다 할지라도 그것이 유기체 전체에 끼치는 영향은 상당하고 매우 광범위하기 때문에 성행위의 시기나 정도에 어떤 편차가 있을 경우에 성적 쾌락으로 야기될 수 있는 악영향들, 즉 불쾌감이나 질병의 목록은 실로 무한하다. 갈레누스는 "성 관계가 가슴, 폐, 머리, 신경을 피곤하게 만든다는 것을 알기란 어렵지 않다"[14]고 말한다. 루푸스는 잘못된 성 관계의 결과로 소화장애, 시력감퇴와 청력약화, 감각기관의 전반적 약화와 기억상실, 경련성 떨림, 관절통, 허리통, 아구창, 치통, 후두염, 토혈, 방광염, 신장염[15] 등이 나열된 도표를 제시한다. 그토록 많고 광범위하며 심각한 증세들이 성 관계의 중단 후 몸에 남아 있던 소량의 체액이 정체되고 변질된 데서 기인한다는 생각을 믿을 수 없었던 사람들은 바로 히스테리와 관련해서 갈레누스의 주장에 반기를 든다. 이에 대해 갈레누스는 부패된 점액의 해로운 영향력을 자연에서 관찰할 수 있는 강한 독의 영향력에 비교하면서 다음과 같이

---

13 Galien, in Oribase, *Livres incertains*, VIII; t. III, p. 110.

14 *Ibid.*, p. 109.

15 Rufus d'Ephèse, *Fragments*, extraits d'Aetius, *Oeuvres*, p. 318.

대답한다. "독거미에 물리고 나면, 극소량의 독이 아주 작은 구멍을 통해 몸에 들어왔음에도 불구하고 온 몸이 아픈 것을 볼 수 있다." 전갈에 물렸을 때의 결과는 더욱더 놀랄 만한데, 이 경우엔 극심한 증세가 즉석에서 나타나기 때문이다. 그렇지만 "그것이 찌를 때 쏘는 현상은 별것 아니거나 전혀 대단한 것이 못 된다. 침이 몸을 뚫고 들어가지는 못한 것 같기 때문이다". 바다 시끈가오리 또한 한 번의 접촉으로 "소량의 물질이 극심한 악화를 초래하는" 좋은 예가 된다. 이어 갈레누스는 다음과 같이 결론짓는다. "따라서 만일 독의 흡수에 뒤따르는 질병과 같은 질병들이 우리의 몸속에 생겨나 우리를 점령해 버린다는 사실을 인정한다면, 오염되고 억제되었던 부패한 점액이 병에 걸리기 쉬운 몸속에 불쾌한 증세를 일으킨다는 것은 전혀 놀라운 사실이 아니다."[16] 기관과 체액, 그리고 성행위는 유기체를 혼란시킬 수 있는 모든 것을 특별히 민감하게 받아들이는 표면을 이루는 동시에, 몸 전체에 일련의 동질다형同質多形의 증상을 불러일으키는 대단히 강하고 활동적인 근거지를 이룬다.

3. 성적 활동은 병리학적 결과는 물론 치료학적 효과를 낳는 근원이다. 이러한 양면성으로 인해 성적 활동은 어떤 경우에는 치료를 가능케 하며, 또 다른 경우에는 그와 반대로 병을 일으키는 성질이 있다. 그러나 성적 활동이 두 가지 중 어떤 결과를 낳게 될지를 측정하기란 언제나 쉽지만은 않다. 왜냐하면 그것은 개인적 기질이나 특별한 상

16 Galien, *Des lieux affectés*, VI, 5.

황, 신체의 잠정적 상태에 달린 일이기 때문이다. 사람들은 일반적으로 "성교가 점액에서 기인하는 병들의 치료에 탁월하다"는 위선적 교훈을 수락한다. 그리하여 루푸스는 이렇게 언급한다. "병 때문에 여윈 수많은 사람들이 성행위를 함으로써 회복되었다. 어떤 사람들은 성행위를 함으로써 곤란하던 호흡이 쉬워졌으며, 어떤 사람들은 잃었던 식욕을 되찾았고, 또 어떤 사람들은 해로운 몽정夢精을 그만두게 되었다."[17] 그는 또한 마음이 혼란스럽거나 육체처럼 마음을 어지럽히는 것으로부터 벗어날 필요가 있을 때, 사정射精이 마음에 긍정적 효과를 가져온다고 본다. 즉, 성교性交는 고정관념을 없애주고 격심한 분노를 가라앉혀 준다는 것이다. 그러므로 우울과 인간 혐오증에 이보다 더 유용한 치료책은 없다. 갈레누스 역시 성 관계에는 몸과 마음을 치료하는 많은 효과가 있다고 본다. "성행위는 마음에 평온함을 가져다준다. 사실 그것은 우울한 사람과 화난 사람을 좀 더 지각 있게 만들며 사랑에 빠진 사람의 경우에는, 심지어 사랑하는 여자 외의 다른 여자와 관계를 맺을 때조차도, 극히 무분별한 열정을 완화시킨다. 게다가 새끼를 낳았을 때 사납던 짐승들도 교미 후에는 얌전해진다." 성행위가 신체에 미치는 효과와 관련하여, 갈레누스는 그것이 작용하는 하나의 증거로서, 일단 한 번이라도 성행위를 하고 나면 그 전에는 "털도 없고, 키도 작고 여자 같았던" 소년이 "털투성이에 키가 커지고 씩씩해지는" 것을 든다.[18]

---

17 Rufus d'Ephèse, *Fragments*, extraits d'Aetius, *Oeuvres*, pp. 320~321, 또한 Oribase, VI, t. I, 541. 의 텍스트 참조.

그러나 갈레누스는 또한 주체가 처한 조건에 따라서 성 관계가 가져올 수 있는 역효과에 대해서도 강조한다. "성교는 아주 힘이 세고 점액성 질병에 걸린 사람들은 전혀 쇠약하게 만들지 않는 반면, 힘이 없는 사람들은 극도로 쇠약하게 한다." "그것은 허약한 사람들의 몸을 순간적으로 덥힌 후에 재빨리 냉각시켜 버린다." 혹은 어떤 사람들은 "젊었을 때부터 성교로 허약해진 반면에 어떤 사람들은 통상 성교를 하지 않음에도 불구하고, 머리가 무겁고 불안과 열에 들뜨며 식욕을 잃고 소화를 잘 시키지 못한다".[19] 심지어 갈레누스는 사정射精이 병이나 불쾌감을 일으키지만 그렇다고 해서 정액을 정체시키면 몸에 해로운 결과가 생기는 어떤 체질들에 대해서까지 언급한다. "어떤 사람들은 풍부하고 뜨거운 정액을 가지고 있어서 끊임없이 사정에 대한 욕구를 느낀다. 그렇지만 그런 상태에 있던 사람들이 사정 후에는 위구胃口에 나른함을 느끼며, 몸 전체가 완전히 녹초가 되고 쇠약해지며 건조해짐을 느낀다. 몸은 야위어가고 눈은 푹 꺼진다. 그러나 성교 후에 그 같은 증세가 나타나서 성 관계를 삼가면 이번에는 또 두통과 구토를 동반한 위통을 느끼게 된다. 그리하여 이들은 절제한다 하더라도 별 대단한 성과는 얻지 못한다."[20]

성행위의 이러한 긍정적 혹은 부정적 효과를 둘러싸고 몇몇 구체적 문제에 대한 여러 논쟁이 전개되었다. 예를 들자면 몽정의 문제가 그

---

**18** Galien, in Oribase, *Livres incertains*, VIII; t. III, p. 109.

**19** *Ibid.*, VI, 37; t. I, p. 537.

**20** *Ibid.*, X; t. III, p. 113.

중 하나이다. 루푸스는 잠자는 동안 정액을 쏟는 것이 "덜 고통스럽다"는 사람들의 의견을 인용한다. 그러나 그 자신은 "몽정이 잠자는 동안에 느슨해진 몸을 더욱더 느슨하게 한다"[21]고 판단하면서 그 같은 생각에 반대한다. 갈레누스 또한 성교의 해로운 효과 때문에 성교를 삼가는 대신 몽정을 겪는 사람들에게서 증세가 완화되는 어떠한 기미도 발견하지 못한다.[22] 더욱더 중요한 논쟁은 아마도 어린이의 경련과 그것이 사춘기 때 사라지는 문제에 대한 것이리라. 사람들은 종종 사정과 경련의 유사성으로 인해, 경련을 하는 어린 소년들은 첫 성 관계를 가지면 나을 수 있을 것이라고 생각하였다. 그것이 바로 루푸스가 주장한 것으로, 루푸스는 사춘기에 접어들어 성행위를 하게 되면 간질과 두통이 멈춘다고 보았다. 어떤 의사들은 경련을 치료한다는 명목으로 아이들이 첫 번째 성 관계를 맺는 시기를 앞당기도록 충고하였다.[23] 아레테는 그러한 방법을 비판했다. 왜냐하면 그러한 방법은 성 관계를 맺는 적정 시기를 정해 놓은 자연의 조처를 거스를 뿐만 아니라 피하고자 하는 병을 오히려 야기하거나 연장시키기 때문이다. 그 같이 충고하는 의사들은 "분명 자연이 적절한 변화를 일으키면서 자신이 직접 약을 쓸 때를 정해 놓았다는 사실을 모르고 있다. 자연은 나이마다 그에 맞게 정액, 수염, 머리털에 필요한 분비물을 준비해 두고 있는데, 애당초 그 같은 변화를 일으킬 수 있는 의사는 도대체 어떤 사

21 Rufus d'Ephèse, in Oribase, VI, 38; t. I, p. 542.

22 Galien, in Oribase, *Livres incertains*, X; t. III, p. 113.

23 Rufus d'Ephèse, *Fragments*, extraits d'Aetius, *Oeuvres*, p. 320.

람일까? 그렇게 하면 피하고자 했던 위험에 오히려 빠지게 될 것인데, 그 증거로 우리는 너무 일찍부터 성교에 탐닉했던 사람들이 그 병의 발병으로 벌을 받는 것을 본다".[24] 사실상 경련이 사춘기 때 없어진다면 그것은 성적 쾌락을 실천해서가 아니라 체액의 균형과 역할 속에서 전반적인 변화가 있었기 때문이다.

4. 그러나 가장 중요한 것은 아마도 성적 금욕에 긍정적 효과를 부여하는 경향일 것이다. 이미 보았던 것처럼 의사들이 금욕의 결과로 야기될 수 있는 장애들을 지적한 것은 사실이다. 그러나 그 장애들은 대체로 성 관계를 자주 갖는 사람들에게서 관찰되는데, 그런 사람들에게서 성 관계의 중단은 양생술養生術에 급격한 변화를 가져온다. 그것은 갈레누스가 《병든 국소에 대하여》에서 예전의 습관과 완전히 손을 끊고 성적 활동을 포기한 사람에 관하여 이야기하는 경우이다.[25] 그 같은 장애들은 사정을 불가피하게 만드는 정액을 보유한 사람들의 경우에도 확인된다. 갈레누스는 성 관계를 끊음으로써 "마비되고 나태해진" 사람들과 "이유 없이 퉁명스럽고 의기소침해진" 사람들을 볼 수 있었다. 그러한 관찰의 결과 그는 "건강하고 젊은 사람들에게는 정액의 정체가 막대한 해를 끼친다"라는 이론을 내세웠다. "그들의 정액은 원래 풍부하고 또 완전무결하다고는 할 수 없는 체액으로 구성된 것이기 때문에, 매우 바쁜 생활을 영위한다 하더라도 매우 빈번히 성

---

24 Arétée, *De la cure des maladies chroniques*, I, 4, p. 388.

25 Galien, *Des lieux affectés*, VI, 5; trad. Daremberg, II, p. 688.

교하다가 어느 순간 갑자기 절제하게 되면 상당히 나쁜 결과를 초래하게 된다"[26]는 것이다. 따라서 성 관계를 전부 끊는 것이 유기체에 해롭다는 것은 그 어느 누구에게서나 관찰할 수 있는 일반적 사실보다는 차라리 유기체의 상태나 생활습관 등에 관계된 몇몇 개별 사항의 결과로서 간주되어야 한다. 몸속에 정액을 가두어 두는 금욕은 다른 것을 고려하지 않고 그 자체만을 고려할 때 악처럼 간주될 이유가 없다.

남자들의 경우에 정액에 인정된, 생명을 구성하는 것으로서의 높은 가치는 오래 전부터 육상선수들의 엄격한 금욕에 긍정적 효과를 부여하도록 만들었다. 그 예는 아직도 정기적으로 인용된다. 갈레누스의 환자 한 사람이 모든 성적 활동을 삼가기로 결심한 것도 바로 그러한 모델을 따르기 위해서였다. 그 환자는 자신이 그때까지 금욕하는 것과는 아주 다르게 생활했으며, 따라서 그 효과가 육상선수들의 경우와는 비교될 수 없을 것이라는 사실은 생각지도 않았다. 아레테는 정액이라는 이 "활력을 주는 체액"의 유익한 효과 — 그것은 씩씩하고 용감하며 열정으로 가득 차게 만들고, 목소리에 낮은 음조를 부여해 주며 활기차게 행동할 수 있게 한다 — 를 기술하면서, 절제하고 "자신의 정액을 지키는" 사람은 그로 인해 "건장하고, 용감하며, 가장 사나운 짐승들과 힘 겨루기를 두려워하지 않을 정도로 대담해진다"고 전제한다. 그는 정액을 보존하는 그만큼 더 원기왕성해지는 육상선수나 동물의 예를 상기시킨다. 이를테면 "본래는 가장 강했던 사람들이 무절제akrasia로 인해 가장 허약한 사람들보다도 더 허약해지며, 가장 허약

26 Galien, *ibid.*, pp. 687~689.

한 사람들도 절제enkrateia에 의해서 가장 강한 사람들kreittones보다도 더 강해진다". 27

반면에 여자들의 경우에는 금욕의 가치가 덜 인정받는데, 그것은 여자는 사회적으로나 생리적으로 결혼과 출산을 위해 마련된 존재로 간주되었기 때문이다. 그럼에도 불구하고 소라누스는《여성병 개론》에서 그 당시에 중요했던 것으로 보이는 순결純潔의 장단점에 관한 논의들에 대해 언급한다. 순결을 비판하는 사람들은 체액이 흘러나오지 않는 데서 기인하는 병들과 금욕으로는 억누를 수 없는 욕망을 강조한다. 반대로 순결을 옹호하는 사람들은 그렇게 함으로써 여자들이 출산의 위험을 피할 수 있으며, 쾌락을 모르는 까닭에 욕망을 무시할 수 있고, 또한 그들 안에 씨를 보유하는 힘을 간직할 수 있다고 강조한다. 소라누스 자신은 순결이 부정적 측면을 지닐 수도 있다고 본다. 그러나 이것은 특히 "사원에 유폐된 채" 생활하는 여자들과 "유익한 일에의 종사"에서 배제된 여자들의 경우이고, 대개의 경우에는 지속적 순결이 양성兩性에 유익하다고 생각한다. 28 따라서 그가 보기에 성적 접촉은 개인의 건강이란 점에서는 자연스럽게 정당화될 수 없을 것이다. 단지 인류 보존의 의무만이 그 행위를 필수 불가결한 것으로 만드는데, 즉 그 행위를 부과하는 것은 개체의 양생술 이상으로 "자연의 일반법칙"이다.

물론 성적 금욕이 의무로 간주되는 것은 아니며 성행위가 악처럼

---

27 Arétée, *Des signes des maladies chroniques*, II, 5, p. 165.

28 Soranus, *Traité des maladies des femmes*, I, 7.

표현되는 것도 아니다. 그러나 4세기의 의학적, 철학적 사고에 의해서 이미 명시화되었던 논지들이 발전되면서, 우리는 어떻게 모종의 굴절이 발생하는지를 보게 된다. 즉 성적 활동이 낳는 결과의 모호성에 대한 주장, 유기체 전체를 통해서 성적 활동에 인정된 상관관계들의 확장, 유기체 자체의 취약함과 그것의 병리학적 힘에 대한 강조, 양성兩性에 있어 금욕행위에 대한 가치부여 등이 바로 그러한 것들이다. 성행위는 예전에는 무의식적 격렬함과 막대한 소모라는 측면에서 위험한 것으로 인지되었으나 이제는 차라리 인간의 몸과 그 기능 작용에 전반적 허약함을 야기한다는 점에서 위험한 것으로 묘사된다.

우리는 이러한 상황에서 각 개인의 생활관리에서 "아프로디지아"의 양생술이 차지하는 중요성을 이해할 수 있다. 이 점에 대해서 루푸스는 성행위의 위험과 자기 관리의 근본원칙을 매우 분명하게 연결짓는 주목할 만한 표현을 한다. 즉, 그는 "성 관계에 몰두하는 사람들, 특히 신중을 기하지 않고 거기에 몰두하는 사람들은 다른 사람들보다도 훨씬 더 엄격하게 자기 자신을 돌보아야만 몸을 가능한 한 최상의 상태로 유지하고 성 관계의 해로운 결과들hē ek tōn aphrodisiōn blabē을 덜 느낄 수 있다"고 말한다. **29**

**29** Rufus d'Ephèse. in Oribase, *Livres incertains*, III, p. 112.

## 3

# 쾌락의 관리법

따라서 성행위는 극도로 주의 깊은 관리법에 따라야 한다. 이 관리법은 행위의 정당하고 받아들일 만하며 '자연스러운' 형태를 규정하려는 규제체제와는 아주 다르다. 이러한 관리법에 사람들이 행할 수 있는 성행위의 유형이나 자연이 만류하는 행위에 관해서는 거의 아무런 언급이 없다는 점은 주목할 만하다. 예를 들면, 루푸스는 이따금 소년들과의 관계를 언급하면서 상대자들이 취할 수 있는 체위들을 넌지시 암시하기도 한다. 그러나 그것은 그러한 체위의 위험성을 양적 용어로—즉, 이 체위들은 다른 체위들보다 훨씬 많은 힘의 소모를 필요로 할 것이라는—곧장 표현하기 위한 것이다.[1] 또한 이 관리법들의 '규범

1 Rufus d'Ephèse, in Oribase, VI, 38; t. III, pp. 540~541. 루푸스는 또한 선 체위는 피곤하다고 지적한다.

적'이기보다는 '양보적'인 성격도 주목할 만하다. 루푸스는 성행위가 "적절한 시기에 적절하게, 또 행위를 하는 사람들의 체질을 고려해서 이루어진다면 모든 관계에서 전적으로 나쁜 것은 아니"[2]라는 사실을 원칙적으로 정하고 나서 그의 관리법을 제시했다. 이는 다름 아닌 성적 활동 — 과도하고 함부로 행해질 때 — 의 병원적病源的 효과들을 언급한 연후의 일이다. 갈레누스도 역시 매우 유보적 태도로 "사람들에게 성 관계를 완전히 금하지 말 것"[3]을 희망한다. 결국 그것은 성행위를 가장 덜 방해하는 조건들, 성행위가 평형의 총체에 가장 덜 영향을 주는 조건들을 결정하는 데 많은 주의를 요하는 상황적 관리법이다. 출산에 유용한 시간, 주체의 연령, 시기(계절 또는 하루 중 어떤 시간), 개인의 체질, 이상 4가지 변수가 고려된다.

## 1. 아프로디지아의 관리법과 출산

상당한 주의를 기울이지 않고서는 훌륭한 자손euteknia을 얻을 수 없다는 것은 아주 전통적으로 이어져온 주제이다. 수태受胎의 문란함은 자손에게 흔적을 남긴다. 그것은 단지 자손들이 부모를 닮기 때문만이 아니라 그들을 태어나게 한 행위의 흔적을 지니기 때문이다. 우리는 아리스토텔레스와 플라톤의 충고를 기억한다.[4] 출산이라는 궁극의

---

2 *Ibid.*, p. 541.

3 Galien, in Oribase, *Livres incertains*, VIII, t. III, p. 110. 셀수스의 절충적 판단을 참조할 것. "성교를 지나치게 추구할 필요도, 너무 두려워할 필요도 없다"(*Traité de médecine*, I, 1, p. 41).

목적 내에서 성행위가 많은 배려와 세심한 준비를 요구한다는 것은 제정帝政시대의 의학요법에서 한결같이 발견되는 원칙이다. 먼저 여러 요법은 장기간의 준비에 관해 상세히 규정한다. 이는 육체와 영혼의 전반적 컨디션 조절과 관계된 것으로서 각 개인에게서 자신의 정액과 태아가 지녀야 할 특질을 생산하거나 보존하는 것을 목표로 한다. 스스로가 자신이 갖고 싶어하는 아이의 예비적 이미지가 되어야 하는 것이다. 오리바스가 인용한 바 있는 아테네의 한 문장은 이 점을 매우 명료하게 밝히고 있다. 즉, 아이를 낳으려 하는 이들은 영혼과 육체를 가능한 한 최상의 상태로 유지해야 한다. 다른 말로 표현하자면 영혼은 고요해야 하고, 고통에서건 피로가 따르는 지나친 염려에서건 다른 어떤 감정에서건 완전히 벗어나 있어야 하며, 육체는 건강한 상태로 어떤 점에서도 손상되지 않아야 한다.[5] 단기적 준비도 필요하다. 한편으로 정액이 축적되고 집중되어 힘을 얻기 위해서, 다른 한편으로 충동이 필수적 격렬함을 얻기 위해서 일정한 금욕이 필요하다(왜냐하면 너무나 빈번한 성 관계는 정액이 모든 힘을 발휘하게 될 최상의 상태에 도달하는 것을 방해하기 때문이다). 또한 상당히 엄격한 식이요법이 요구된다. 너무 뜨겁거나 너무 습기가 많은 음식은 안 되며, "성행위에 필요한 흥분을 마련해 주고 과도한 요소들로 방해받지 않을 가벼운 식사"가 좋다. 소화불량에 걸려서도, 술에 취해서도 안 된다. 요컨대 육체의 전반적 정화淨化를 통해 성 기능에 필수적인 평온에 도달하는 것

4 《쾌락의 활용》, 제 3장 참조.

5 Athénée, in Oribase, *Livres incertains*, VIII ; t. III, p. 107.

이 중요하다. 이는 "농부가 들에 씨를 뿌릴 때 먼저 들에서 잡초를 모두 뽑아내는" 것과 마찬가지이다.[6] 이러한 충고를 하는 소라누스는 좋은 출산을 위해서 보름달이 뜨는 때를 기다리라고 명령하는 이들을 믿지 않는다. 요점은 "개인이 완전한 건강을 누리는 시기"를 선택하는 데 있는데, 이는 생리적 이유(몸속에서 생겨나는 해로운 체액은 정자가 자궁 내막에 자리 잡는 것을 막을 위험이 있다)와 더불어 도덕적 이유(태아는 번식자들의 상태에 영향을 받는다)에서 그렇다.

물론 여성의 주기에서는 어떤 때보다 더 알맞은 때가 있다. 이미 매우 오래되었고, 기독교에서도 매우 오랫동안 지속될 비유에 따르면, "모든 계절이 씨가 싹트기에 적합한 계절이 아닌 것처럼, 모든 때가 성적 접촉을 통해 자궁에 사출될 정액에 알맞은 것은 아니다".[7] 소라누스는 알맞은 때를 월경 직후에 위치시킨다. 그의 논증은 식욕의 비유[8]에 근거하는데, 물론 그만의 독창적 비유는 아니다. 즉, 자궁은 굶주려 있어서 모든 것을 먹어 치우는데, 양분으로 삼는 것은 때로는 피(정상적인 때에는)이고, 때로는 정액(이 경우가 수태이다)이다. 출산을 위해서 성행위는 이러한 식이 리듬 내에서 알맞은 때에 이루어져야 한다. 월경 전에는 안 되는데, 음식으로 가득 찬 위가 부담이 되는 것을 게워내고 모든 양분을 토해내듯이 피로 가득 찬 자궁도 마찬가지이기 때문이다. 월경 진행 중에도 안 되는데, 월경은 일종의 자연적 구토여

---

6 Soranus, *Traité des maladies des femmes*, I, 10.

7 *Ibid.*

8 예를 들면, 오리바스가 인용한 갈레누스의 텍스트, XXII, 3; t. III, p. 53 참조.

서 정액 역시 휩쓸릴 위험이 있기 때문이다. 분비가 완전히 끝났을 때도 역시 안 되는데, 자궁은 건조하고 차가워져서 더 이상 정액을 받아들일 만한 상태가 못 되기 때문이다. 알맞은 때는 바로 분비가 멈춰 가는 때로, 이때 자궁은 아직도 피가 섞여 있고, 열기에 휩싸여 있으며, "바로 이 같은 이유로 정액을 받아들이고 싶은 욕구로 팽창해 있다".[9] 배출 이후에 육체에서 다시 태어나는 욕구는 여자에게서 그녀를 성 관계로 이끄는 욕망을 통해 표현된다.[10]

그러나 이것이 전부는 아니다. 수태가 좋은 조건에서 이루어지고 자손이 가능한 모든 자질을 갖기 위해서는 성행위 자체가 몇 가지 예비책을 지키면서 수행되어야 한다. 소라누스는 이 문제에 관해 자세히 말하지는 않는다. 태아가 자신이 행한 성행위의 일종의 거울이자 증인인 이상, 태아가 영향을 받을지도 모르는 모든 문란함과 도취를 피하는 현명하고 조용한 행위의 필요성만을 그는 지적한다. "태아가 이상한 도취의 광경에서 불쾌하게 영향받은 정신을 갖지 않도록 여자는 동침 도중에 도취되어서는 안 된다. 아이들은 육체뿐만 아니라 정신에서도 대체로 부모와 많은 유사성을 지닌다. 따라서 태아가 흥분에 도취된 남자를 닮지 않도록 완전한 평온이 필요하다."[11] 끝으로 임신 기간 중에는 성 관계를 극도로 자제해야 하며 초기에는 완전히 배제해야 한다. 왜냐하면 성교는 "육체 전체에 운동으로 영향을 미치는데, 자궁과

---

9 Oribase, XXII, 7; t. III, p. 70에서 인용.

10 Soranus, *Traité des maladies des femmes*, I, 10.

11 *Ibid.*, I, 10.

그 주변 부위보다 더 휴식을 필요로 하는 부분은 없기 때문이다. 위胃처럼 자궁은 흔들리면 안에 가지고 있던 것들을 게워낸다".[12] 그러나 갈레누스와 마찬가지로 어떤 이들은 잉태기간 동안 성 관계를 재개하고, 절제하면서 행해야 한다고 생각한다. "임신한 여인에게 성 관계를 전적으로 삼가게 하는 것도, 계속해서 갖게 하는 것도 적절하지 않다. 왜냐하면 금욕하며 사는 여인에게서 분만은 더욱 어려워지고, 끊임없이 성교에 몰두하는 여인에게서는 아이가 약하거나 유산될 수도 있기 때문이다."[13]

따라서 원칙과 존재이유가 자손의 준비에 있는 아프로디지아에 관한 온갖 관리가 존재한다. 그러나 단지 아이를 갖기 위해서만 성 관계를 행해야 한다는 계율이 존재하는 것은 아니다. 개연적 수태의 조건들이 공들여 규정된다 하더라도, 그것은 조건들로 합법적 행위의 한계를 정하기 위해서가 아니라 자신의 자손을 염려하는 사람에게 그것이 유용한 충고가 되기 때문이다. 그리고 자손이 관심의 대상이 된다면, 이는 번식자가 자손에 대해 가질 수 있는 의무라는 형식하에서이다. 이러한 의무는 번식자 자신에 대한 책무이기도 한데, 좋은 자질을 부여받은 자손을 얻는다는 것은 그에게 유익한 일이기 때문이다. 출산을 둘러싼 책무는 과오라고도 할만한, 가능한 실수들의 총체를 규정한다. 그리고 이러한 책무는 수가 많고 너무나 다양한 요소들을 끌어들여서 결핍을 보충하고 재앙을 면하게 하는 자연의 능란함이 없다

12 *Ibid.*, I, 14.

13 Galien, in Oribase, *Livres incertains*, VI; t. III, p. 102.

면, 출산은 거의 성공하지 못할 정도이다. 이처럼 적어도 갈레누스는 매우 수많은 예비책을 취할 필요성과 모든 것에도 불구하고 많은 출산이 제대로 이루어지는 사실을 동시에 정당화한다. "우리를 낳으신 아버지와 우리를 품안에서 길러주신 어머니가 번식행위에서 잘 처신하는 경우는 드물며, 때때로 여러 과오를 범한다. 남자들과 여자들이 결합할 때, 그들은 지금 어느 곳에 있는지도 모를 정도로 도취와 만족 상태에 빠진다. 그렇기 때문에 수태의 열매는 태어나는 순간조차 결함을 지니고 있는 것이다. 게으름 때문에 적당한 운동을 태만히 하고, 음식을 잔뜩 먹고, 울화와 음주를 자제하지 못하고, 함부로 목욕하고, 때에 맞지 않는 행위akairion aphrodision를 하는 임신한 여인의 과오들을 열거할 필요가 있는가? 그럼에도 불구하고 자연은 그토록 많은 문란함에 저항하고 대다수를 치유한다." 농부들은 그들의 밭에 씨를 뿌릴 때 많은 정성을 들인다. 그렇지만 자기 삶에서 자신을 그다지 중요시하지 않는 인간들은 자손에 대해서도 관심을 갖지 않는다고 갈레누스는 지적하면서 소크라테스의 자기 배려의 주제를 되풀이한다.[14]

## 2. 주체의 연령

아프로디지아의 활용은 너무 늦게까지 계속되어서도 안 되고 너무 일찍 시작되어서도 안 된다. 늙었을 때 실행하는 성 관계는 위험하다. 그 관계는 자신에게서 빠져나간 성분들을 회복할 수 없을 정도로 육체

---

14 Galien, *De l'utlité des parties*, XI, 10.

를 쇠진하게 한다.[15] 그러나 너무 젊을 때 갖는 성 관계도 해를 끼친다. 그것은 성장을 중지시키고, 성인의 징후들 — 이 징후들은 육체 내부의 정자성분들이 발달한 결과이다 — 이 발달하는 것을 교란한다. "너무 이르고 과도한 성 관계만큼 영혼과 육체의 발달을 저해하는 것은 없다."[16] 갈레누스에 의하면, "많은 젊은이가 자연이 정해놓은 때를 기어이 어기면서까지 성 관계를 행한 결과, 치유할 수 없는 병이 든다".[17] "정해진 때"란 무엇인가? 2차 성징性徵의 출현, 혹은 확인기인가? 모든 의사들은 소년의 경우에 2차 성징이 14세경이라고 인정하는 데 동의한다. 또한 의사들 모두는 아프로디지아에 그렇게 일찍 접근해서는 안 된다는 점에도 의견이 일치한다. 성 관계를 시작할 수 있는 연령에 관한 정확한 규정은 거의 찾아볼 수 없다. 여하튼 육체가 정액을 만들어낸다 하더라도 그것을 사정하도록 권하기까지는 몇 년이 흘러야 한다. 이로부터 청년의 금욕을 확고히 할 특별한 관리법이 필요하게 된다. 의사들은 전통에 따라 강도 높은 육체 단련을 생활화하도록 처방한다. 그리하여 아테네는 "정액의 생산이 이 연령(14세)에서 시작되어 젊은이들은 자신들을 성 관계로 치닫게 하는 강렬한 욕구를 지니므로 육체와 정신을 즉각 피로하게 함으로써 처음부터 그들의 욕망을 억제할 수 있도록 육체 단련이 많아야 한다"고 지시한다.[18]

처녀들의 경우에는 문제가 조금 다르다. 아마도 조혼의 관행이 월

---

15 Galien, in Oribase, *Livres incertains*, VIII; t. III, p. 110.

16 Athénée, in Oribase, *Livres incertains*, XXI; t. III, p. 165.

17 Galien, in Oribase, *Livres incertains*, VIII; t. III, p. 111.

18 Athénée, in Oribase, *Livres incertains*, XXI; t. III, pp. 164~165.

경月經이 규칙적으로 정해지자마자 최초의 성 관계와 임신이 가능하다는 사실을 인정하도록 하였을 것이다.[19] 소라누스의 의견이 바로 그러한데, 그는 결혼연령을 정하기 위해서는 처녀 자신들의 감정이 아니라 신체적 기준을 따르라고 충고한다. 그 감정이란 교육의 결과로 육체보다 먼저 깨어날 수 있기 때문이다. "정자가 새로운 존재의 배자胚子가 되기에 앞서", 여자의 육체가 그 기능에 필수적인 성숙에 도달하지 못했을 때에는 위험이 있다. 따라서 여자는 월경이 자연적으로 자리잡을 때까지는 처녀로 남아 있는 것이 좋다.[20] 다른 의사들은 시기를 훨씬 늦춘다. 그래서 에페수스의 루푸스는 18세 이전의 임신은 아이에게나 어머니에게나 좋지 못할 위험이 있다고 생각한다. 그는 이 연령이 이미 오래 전에 헤시오도스가 권고한 연령이며, 어떤 이들에게는 너무 늦은 것으로 보일지도 모르지만 여자도 남자만큼 활동적 삶을 살았던 고대에서는 아무런 불합리한 점도 지니지 않았던 연령이었음을 상기시킨다. 사실 결혼하지 않은 여자가 여러 문제를 일으키고, 월경의 분비를 수월하게 하는 성 관계가 바람직한 것으로 받아들여진 것은 고대 이후에 여자들이 한가해지고 과잉의 영양상태에 이르렀을 때부터였다. 결국 루푸스가 제안하는 해결책은 상대적으로 늦게(18세경에) 결혼시키되, 이미 2차 성징부터 처녀들의 삶에 수반되었던 모든 관리법에 따라 결혼을 준비하는 것이다. 아동기에는 여자아이들이 남자아이

---

19 결혼연령과 여성의 건강문제 사이의 관계에 관해서는 A. Rousselle, *Porneia*, pp. 49~52 참조.

20 Soranus, *Traité des maladies des femmes*, I, 8.

들과 섞여 있지만, 서로 분리될 나이가 되면 그들을 매우 주의 깊은 관리법에 복속시켜야 한다. 즉, 육류도 지나치게 양분이 많은 음식도 안 되고, 술은 마시지 말거나 아주 조금만 마셔야 하고, 긴 산보와 운동이 필요하다. 한가함은 "처녀들에게 가장 해로운 것이며", "운동을 통해 열기를 이동시키고 육체를 덥히도록 해야 하지만 여자로 남아 남성적 특성을 가지지 않는 방식으로 행하도록 하는 것이 이롭다"는 점을 기억해야 한다. 루푸스는 노래하고 춤추는 합창대에 참여하는 것이 최상의 운동형태라고 본다. "합창대는 단지 신을 찬양하기 위해서뿐만 아니라 건강을 위해서도 발명되었다"[21]는 것이다.

## 3. "알맞은 때"

성행위의 "카이로스kairos"는 많은 토론의 대상이 된다. 긴 기간이 문제가 될 때 사람들은 쉽사리 전통적 역법曆法을 따른다. 즉, 최상의 계절은 겨울과 봄이고, 가을은 어떤 사람들의 경우엔 괜찮고 다른 사람들의 경우엔 피해야 할 계절이다. 또한 사람들은 대체로 여름에는 금욕해야 한다고 생각한다.[22] 반대로 하루 중에 시간을 정하는 것은 여러 가지 사항을 고려해야 한다. 시간의 문제는 플루타르코스가 《식탁의 담화》[23]의 한편에서 언급하는 종교적 동기뿐만 아니라 운동과 식사와

---

21 Rufus d'Ephèse, in Oribase, *Livres incertains*, II, t. III, pp. 82~85.

22 Celse, *Traité de médecine*, I, 3; Rufus d'Ephèse, in Oribase, VI, 38; t. I, p. 543. Galien, in Oribase, *Livres incertains*, VIII, p. 110. 쾌락의 이러한 계절적 배분에 대해서는 《쾌락의 활용》, 제 2장 참조.

소화의 문제에도 관련되어 있다. 성 관계 직전에는 지나치게 격렬한 운동을 하지 않는 것이 좋다. 격렬한 운동은 필요한 힘을 육체의 다른 부분으로 보내기 때문이다. 역으로 정사 후에는 회복을 위한 목욕과 마찰이 권해진다. 배고플 때에는 식사 전에 아프로디지아를 행하는 것이 좋지 않은데, 허기진 상태에서의 행위가 몸을 지치게 만들기 때문이 아니라 행위시 제대로 힘을 발휘할 수 없기 때문이다.[24] 그러나 다른 한편으로 과음과 과식도 피해야 한다. 소화되는 동안엔 언제나 해롭다. "바로 이러한 이유로 한밤중에 성교하는 것은 좋지 못하다. 왜냐하면 그때 음식물은 아직 소화되지 않은 상태이기 때문이다. 이른 아침에 행하는 성교도 마찬가지인데, 왜냐하면 위 속에 소화되지 않은 음식물이 여전히 남아 있을 수도 있고, 모든 잉여분이 아직 소변과 대변으로 배출되지 않았기 때문이다."[25] 그러므로 결국 가장 알맞은 성 관계의 시간은 절제된 식사 후의 시간, 혹은 취침 전의 — 경우에 따라서는 오후의 휴식 — 시간이다. 그리고 루푸스에 따르자면, 자연 역시 이때 육체에 가장 강한 흥분을 부여함으로써 이 시간에 대한 선호를 표현한다. 그런데 아이를 갖기를 원한다면, 남자는 "잘 먹고 마신 후에 성행위에 임하고, 반면에 여자는 양분이 더 적은 식이요법을 따르는 것"이 좋다. 사실 "한 사람은 주고 다른 한 사람은 받아야"[26] 하기 때문이다. 갈레누스의 견해도 마찬가지이다. 그는 "충실하되 부

---

23 Plutarque, *Propos de table*, III, 6, 1089a.

24 Rufus d'Ephèse, in Oribase, VI, 38; t. I, p. 540 이하.

25 *Ibid.*, p. 547.

26 *Ibid.*, p. 549.

담을 주지 않는 식사"를 한 후에 잠들려는 순간을 권한다. 그러면 음식물은 육체에 양분을 주고 힘을 강화하는 데 충분하고, 수면은 피로를 회복하게 해준다. 게다가 이때가 아이를 갖기에 가장 좋은 순간인데, "여자는 자면서 정액을 더 잘 흡수할 수 있기 때문이다". 결국 자연이 사람들에게 욕망을 불러일으킴으로써 선호를 표현하는 때는 바로 이 시간이다.[27]

## 4. 개인적 체질

루푸스는 성교에 적합한 체질은 "다소 뜨겁고 습한" 체질이라는 점을 원칙으로 내세운다. 반면에 차갑고 건조한 체질의 경우에는 성적 활동이 오히려 불리하다. 따라서 아프로디지아에 필요한 고온다습성을 유지하거나 회복하기 위해서는 적당한 운동과 적절한 식사와 같은 복잡하고도 지속적인 요법에 따르는 것이 바람직하다. 성적 활동을 위하여, 그리고 성적 활동이 위태롭게 할 수도 있는 균형을 유지하기 위하여 사람들은 어떤 생활양식에 복종해야만 하는 것이다. 색깔이 연한 적포도주를 마시고, 가마에 구운 밀기울 빵(이 빵이 지닌 습기는 준비와 조절에 유용하다)을 먹는 것이 좋다. 육류로는 숫염소, 새끼 양, 암탉, 뇌조, 자고새, 거위, 오리 등을, 생선류로는 낙지와 연체동물

---

27 Galien, in Oribase, *Livres incertains*, VIII, t. III, p. 111. "음식을 먹지 않고, 또 직후에 일하기 위해 일어나지 않는다는 조건에서라면" 밤이 더 낫다는 셀수스의 견해를 추가할 수 있을 것이다(*Traité de médecine*, I, 1, p. 41).

을, 그리고 순무, 잠두콩, 제비콩과 이집트콩(열성 때문에), 포도(습성 때문에)를 먹는다. 도움이 되는 활동들로 말하자면 걷거나 말타고 하는 산책, 지나치게 빠르지도 느리지도 않은 달리기 등이 있다. 그러나 너무 격렬한 운동이나 투창과 같은 운동(영양분을 육체의 다른 부분들로 옮겨가게 하므로), 너무 뜨거운 목욕, 몸을 덥히거나 식히는 행위, 심한 노동 등은 안 된다. 또한 육체를 피로하게 하는 모든 것 — 화, 지나치게 강렬한 기쁨, 고통 — 역시 피해야 한다.[28]

---

**28** Rufus d'Ephèse, in Oribase, VI, 38; t. III, pp. 543~546.

# 4

## 영혼의 작업

성적 쾌락을 위해 제기되는 관리법은 전적으로 육체에 중점을 두고 있는 것처럼 보인다. 육체의 상태, 평형, 증상, 육체가 처해 있는 일반적, 혹은 일시적 경향 등이 행동을 결정짓는 주된 상수常數들로 나타난다. 육체에 명령을 내리는 것은 어떻게 보면 바로 육체이다. 그렇지만 영혼도 역시 고유한 역할이 있으므로 의사들은 영혼을 개입시킨다. 왜냐하면 육체로 하여금 그 고유한 역학과 기본적 필요들을 넘어서게 하는 것은, 또 적합하지 않은 때를 선택하게 하고, 위험한 상황에서 움직이게 하며, 자연적 경향을 거역하도록 부추기는 것은 바로 영혼이기 때문이다. 인간이 생리학의 모든 요소를 그토록 꼼꼼하게 고려하는 관리법을 필요로 한다면, 이는 인간이 상상력과 정념과 사랑 때문에 거기서 끊임없이 일탈하려는 경향을 가지고 있기 때문이다. 교육과 습관이 때에 맞지 않게 욕망을 출현시키기 때문에[1] 소녀들의 경우에나 소년들의 경우에나 성 관계를 시작하기에 바람직한 연령까지도 전부 모호해진다.

따라서 분별 있는 영혼은 두 가지 역할을 갖는다. 영혼은 육체에 고유한 본성과 경향, 육체가 처해 있는 상태와 정황에 의해 규정되는 관리법을 정해주어야 할 것이다. 그러나 영혼이 이러한 일을 제대로 하려면, 그것은 오로지 오류를 제거하고 육체의 절도 있는 법칙을 등한시하게 하는 욕망을 지배하는 등, 자기 자신에 대한 온갖 노동을 먼저 행한다는 조건하에서만 가능하다. 아테네는 — 그에게는 스토아주의의 영향이 뚜렷하다 — 영혼이 행하는 자기 자신에 대한 노고를 훌륭한 육체 요법의 조건으로 분명하게 정의한다. "성인들에게 필요한 것은 영혼과 육체의 완전한 관리법이다. 즉, 자신의 충동hormai을 가라앉히도록 노력하고, 우리의 욕망prothumiai이 우리의 힘을 벗어나지 않도록 하는 것이다."[2] 따라서 이러한 관리법에서 문제가 되는 것은 육체에 대한 영혼의 싸움을 개시하는 것도, 영혼이 육체에 맞서 자신을 지킬 수 있는 수단들을 확립하는 것도 아니다. 문제는 오히려 육체를 그 자체의 법칙에 따라 인도할 수 있도록 영혼이 스스로를 교정하는 것이다.

이러한 노동은 주체가 유기체의 실제적 필요를 넘어서게 할 위험이 있는 3가지 요소, 즉 욕망의 움직임, 이미지의 존재, 쾌락에의 집착이라는 3가지 요소와 관련하여 의사들에 의해 기술되었다.

---

1 Soranus, *Traité des maladies des femmes*, I, 8.

2 Athénée, in Oribase, *Livres incertains*, 21; t. III, p. 165.

1. 의학요법에서 문제가 되는 것은 욕망의 제거가 아니다. 자연이 모든 종류의 동물에게 두 성을 흥분시키고 서로에게 이끌리게 하는 자극물로서 욕망을 부여했기 때문이다. 따라서 욕망의 자연적 힘으로부터 아프로디지아를 벗어나게 하려는 것보다 더 자연을 거역하고, 자연에 해로운 것은 없을 것이다. 방탕의 의지에서건 쇠약한 나이를 감추기 위해서건 자연을 거스르려고 해서는 안 된다. 욕망을 느끼지도 않은 채aneu epithumein 성 관계를 가져서는 안 된다. 바로 이 점들이 논문 〈병적 성욕 항진증〉에서 나타나는 루푸스의 충고이다. 그러나 욕망은 두 개의 얼굴을 지니고 있어서 육체에도 나타나고 영혼에도 나타난다. 그리고 관리법의 문제가 자리 잡게 되는 것은 바로 양자의 상호관계 속에서이다. 양자에서 욕망의 움직임은 가능한 한 정확하게 조정되고 합치되도록 해야 한다. 루푸스는 다음과 같은 주목할 만한 정식을 제시한다. "최상의 것은 인간이 영혼의 욕망과 육체의 요구에 의하여 동시에 재촉 받을 때 성행위에 전념하는 것이다."[3]

이러한 자연스러운 상호관계가 육체 자체에 의해 위태롭게 되는 경우가 있다. 말하자면 육체는 혼자서도 흥분하는데, 이러한 육체의 흥분에 대응할 만한 것이 영혼 안에는 아무것도 없다. 육체는 일종의 순수한 격앙激昂에 빠진다. 루푸스가 말하듯이, 이때 성행위는 완전히 '절정'에 달하게 된다.[4] 루푸스가 정신착란이나 간질을 예고하는 징후들에 동반하는 "충동들hormai"을 언급할 때, 그가 가리키는 것은 바로

---

3 Rufus d'Ephèse, in Oribase, VI; t. I, p. 549.

4 Rufus d'Ephèse, *Oeuvres*, p. 75.

이러한 순전히 육체적 흥분인 것으로 보인다.[5] 다른 형태지만 병적 성욕 항진증이나 유정遺精에서 일어나는 것도 역시 그러한 흥분이다. 전자에서는 성 기관이 저절로 흥분한다. 후자에서는 "행위도 꿈도 없이 정액의 과잉분이 과다하게 유출된다". 자신의 육체의 고장난 역학에 사로잡힌 환자는 정력을 다 소모하고, "얼마 뒤에 체력소모로 죽게 된다".[6]

그러나 역으로, 영혼도 육체 안에서 나타나는 욕망의 형태와 한계를 벗어날 수 있다. 이러한 지나침을 지칭하기 위해 루푸스와 갈레누스가 사용하는 용어는 의미심장한데, 그것은 독사doxa라는 용어이다. 영혼은 육체의 필요와 욕구들에만 관심을 기울이는 것이 아니라 자신에게 특유한, 그러나 유기체에는 전혀 부합하지 않는 표상들에도 사로잡힌다. 그것은 근거 없고 공허한kenai 표상들이다. 영혼 안에 욕망의 상응물이 없는데 육체가 흥분해서는 안 되는 것처럼 영혼도 육체가 요구하고 육체가 필요로 하는 것을 넘어서면 안 된다. 그러나 첫 번째 경우에는 약을 통해 교정할 수 있는 병이 문제가 되는 것이지만, 후자의 경우에는 자기 자신에게 적용해야 할 도덕 요법이 특히 문제시된다. 루푸스는 "영혼을 굴복시키고 그것을 육체에 복속시켜라"[7]라는 정식을 제시한다.

영혼이 육체의 청원에 휩쓸려서는 안 된다는 그토록 전통적 테마를

---

5 Rufus d'Ephèse, in Oribase, VI; t. I, p. 549.

6 Celse, *Traité de médecine*, IV, 28.

7 Rufus d'Ephèse, in Oribase, VI; t. I, p. 550.

생각한다면, 이는 모순적인 명제이다. 그러나 이 명제는 아마도 스토아주의가 불어넣었을 이론적, 의학적 맥락 속에서 명확하게 파악되지 않으면 안 된다. 육체에의 자발적 복종은, 자연의 질서를 주재하고 자신의 목적을 위해 육체의 구조를 정비한 이성에 귀를 기울이는 것으로 이해되어야 한다. 독사는 이러한 자연적 이성으로부터 영혼을 다른 곳으로 돌려 지나친 욕망을 불러일으킬 위험이 있다. 따라서 실제로 생물에 대한 인식에 기초한, 합리적 의학요법에 관심을 돌려야 하는 것은 바로 이성 쪽이다. 이 같은 이유로 인간의 욕망을 깎아 내리는 데 그토록 자주 사용되었던 동물의 예가 반대로 행동의 모범이 될 수 있는 것이다. 왜냐하면 동물의 성체제에서 그들이 따르는 것은 육체의 요구이지 그 이상도 이하도 아니기 때문이다. 동물을 조정하는 것, 따라서 당연히 사람도 조정하는 것이 분명한 것은 독사가 아니라 배설을 필요로 하는 자연의 사전 조정이다. 마찬가지로 갈레누스가 보기에도 동물은 "쾌락은 즐거운 것이다"라는 '견해', 즉 독사에 의해 성적 결합으로 밀려가는 것이 아니라 단지 "그들을 피로하게 하는 정액을 배출하기 위해" 성 관계로 이끌리는 것이다. 동물들의 경우에, 그들을 성관계로 부추기는 것과 "대변이나 소변을 자연스럽게 배설하게 하는"[8] 것 사이에는 차이점이 없다.

그러므로 의학요법은 일종의 에피투미아epithumia의 동물화를 제안한다. 그것은 영혼의 욕망이 육체의 욕구에 가능한 한 엄격하게 종속되어야 함을 의미하며, 배설물의 생리학을 본보기로 삼는 욕망의 윤

---

8 Galien, *Des lieux affectés*, VI, 5; trad. Daremberg, t. II, pp. 688~689.

리학, 또 영혼이 자신의 모든 공허한 표상에서 정화되어 이제는 단지 유기체적 배설의 엄격한 체계에만 관심을 돌리는 이상적 지점으로서의 경험을 의미한다고 이해되어야 한다.

2. 이로부터 "이미지들phantasiai"에 대한 의사들의 일반적 불신이 기원한다. 이 주제는 그들이 제안하는 치료에서 한결 같이 반복된다. 병적 성욕 항진증에 대한 루푸스의 견해도 마찬가지이다. 그가 제시하는 치료에는 두 측면이 있다. 하나는 식사에 관련된 것으로, 몸을 덥히는 모든 음식물은 배제되어야 한다. 다른 하나는 영혼의 자극에 관련된 것으로, "말과 생각과 성적 탐욕을 피해야 하며, 특히 만약 좋은 음식을 많이 먹은 후에 성교를 삼간다면 모든 음식이 꿈속에서까지도 성교를 부추긴다는 점을 명심하면서 눈에 보이는 것을 멀리 해야 한다".[9] 같은 맥락에서 갈레누스는 자신의 한 친구에게 이중으로 정화적인 치유책을 제시한다. 그 친구는 성적 활동을 그만두었음에도 불구하고 계속적 흥분상태에 놓이게 되었는데, 갈레누스는 그에게 축적된 정액을 배설함으로써 먼저 육체적으로 자신을 해방하라고 충고한다. 그 뒤에 — 일단 육체가 정화되면 — 정신에 이미지들을 가져올 수 있는 어떤 것도 받아들이지 말고, "성적 욕망을 야기할 수 있는 구경거리, 생각, 기억을 완전히 삼가라"[10]고 충고한다.

영혼에 육체적 욕구와 상관없는 '공허한' 욕망을 불러일으킬 수 있

---

9 Rufus d'Ephèse, *Oeuvres*, pp. 74~75.

10 Galien, *Des lieux affectés*, VI, 6; trad. Daremberg, t. II, pp. 704~705.

는 위험한 이미지들은 여러 유형을 지니고 있다. 물론 꿈의 이미지가 있는데, 의사들은 꿈의 이미지가 몽정을 수반할 때 특히 관심을 기울이는 것 같다. 등을 대고 누워 자지 말고, 수면 전에 너무 많이 먹지도 마시지도 말며, 잠들려고 할 때 정신을 편안히 하라는 그토록 자주 되풀이되는 충고가 여기서 나온다. 실제로 에페수스의 루푸스는 이 문제를 가지고, "등을 대고 눕지 말고 옆으로 누워라 …"[11]라는, 병적 성욕 항진증에 걸린 사람들의 요법에서 중요한 조항을 만들었다. 피해야 할 이미지 중에는 극장에서 볼 수 있거나 독서, 노래, 음악, 춤 등이 암시하는, 육체의 욕구에는 전혀 부응하지 않으면서도 정신 속에 끼어드는 이미지들을 들 수 있다. 갈레누스도, 천성적으로 정숙하고 오랫동안 금욕한 사람들이 그렇듯이 성적 쾌락에 대한 생각을 떨쳐버리지 못하고 반대로 쾌락을 선동할 수 있는 구경거리들의 결과로, 아니면 스스로 그것들을 기억해 내서 쾌락을 마음속에 그려보는 데 이르는 사람들에게서 병적 성욕 항진증의 현상을 관찰할 수 있었다. 이러한 사람들의 음경에 영향을 미치는 특이소질은 성적 쾌락에 대한 생각조차도 품어보지 못한 사람들에게서 나타나는 특이소질과는 정반대이다.[12]

그런데 이 판타지아phantasia라는 용어에는 시각적 지각 역시 포함시켜야 한다. 그렇게 하는 것이 철학적 관용어법에도 부합된다. 아프로

---

11 Rufus d'Ephèse, *Oeuvres*, p. 74. 반듯이 누워 자면 성기가 자극되고 몽정을 하게 된다는 생각을 우리는 흔히 마주치게 된다. Galien, *Des lieux affectés*, VI, 6; *Dioclès*, III, 177 참조.

12 Galien, *Des lieux affectés*, VI, 6.

디지아를 상상하고 회상하는 데에서 뿐만 아니라 바라보는 데도 역시 위험이 있다. 아프로디지아가 대낮 밝은 곳에서보다 밤에 어두운 곳에서 행해져야 한다는 것은 전통적 수치심의 매우 오래된 주제이다. 그런데 바로 이 계율에도 사람들은 요법의 가치를 부여한다. 보지 않기 위해서 사람들은 영혼에 각인되고 남아서 때에 맞지 않게 다시 생겨날 수 있을지도 모르는 이미지들에 대비해야 한다. 플루타르코스는 카이로스, 즉 성행위의 때와 관련하여 이 문제를 언급한다. 그에 따르면, 빛을 피해야 할 이유 중에는 끊임없이 우리의 욕망을 "새롭게 하는 쾌락의 이미지"를 피하려는 염려가 있다. "반대로 밤은 우리의 행위에 동반될 수 있는 만족할 줄 모르는 욕망과 맹렬한 충동을 가진 것들을 시야에서 가려줌으로써 본능의 눈을 돌려 잠재워주고, 본능이 그것을 봄으로 인해 음란의 암초로 떠밀려 가는 것을 막아준다."[13]

여기서 우리는 '이미지'의 문제가 애정愛情문학에서 매우 많이 논의되었다는 것을 상기할 수 있다. 시선은 정념의 가장 확실한 전달수단으로 간주되었으며, 정념이 가슴속에 파고들고 유지되는 것도 시선에 의해서였다. 프로페르티우스는 "비너스의 애교도 어둠 속에서는 매력을 잃는다"고 생각한다. "밤은 비너스의 적이다 … 엔디미온은 나체로 아폴론의 누이를 사랑에 빠지게 했고, 여신 또한 나체로 그의 품안에서 쉬었다."[14] 그리하여 시선과 빛과 이미지는 위험한 것으로 간주되었다. 이러한 이미지는 엄정한 풍속을 위태롭게 하는데, 프로페르티

---

13 Plutarque, *Propos de table*, III, 6, 1089a.

14 Properce, *Elégies*, II, 15.

우스는 가정에 이미지가 들어왔을 때 파렴치가 퍼졌다고 생각한다.[15] 이미지는 사랑 그 자체에도 위험하다. 사랑은 추한 이미지들에 의해서 손상될 수도 있기 때문이다. 오비디우스는 사랑을 보존하기를 바라는 이들에게 신중하기를 권한다. "침실의 모든 창문으로 빛이 들어오게 두지 말라. 우리 육체의 많은 부분은 밝은 빛 아래서 보여지지 않는 편이 유리하다."[16] 그리고 바로 이와 같은 사실 때문에 끔찍한 이미지는 정념에 대항하거나 정념을 떨쳐버리고자 할 때 훌륭한 수단이 될 수 있다. 사랑에서 해방되고 싶을 때 성 관계의 순간에 빛을 비추어 보는 것만큼 좋은 방법은 없으니, 그러면 육체의 결함들, 더러움과 불결함이 정신에 강한 인상을 남기고 혐오감을 불러일으킬 것이라고 《사랑의 치료약》에서 오비디우스는 말한다. 애인에게서 벗어나고 싶다면 아침에 잠에서 깰 때의 흐트러진 모습을 보이는 것 역시 그녀를 놀라게 하기에 좋은 방법이다.[17] 사랑을 얻기 위해서, 혹은 사랑에서 벗어나기 위해서 구사할 수 있는 이미지들에 대한 온갖 테크닉이 존재한다. 더욱이 훌륭한 성행위의 조건이자 관건으로서 내적 또는 외적 이미지와의 싸움은 고대 말기 이후의 성 윤리에서 항구적으로 부각되는 측면 중 하나이다.

3. 이제 자연에 의해 아프로디지아의 과정에 편입된 것으로 알려진

---

15 *Ibid.*, II, 6.

16 Ovide, *Art d'aimer*, III, 808.

17 Ovide, *Les Remèdes à l'amour*, V. 399 sq; V. 345~348. *Art d'aimer*, III, 209에서 여자들에게 화장하는 모습을 보이지 말라고 한 충고 참조.

쾌락의 문제가 남는다. 쾌락을 없애버리거나 아니면 사람들이 느끼지 못하도록 할 수 있을까? 사실 그것은 문제가 되지 않는데, 왜냐하면 쾌락은 육체의 움직임과 이완 — 발기의 메커니즘에 직접적으로 연결되어 있기 때문이다. 그렇지만 갈레누스는 쾌락이 과도하게 흐르는 것을 아프로디지아의 경제성 속에서 막을 수 있다고 생각한다. 그가 제시하는 방법은 명백히 스토아학파적이다. 즉, 쾌락을 행위에 수반되는 것 이상으로 생각해서도, 또 쾌락을 성행위의 이유로 생각해서도 안 된다는 것이다. "쾌락이 좋은 것이라 할지라도 그것은", 우리가 이미 알고 있다시피 갈레누스가 보기에는 동물들이 느끼지 못하는 "독사doxa"이다. 동물들의 경우엔 독사의 부재가 행위에 자연스런 절도를 보장해 주는 반면 독사를 지닌 인간은 쾌락을 위해 "아프로디지아"를 추구하고, 그리하여 "아프로디지아"에 집착하며, 계속해서 "아프로디지아"를 하고자 갈망하게 된다.

따라서 합리적 관리를 위해서는 쾌락을 목적으로 추구하지 말아야 한다. 즉 쾌락의 유혹과 상관없이, 또 마치 쾌락이 존재하지 않는다는 듯이 "아프로디지아"를 행하는 것이다.[18] 이성이 스스로에게 부여해야만 하는 유일한 목적은 배설이라는 고유한 필요성에 따라 신체적 상태가 요구하는 것을 행하는 것이다. "정숙한 사람tous sōphronas은 향락을 위해서가 아니라 오로지 불편함을 해소하기 위해서만 — 실제로 어떤 향락도 없다는 듯이 — 성적 쾌락을 행사해야 한다."[19] 이것이 바로

---

[18] Galien, *Des lieux affectés*, VI, 5; trad. Daremberg, t. II, p. 688.

[19] *Ibid.*, *Id.*.

갈레누스가 유명한 디오게네스적 행위에서 끌어내는 교훈이다. 디오게네스는 자신이 요청한 창녀를 기다릴 필요도 없이 그를 귀찮게 했던 체액에서 스스로 해방되었다. 갈레누스에 의하면 디오게네스는 이를 통하여 "사정에 따르는 쾌락을 추구하지 않은 채" 자신의 정액을 배출하기를 원했던 것이다.

우리는 수음手淫과 자위自慰가 의학요법들에서 — 일반적으로는 성적 활동에 대한 그리스와 로마인들의 모든 도덕적 성찰에서 — 매우 은밀한 위치를 차지하고 있음을 주목할 수 있다. 그럴 경우, 매우 드문 일이기는 하지만 행위는 매우 긍정적으로 다루어진다. 즉, 수음은 철학적 교훈으로서의 가치와 필요한 치료책으로서의 가치를 동시에 지닌, 자연에 부합하는 청빈함의 행위이다. 디오게네스가 대중 앞에서 행했던 자신의 행위를 웃으면서 찬양하는 방식 — 이를 우리에게 전달해 주는 이는 프루스의 디온인데 — 을 생각해 보자. 그것은 시의적절하게 행해졌더라면 트로이 전쟁을 불필요하게 했을 행위이고, 자연이 직접 물고기의 예를 통해 우리에게 가르쳐 준 행위이며, 오로지 우리 자신에게 달려 있는 만큼, 또 우리가 우리 자신의 다리를 긁어 줄 사람을 필요로 하지 않는 만큼 합리적 행위이며 결국 우리가 신들에게서 배운 — 정확히는 헤르메스인데, 그는 다가갈 수 없는 에코를 향한 희망 없는 사랑에 빠진 목신 판에게 비결을 가르쳐 주었고, 뒤이어 목동들이 판으로부터 그 행위를 전수 받았을 것이다[20] — 행위이다. 그것은 정념이나 기교에서 벗어나 완전한 독립성 속에서 엄격한 필요에

---

**20** Dion de Pruse, *Discours*, VI, 19~20.

따라 행해지는 본능 그 자체의 행동이다. 그러나 기독교 수도원 제도 이후에 나타나는 서양 문헌에서는 수음이 상상력이 만들어 내는 망상들과 거기서 빚어지는 위험들에 결부된 채로 남아 있다. 수음은 인간이 자신에게 부과된 한계를 뛰어 넘기 위해 발명해 낸, 반反자연적 쾌락의 형태 자체이다. 반면 기원후 초기 몇 세기에서처럼 육체의 기본적 필요에 맞추어 성적 활동을 하고자 하는 의학윤리에서는 혼자 배설하는 행위야말로 쓸데없는 욕망이나 이미지, 쾌락을 가장 철저히 배제한 형태인 것이다.

1. 성적 활동의 관리법이 아무리 상세하고 복잡하다고 할지라도 그것의 상대적 중요성을 과장해서는 안 된다. 이 관리법이 차지하는 자리는 다른 관리법들 ― 특히 영양섭취에 관련된 관리법과 식이요법 ― 에 비교하면 국한되어 있다. 5세기에 들어서 오리바스는 의학 텍스트를 집대성할 때, 최대한 다양한 음식물의 성질과 위험성, 단점과 장점, 그리고 먹거나 먹지 말아야 할 조건을 기술하기 위해 4권의 책을 모두 할애했다. 그러나 성 관리법에 대해서는 루푸스의 텍스트와 갈레누스의 다른 텍스트를 인용하면서 단지 두 절節 밖에 할애하지 않았다. 이러한 제한이 특히 오리바스와 그가 살았던 시대 특유의 태도를 표현한다고 생각할 수도 있다. 그러나 성의 양생술보다 영양섭취의 양생술에 더 많은 자리를 부여하는 것은 그리스·로마의 의학 전체에서 나타나는 공통된 특징이다. 그 당시 의학에서 중요한 일은 먹고 마시는 일이다. 성에 대한 관심이 영양에 대한 관심과 균형을 맞추기 시작하려면 기독교 수도원 제도에서 뚜렷이 드러날 어떤 전적인 변화가

필요할 것이다. 하지만 절제된 식사와 단식은 계속해서 오랫동안 기본적인 것으로 남아있을 것이다. 그리고 성과 성의 관리법에 대한 관심이 음식물 처방의 엄격함보다 뚜렷이 우세해지는 때가 바로 유럽 사회의 윤리사倫理史에서 중요한 순간이 될 것이다. 어쨌든 로마 시대에는 성적 쾌락의 관리법이 상대적으로 한정된 자리를 차지하면서 중대한 식이요법과 이웃해 있었고, 게다가 쾌락 자체는 도덕적 사유와 사회적 관례 속에서 먹고 마시는 관능에 결부되어 있었다. 술, 음식, 사랑을 만끽할 수 있는 공공의 장소인 향연饗宴이 이를 직접적으로 증명해 주며, 철학적 향연이라는 반대 예식 — 항상 음식은 절제되고 진리를 놓치지 않을 정도의 취기 속에서 사랑이 이상적 담화의 주제가 되는 — 은 이를 간접적으로 증명해 준다.

2. 이러한 의학적 관리법에서 우리는 성행위에 대한 일종의 '병리학화'가 일어나는 것을 볼 수 있다. 그러나 이때의 병리학화는 훨씬 후에 성 행동이 병적 일탈을 가져오는 것으로 인정되면서 서구사회에서 일어났던 병리학화와는 아무런 관계도 없다. 이후의 병리학화에서 성 행동은 정상적 형태와 병적 형태, 성 행동 특유의 병리학, 질병학, 병인학을 — 경우에 따라서는 치료학도 — 보유하는 하나의 영역으로 조직된다. 하지만 이와 다르게 그리스·로마의 의학은 성행위를, 유기체의 동요로 인하여 매 순간 영향받고 장애를 일으킬 위험이 있는 영역 속으로, 그래서 역으로 성행위가 끊임없이 직·간접적으로 다양한 질병들을 초래할 수 있는 영역 속으로 편입시킨다.

우리는 두 가지 의미에서 병리학화라고 말할 수 있다. 먼저 교란적 결과로 간주되는 것이 지나친 과도함만이 아니라 성행위의 과정이 지닌 성질 자체 — 그것이 유기체에 야기하는 소모, 충격, 동요 — 이기 때문에 병리학화라고 말할 수 있다. 또 의학적 분석이 성행위의 표상들을 격렬하지만 않으면 문제가 없는 활동이나 에너지로 전도시키려는 경향을 보이기 때문에 병리학화라고 말할 수 있다. 의학적 분석들은 성행위를 마치 육체의 메커니즘에 따라, 또 자연의 욕구에만 정확히 부응함으로써 자기를 통제할 필요가 있는 영혼의 움직임에 따라 주체가 수동적으로 이끌려 들어가는 하나의 과정처럼 기술한다. "크레시스 아프로디지온chrēsis aphrodisiōn"의 의학이 성 행동의 '병리적 형태들의 범위'를 정하려 하지는 않았다는 점을 이해해야 한다. 그것은 오히려 성행위의 근원에 수동성의 요소가 드러나도록 했는데, 수동성은 파토스란 용어의 이중적 의미에 따르면 병의 근원이기도 하다. 성행위는 하나의 병이 아니라 그로부터 끊임없이 다양한 질병이 발생할 수 있는 영원한 질병의 발생지이다.

3. 이러한 의학은 성적 활동에 대한 극도의 경계를 요구한다. 그러나 이 같은 주의가 성적 활동을 그 기원과 전개 속에서 해독해내는 대로 이끄는 것은 아니다. 주체가 자신의 욕망, 자신을 성행위로 이끄는 특별한 움직임, 자신이 한 선택, 자신이 수행하는 행위의 형태, 또는 자신이 느끼는 쾌락의 양상 등이 정확히 어떤 것인지 아는 것은 문제시되지 않는다. 주의가 요구되는 것은 주체가 자신이 따라야만 할 규칙들을 지속적으로 염두에 두어야 한다는 점이다. 자기 내부의 모호한 욕망을 추적할 것이 아니라 아무런 위험이나 손실 없이 적절하게

쾌락행위를 수행하기 위해서는 반드시 작용하게 마련인 복잡하고 수많은 조건들을 알아볼 수 있어야만 한다. 자기 자신을 '진리'의 담론에 붙들어 두어야 한다. 그러나 이 담론은 주체에게 주체 자신에 대한 진리를 말하는 기능을 하지는 않는다. 담론은 주체에게 성행위의 본질과 관련하여 성행위를 어떻게 하는 것이 가능한 한 가장 정확하고 엄밀하게 그 본질에 순응하는 것인가를 가르쳐야 한다. G. 캉길렘은 아리스토텔레스에게서 "치유를 가능케 하는 것은 의학적 활동 안에서의 건강한 상태"이며, 의사가 아니라 "건강이 환자를 치유"하며, 일반적으로 "기술적 생산물의 책임은 장인이 아니라 기술에 귀착되며, 기술, 그것은 자연적 로고스의 비非반성적 목적성"이라고 말했다.[21] 마찬가지로 아프로디지아의 관리법, 의학이 제안하는 아프로디지아의 분배 체제는 사고에 존재하는 아프로디지아의 본성의 형태, 행동에 지속적으로 명령을 내리는 아프로디지아의 실체 이상도 이하도 아니어야 한다고 말할 수 있을 것이다.

4. 이러한 섭생법적 충고와 이후에 기독교 도덕과 의학적 사유에서 발견할 수 있을 계율 사이에는 많은 유사점이 있다. 희소성을 지향하는 엄격한 절제의 원칙, 성행위의 문란으로 야기될 수 있는 개인적 불행이나 집단적 병에 대한 강박관념, 욕망에 대한 엄격한 통제 및 이미지에 대한 싸움, 쾌락을 성 관계의 목적으로 삼는 태도의 폐기 등이 바로 그런 것들이다. 이 유사점들은 관계가 먼 닮은 점들이 아니며 그 사

---

21 G. Canguilhem, *Etudes d'histoire et le Philosophie des sciences*, pp. 337~338.

이에는 연속성들이 존재한다. 그런 연속성 가운데 어떤 것들은 간접적이며 철학적인 학설을 통해 전해진다. 쾌락이 목적이 되어서는 안 된다는 규칙은 아마도 의사보다는 철학자들을 통해 기독교로 전해졌을 것이다. 그러나 물론 기독교는 간접적 연속성 이외에 직접적 연속성도 가진다. 처녀성에 대한 앙시르 바질의 논문은 — 저자는 의사였다고 생각된다 — 명백히 의학적 성찰들을 참조한다. 성 아우구스티누스는 에크반의 줄리엥에 대한 반론에서 소라누스를 인용한다. 또한 성의 병리학病理學이 한 번 더 비약적 발전을 한 시기인 18세기와 19세기 전반부에 그리스·로마 의학에 대한 명백한 복귀명령이 있었다는 것도 잊어서는 안 된다.

이러한 공통적 특질에만 주목하면, 기독교와 근대 서양의 것으로 생각되는 성 윤리가 적어도 몇 가지 본질적 원칙에서는 그리스·로마 문화의 절정기에 확립되어 있었다는 인상을 가질 수도 있다. 그러나 이 같은 인상은 자기 자신에 대한 관계 유형에 연관된, 따라서 주체가 자신에 대해 갖는 경험 내로 계율들을 통합하는 형태에 연관된 근본적 차이점들을 무시하는 것이리라.

이 장에서 나는 또 Jackie Pigeaud, *la Maladie de l'âme, Etude sur la relation de l'âme et du corps dans la tradition medico- philosophique antique*, Paris, Les Belles Lettres, 1981을 참조하였다.

제5장

# 아내

1. 부부의 유대
2. 독점의 문제
3. 결혼의 쾌락

*Histoire de la sexualité*

*Le souci de soi*

결혼을 문제 삼았던 고대의 위대한 텍스트들 — 크세노폰의 《가정관리술》, 플라톤의 《국가》나 《법률》, 아리스토텔레스의 《정치학》과 《니코마코스 윤리학》, 《가정관리술》— 은 결혼관계에 대한 성찰을 도시국가와 그것의 생존과 번영에 필요한 법률이나 관습, 가족 및 이의 유지와 풍요를 가능하게 하는 조직이라는 넓은 틀 안에 위치시킨다. 결혼의 이러한 시민적 · 가족적 유용성에 가족이 종속되어 있다는 사실로부터 결혼이 그 자체로는 중요성이 없는 관계, 또 국가와 가족에 유익한 자손을 공급하는 것 외에는 다른 가치가 없는 관계로 생각되었다고 결론지어서는 안 될 것이다. 우리는 크세노폰, 이소크라테스, 플라톤, 또는 아리스토텔레스가 결혼생활을 잘 이끌도록 하기 위해 남편들에게 어떤 까다로운 계율을 부과했는지 보았다. 아내가 누릴 수 있는 특권, 아내에 대한 올바른 태도, 아내에게 모범이 되고 아내를 교육하는 데 드는 수고, 이 모든 것은 단순한 생식적 기능을 훨씬 넘어선 어떤 관계양상을 암시한다. 특히 결혼한 남자가 한 가정의 가장이자 명망 높은 시민, 또 타인에게 정치적 · 도덕적 권력을 행사하고자 하는 사람이었던 만큼 결혼은 남편에게 특별한 행동양식을 요구했다. 그런데 결혼의 기술에서 현명하고 절도 있고 정당한 남자의 행동에 특수한 형태를 부여해야 했던 것은 다름 아닌 자기 지배의 필요성이었다.

기원전 2세기에서 기원후 2세기까지의 시기에 나온 일련의 텍스트들 — 안티파테르의 《페리 가무*Peri gamou*》, 오랫동안 아리스토텔레스의 《가정관리술》의 마지막 부분으로 추정되었던 그리스 텍스트의 라틴어 번역본, 결혼에 바쳐진 무소니우스의 여러 구절들, 플루타르코스의 《부부의 계율》과 《사랑에 관한 대화》, 히에로클레스의 결혼론, 그밖에 세네카나 에픽테투스, 그리고 피타고라스 학파의 몇몇 텍스트들 — 에서 결혼행동의 윤리는 상당히 다르게 조명되고 있다.[1] 여기서 우리는 결혼관습에 나타나는 어떤 변화를 확인할 수 있다.

이 시기에 이르러 결혼이 과거에 비해 더 절실하게 자주 논의되는 문제가 되었다고 말해야 할까? 이 시기에 결혼생활의 선택과 결혼생활에 적합한 행동방식은 더 많은 관심을 끌었고, 사람들은 더욱더 세심하게 이에 관한 문제제기를 했다고 가정해야 할까? 물론 이러한 질문들에 양적인 용어로 대답하는 것은 거의 불가능하다. 대신에 결혼생활을 영위하는 기술이 여러 중요한 텍스트에서 상당히 새로운 방식으로 숙고되고 규정되었다는 것은 분명해 보인다. 첫 번째 새로운 사실은 결혼생활의 기술이 가정과 그 관리, 출산과 자식의 생산에 계속해서 관련되면서도 모든 요소들 중에서 특히 부부 사이의 인격적 관계, 그들을 결합할 수 있는 유대, 서로에 대한 각자의 태도와 같은 어떤 특정한 요소에 점점 더 많은 가치를 부여한다는 점으로 보인다. 또한 부부 사이의 인격적 관계는 집안의 가장으로서 행해야 할 여러 중요한 책무 중 하나라기보다 주변의 다른 모든 것을 조직하고, 파생시키면서 거기에 힘을 부여하는 일차적이고도 근본적인 요소로서 간주되었던 것 같다. 요컨대 결혼생활에서의 처신술은 지배의 테크닉보다 개인적 유대의 양식에 의해 더 많이 정의될 것이다. 두 번째 새로운 사

1 H. Thesleff, *An Introduction to the Pythagorean Writings of the Hellenistic Period*, 그리고 *The Pythagorean texts of the Hellenistic period*.

실은 결혼한 남자의 행동의 절제 원칙은 타인에 대한 지배보다는 서로에 대한 의무에 속한다는 점일 것이다. 달리 말하자면, 자기에게 행사하는 자신의 주권이 점점 더 타인에 대한 의무의 이행과 특히 아내에 대한 어떤 존경의 실행으로 표명된다는 점에 있을 것이다. 여기서 자기에 대한 배려의 강화는 타인에 대한 가치부여와 병행한다. 때때로 성적 '정절'의 문제를 도식화하는 데서 볼 수 있는 새로운 방식이 그러한 변화를 증명한다. 결국 여기서 가장 중요한 사실은 유대와 균형으로서의 결혼의 기술이 부부간의 성 관계에 상대적으로 더욱 중요한 자리를 내어주고 있다는 점이다. 이와 같은 문제들은 여전히 신중하고 매우 암시적으로 다루어지긴 하지만, 플루타르코스와 같은 저자들에게서 우리는 쾌락의 관계에서 행동하고 처신하는 방식을 부부에게 규정해 주려는 배려를 발견한다. 여기서 출산에 대한 관심은 사랑이나 화목, 상호 공감 등과 같은 다른 의미 및 다른 가치들과 결합한다.

다시 한 번 되풀이하자면, 이런 식의 행동과 감정이 고대에는 알려져 있지 않다가 이후에 나타났다고 주장하는 것은 아니다. 이 같은 영역의 변화를 확증하기 위해서는 전혀 다른 문헌조사와 분석이 요구될 것이다. 그러나 — 우리가 사용할 수 있는 텍스트들에 의하면 — 우리가 살펴본 태도, 처신방식, 행동하고 느끼는 방법들은 분명 그 당시 논의의 주제, 철학적 토론의 대상, 심사숙고된 처신술의 요소가 되었던 것 같다.[2] 이제 부부생활의 양식은 결혼생활에 대한 전통적 계율로

---

2 M. Meslin, *L'Homme romain, des origines au 1er siècle de notre ère*, pp. 143 ~ 163.

부터 해방된다. 우리는 이러한 양식을 부부 유대의 기술, 성적 독점의 주장, 마침내 공유된 쾌락의 미학 속에서 상당히 잘 찾아볼 수 있다.

## 1

# 부부의 유대

결혼에 관한 몇몇 성찰과 특히 기원후 두 세기 동안의 스토아학파의 텍스트들을 통하여 우리는 부부관계의 어떤 모형이 만들어지는 것을 본다. 이제껏 없었던 제도적 형태를 결혼에 부과하려 하거나 상이한 법률적 틀 안에 결혼을 집어넣으려 하는 것은 아니다. 하지만 사람들은 전통적 구조를 문제 삼지 않으면서도 고전기의 텍스트들에서 제시된 것과는 매우 다른 방식으로 남편과 아내 사이의 공존양식, 그들 사이의 관계양상, 함께 사는 방식을 규정하려고 애쓴다. 지나친 도식화의 위험을 무릅쓰고 약간은 시대착오적 어휘를 사용한다면, 결혼은 단지 가정관리에서 드러나는 역할의 상보성相補性을 고착시키는 '결혼상태'로서 뿐만 아니라 무엇보다도 '부부의 유대'와 남자와 여자 사이의 인격적 관계로 생각되었다고 말할 수 있겠다. 이제 결혼생활의 기술은 형태는 쌍수적이고, 가치는 보편적이며, 강도와 힘은 특수한 하나의 관계를 규정한다.

1. 쌍수적雙數的 관계. 자연에 부합하는kata phusin 어떤 것이 있다면, 바로 그것은 결혼하는 것이라고 무소니우스 루푸스는 말하였다.[1] 히에로클레스는 자신이 결혼에 관해 개진한 담론이야말로 가장 필수적인 것이라고 설명하기 위해서, 인류를 결혼이라는 형태의 공동체로 이끄는 것은 바로 자연이라고 주장한다.[2]

이러한 원칙들은 완전히 전통적 교훈을 되풀이한 것에 지나지 않았다. 비록 몇몇 철학학파, 특히 견유주의자犬儒主義者들에 의해서 의문시되었지만 결혼의 자연성은 보통 다음과 같은 일련의 이유 — 번식에 필수불가결한 자웅雌雄의 만남, 자손의 교육을 위하여 그 결합을 안정된 관계로 연장시킬 필요성, 부부생활과 그것의 효용과 책무가 가져올 수 있는 모든 원조와 편리함과 즐거움, 궁극적으로 도시국가의 기본 요소로서의 가족의 형성 — 에 근거를 두고 있었다. 이것들 중 첫 번째 기능에 따라 남자와 여자의 결합은 모든 동물의 공통적 원칙에 속하게 되며, 다른 기능들을 통해서 일반적으로 인간 고유의 합리적인 것으로 간주되는 삶의 형태들이 나타난다.

제국시대의 스토아학파 학자들은, 출산과 공동체적 삶 양자에 기여하기 때문에 결혼은 자연스러운 것이라는 고전적 테마를 되풀이하면

---

1 Musonius Rufus, *Reliquiae*, Ed. Hense, XIV, p. 71. Cf. C. Lutz, "Musonius Rufus," *Yale Classical Studies*, t. X, 1947, pp. 87~100.

2 Hiéroclès, *Peri gamou*, in Stobée, *Florilège*, 21, 17.

서도 동시에 명백한 방식으로 변형시킨다.

먼저 무소니우스를 보자. 그의 여러 공식에서 우리는 '생식적' 목적에서 '공동체적' 목적으로 강조점이 전이되는 것을 찾아볼 수 있다. 논문 〈결혼의 목적에 관하여〉의 시사적인 한 구절은[3] 자손을 얻으며 생활을 공유한다는 결혼의 이중적 목적을 언급하면서 개진된다. 그러나 곧이어 무소니우스는 출산이 물론 중요한 일일 수는 있지만 그 자체로는 아마도 결혼을 정당화할 수 없을 것이라고 덧붙인다. 그는 견유주의자들이 자주 제기한 반론에 대해 언급하면서 단지 자손을 갖는 것만이 문제가 된다면 사람도 동물과 똑같이 결합하였다가 바로 결별할 수 있으리라는 점을 상기시킨다. 사람들이 그런 짓을 하지 않는 이유는 그들에게 중요한 것이 바로 공동체이기 때문이다. 즉, 부부라는 공동체는 서로 배려하고 서로에게 관심과 호의를 보여주는 삶의 동반관계이며 서로를 서로의 짝으로 보지 않으면 앞으로 나아갈 수 없는, 수레에 매인 한 쌍의 짐승들에 비유할 수 있을 삶의 동반관계이기 때문이다. 무소니우스가 자손을 보는 목적보다 도움과 원조의 관계에 우선권을 부여하고 있다고는 말할 수 없을 것이다. 그러나 그러한 목적들은 공동생활의 형태라는 유일한 형태 안에 포함되어야 한다. 서로에게 정성을 다하는 것과 자식을 함께 양육한다는 것은 본질적 형태가 갖는 두 측면이다.

무소니우스는 다른 구절에서 어떻게 이러한 결합형태가 자연에 의해 각 개체 안에 자리 잡았는지에 대해 지적한다. 논문 〈철학의 장애

---

3 Musonius Rufus, *Reliquiae*, XIII A, pp. 67~68.

물로서의 결혼〉4에서 무소니우스는 인류가 처음 남자와 여자로 분리될 때를 언급하면서 창조자가 양성을 분리한 이후에 그 둘을 다시 접근시키기 원했던 사실에 대해서 의문을 제기해 본다. 무소니우스가 지적하는 바에 따르면, 창조자는 양성 각각에게 '격렬한 욕망', '교접'과 동시에 '결합'의 — 호밀리아homilia와 코이노니아koinōnia — 욕망을 불어넣음으로써 그들을 근접시켰다. 이때 호밀리아와 코이노니아라는 두 용어 중 전자는 성 관계를, 후자는 공동체적 삶을 가리키는 것으로 보인다. 따라서 인간 존재에게는 어떤 기본적이고 근원적인 욕망이 있으며 그 욕망은 육체적 결합과 삶의 공유 모두에 근거를 두고 있다는 점을 이해해야 한다. 이 명제는 두 가지 결론을 갖는다. 극도로 격렬한 욕망은 성적 결합으로 이끄는 움직임뿐만 아니라 삶의 공유로 향하는 움직임을 특징짓는다. 반대로 양성 사이에서 일어나는 성적 관계는 두 객체를 관심, 정감, 영혼의 공유를 통해 서로 연결하는 관계와 마찬가지로 합리적 차원에 속한다. 결국 성 관계와 공동체적 삶에서 드러나는 동일한 자연적 경향이 동등한 강도와 동일한 유형의 합리성을 지니고 삶에서의 합일과 육체의 결합에 이르도록 하는 것이다.

그러므로 무소니우스에게는, 결혼이 한편으로는 육체적이고 성적이며 다른 한편으로는 사회적인 두 이질적 경향의 교차점에 위치하기 때문에 정당한 것은 아니다. 결혼은 본질적 목적으로서 직접 결혼으로 이끄는, 그리하여 결혼을 통하여 공동의 자손과 삶의 동반관계라는 결혼에 내재된 두 결과로 이끄는 원초적이고 단일한 경향에 뿌리박

---

4 *Ibid.*, XIV, pp. 70~71.

고 있다. 우리는 무소니우스가 결혼보다 더 바람직한 것은 없다고 말할 수 있었던 것을 이해한다. 결혼의 자연스러움은 그 행위에서 끌어낼 수 있는 결과들에서만 기인하는 것은 아니며, 원래부터 결혼을 바람직한 목적으로 설정하는 어떤 경향의 존재에서 이미 예고된다.

히에로클레스 또한 유사한 방식으로 결혼을 어떻게 보면 "이원적"인 인간의 본성에 근거 짓는다. 그가 볼 때, 인간은 "부부적sunduastikoi"[5] 동물이다. 그 개념은 자연과학자들이 무리지어 사는sunagelastikoi 동물들과 짝을 이루어 사는sunduastikoi 동물들을 구분할 때 사용하는 개념인데, 플라톤도 《법률》의 한 구절에서 이 구분을 참조한다. 그는 무리 속에서 정숙하게 생활하다가도 사랑의 계절이 오면 짝을 짓고 "부부적" 동물이 되는 예를 보여 준다. 아리스토텔레스도 《정치학》에서 주인과 노예의 관계와 마찬가지로 부부관계를 지칭하기 위하여 똑같이 인간의 "쌍서적雙棲的" 특성을 언급했다.[6]

히에로클레스는 여러 상이한 목적에 그 개념을 사용하면서도 그것을 유독 부부간의 관계에만 적용시킨다. 그리하여 부부관계는 원칙을 획득하고 뒤이어 자연성의 근거를 발견할 것이다. 그에 따르면 인간 존재란 구조상 이원적이다. 인간은 자손을 갖고 동시에 짝과 함께 삶을 보낼 수 있게 해 주는 관계 속에서 부부로 살도록 만들어졌다. 무소니우스와 마찬가지로 히에로클레스도 자연이 결혼에 위상을 마련해

---

5 Hiéroclès, in Stobée, *Florilège*, p. 22.

6 Aristote, *Politique*, I, 2, 1252a. 그는 《니코마코스 윤리학》, VIII, 12에서 그 단어를 남편과 아내의 관계에 대해 사용하기도 했다.

주는 것에 그치지 않고 개인으로 하여금 본능적으로 결혼에 이끌리도록 부추긴다고 주장한다. 자연은 보통 사람들과 마찬가지로 현자 또한 결혼으로 이끈다. 결혼을 추진하는 움직임에서 자연과 이성은 서로 일치한다. 그러나 히에로클레스가 짝을 지어 사는 인간 존재의 쌍서적 특성과 무리를 이루어사는 "군서적" 특성을 마치 양립할 수 없는 두 가능성인 양 서로 대립시키지 않았다는 점을 주목해야 한다. 인간은 짝을 이루어 사는 것과 마찬가지로 다수 속에서도 살도록 만들어졌다. 인간은 부부생활을 하는 동시에 사회적이며, 쌍수적 관계와 다수적 관계는 연결되어 있다. 도시국가는 가정家庭이라는 요소로 이루어지지만 가정에서 그 근원과 함께 완성되는 것은 부부이며, 따라서 가정은 부부 주변에서 조직될 때만 완전한 것이라고 히에로클레스는 설명한다. 그러므로 우리는 자연이 인간에게 부여한 본원적 구조, 이성적 피조물로서 인간에게 부과된 의무들, 인간을 그가 속한 공동체에 연결하는 사회적 삶의 형태, 이 모든 것 속에서 부부의 제국시대를 발견한다. 결국 인간의 전 생애에 걸쳐서, 그리고 생의 모든 측면에서 부부의 제국시대가 존재하는 것이다. 동물로서, 이성적 생물로서, 이성에 의해 인류에 연결된 개인으로서, 어쨌든 인간은 부부적 존재이다.

2. 보편적 관계. 결혼을 해야 하는가 하지 말아야 하는가 하는 문제는 삶의 방식에 관한 성찰 속에서 오랫동안 토론의 대상이 되었다. 결혼의 유리한 점과 불리한 점, 합법적 아내를 갖고 그녀 덕택에 영예로운 자손을 갖게 된다는 유익함, 역으로 아내를 부양하고 아이들을 보살피고 그들이 필요로 하는 것을 조달하고 때로는 그들이 병이나 죽음

에 직면해야 한다는 염려와 곤란, 이러한 것들이 때로는 진지하고 때로는 빈정거리는 듯하면서도 항상 되풀이되는 토론의 변함없는 주제였다. 고대에서 이와 같은 문제들은 이후로도 오랜 반향을 일으켰다. 에픽테투스와 루키아노스로 알려진 《사랑》의 저자 알렉산드리아의 클레멘스, 또는 논문 〈에이 가메테온 *Ei gameteon*〉의 리바니오스 등은 몇 세기를 지나면서도 거의 새로워지지 않는 논쟁을 되풀이했다. 에피쿠로스 학파 사람들과 견유학파 사람들은 원칙적으로 결혼에 반대했다. 반대로 스토아학파 사람들은 처음부터 분명하게 결혼에 호의적이었던 것 같다.[7] 어쨌든 결혼하는 것이 좋다는 주장은 스토아주의에 널리 퍼져 있었고 스토아주의의 개인적 · 사회적 도덕에서 전적으로 드러나는 특징이었던 것으로 보인다. 그러나 도덕의 역사에서 스토아학파가 차지하는 중요성은, 결혼이 지닌 불편함에도 불구하고 단지 이점利點들 때문에 결혼을 선호한 것은 아니라는 데 있다. 무소니우스와 에픽테투스나 히에로클레스의 관점에서 결혼한다는 것은 "더 나은 것"의 문제가 아니라 하나의 의무이다. 혼인관계는 보편적 규율에 속한다. 이와 같은 일반적 원칙은 두 유형의 성찰에 근거한다. 인간 존재는 자연적인 동시에 이성적이므로 결혼은 자연을 따르는 것이며, 인간은 누구나 동일한 충동에 의해 결혼으로 인도된다. 결혼이라는 책무는 스토아학파 사람들에게 이 같은 원칙의 직접적 귀결이다. 그러나 이러한 책무는 또한 인간 존재가 스스로를 공동체의 구성원이자 인류의 일부로서 인정하는 한 피해서는 안 될 임무와 의무의 총체 중

---

7 Cf. Diogène Laërce, *Vie des Philosophes*, VII, I, 121.

하나로 포함되어 있다. 즉, 결혼은 개별적 존재가 모든 사람에 대한 가치를 지니게끔 해 주는 의무들 중 하나이다.

에픽테투스가 에피쿠로스 학파에 속하는 어떤 이와 함께 한 토론은 결혼이 자연에 부합하여 살기를 원하는 모든 인간 존재의 보편적 의무이자 주변 사람들과 인류 전체에 유용한 삶을 살고자 하는 개인의 임무로서 인식되고 있었음을 명확히 보여준다. 에픽테투스가 III권 대화 7에서 반박하는 에피쿠로스 학파 사람은 유력자, 즉 공직을 수행하는 "도시 감찰관"이다. 하지만 그는 자신의 철학적 원칙들에 충실하여 결혼을 거부하는 자이다. 에픽테투스는 3가지 논거를 들어 그에게 반박한다. 첫 번째는 결혼의 직접적 유용성과, 결혼 포기를 보편화한다는 것의 불가능성에 의거한다. 만일 모든 사람이 혼인을 거부한다면 "무슨 일이 일어나겠는가? 시민들은 어디서 생겨나겠는가? 누가 그들을 키우겠는가? 누가 장정들을 감독하겠는가? 누가 체육장장體育場長이 되겠는가? 게다가 그들의 교육은 어떻게 되겠는가?"[8] 두 번째는 정치생활, 종교, 가정생활에 수반되는 의무와 함께 결혼 또한 그 일부를 이루는 사회적 책무에 의거한다. 이러한 책무를 그 누구도 회피해서는 안 되는데 "시민으로서 자신의 역할을 수행하는 것, 결혼하는 것, 아이들을 갖는 것, 신을 경배하는 것, 부모를 돌보는 것"[9]이 바로 사회적 책무들이다. 끝으로 세 번째는 이성理性이 복종할 것을 명령한 행위의 자연성에 의거한다. "자연에 부합하는 행위에서 우리의 열기

8 Epictète, *Entretiens*, III, 7, 19~20.

9 *Ibid.*, 26.

를 돋우고 우리를 자제하기 위해서는 사제나 하녀처럼 쾌락을 의무에 복속시켜야 한다."10

지금까지 살펴보았듯이 결혼해야 한다는 원칙은 결혼의 이익과 불편함을 비교하는 문제와 분리되어 자연에 부합하고 만인에게 유용하므로 보편성을 띠는 삶을 선택하라는 요구로서 모두에게 표현된다. 결혼은 인간을 자연적 존재이자 인류의 구성원으로서 자기 자신과 결합하도록 한다. 에픽테투스는 문제의 에피쿠로스 학파 대화자와 작별하려는 순간에 그에게 다음과 같이 말한다. 제우스가 명령한 것을 하지 않으면, "당신은 벌과 손실을 입게 될 것입니다 — 어떤 손실이냐고요? — 당신의 의무를 행하지 않았다는 바로 그 손실이지요. 당신은 당신 안에 존재하는 충실하고, 위엄 있고, 절도 있는 사람을 망가뜨릴 것입니다. 그보다 더 중대한 손실을 찾으려고 하진 마십시오".11

여하튼 스토아학파 사람들이 바람직한 것들, 즉 프로에구메나 proëgoumena로 분류한 다른 모든 행동이나 결혼이나 상황은 마찬가지이다. 결혼이 의무적이지 않은 상황이 생겨날 수도 있다. 히에로클레스가 바로 이 같은 상황에 대해 언급한다. "결혼하는 것은 바람직하다 proëgoumenon. 그러므로 다른 어떤 상황도 그것에 대립되지 않는다면 결혼은 우리에게는 지상명령이다."12 스토아학파와 에피쿠로스 학파의 차이점이 드러나는 것은 이처럼 결혼해야 할 의무와 상황 간의 관

---

10 *Ibid.*, 28.

11 *Ibid.*, 36.

12 Hiéroclès, in Stobée, *Florilège*, p. 22.

계에서이다. 후자의 경우, 상황이 결합형태를 바람직하게 만들 수 없다면 그 누구도 결혼해야 할 의무가 없다. 그러나 전자의 경우에는 특수한 상황만이 원칙적으로는 피할 수 없는 책무인 결혼을 보류할 수 있다.

여러 상황 중에 오랫동안 토론의 대상이 되었던 것이 하나 있는데, 그것은 철학적 삶의 선택이다. 고대 이래로 철학자의 결혼이 토론의 주제였다는 사실은 몇 가지 이유를 통해 설명될 수 있다. 다른 삶의 형태들과 비교할 때 철학자 같은 유형의 삶은 이질적이다. 철학자의 목표(자기 영혼의 배려, 정념의 정복, 정신의 평온의 추구)는 전통적으로 결혼생활의 동요나 혼란이라고 묘사되는 것과 양립불가능하다. 간단히 말해서 철학적 삶의 독특한 양식과 결혼의 의무적 요구들을 일치시키는 것은 어렵게 보였던 모양이다. 그러나 두 개의 중요한 텍스트는 문제를 해결하는 것뿐 아니라 문제의 여건을 제기하는 데에도 전적으로 다른 방식을 보여준다.

무소니우스가 더 오래된 텍스트의 저자이다. 그는 결혼생활과 철학적 삶 사이의 실제적 양립불가능성의 문제를 뒤집는 대신에 둘 사이에 있는 본질적 의속依屬관계를 단언한다.[13] 철학자가 되기를 원하는 사람은 결혼해야 한다고 그는 말한다. 왜냐하면 철학자의 첫 번째 역할은 자연에 자신을 일치시키고, 자연에서 유래하는 모든 의무를 수행하면서 살아야하는 것이기 때문이다. 철학자는 자연에 비추어 인간 존재에 적합한 것을 "스승이자 안내자"로 삼는다. 철학자는 그 누구보

13 Musonius Rufus, *Reliquiae*, XIV, p. 70.

다도 훨씬 더 이를 잘 수행해야 한다. 왜냐하면 그의 역할은 단지 이성理性에 따라 사는 것에 그치지 않고 다른 모든 사람에게 이성적 삶의 본보기이자 그러한 삶으로 인도하는 스승이 되어야 하기 때문이다. 철학자가 자신이 충고하고 인도하는 이들보다 열등할 수는 없는 일이다. 만일 그가 결혼을 회피한다면 그는 이성에 복종하고 자연을 따르면서 자신과 타인에 대한 염려로 인해 결혼생활을 하는 다른 모든 사람보다 열등한 모습을 보이는 것이리라. 결혼생활은 철학과 양립할 수 없기는커녕 철학에 두 배의 책무를 부여하는데, 하나는 자기 자신에게 보편적으로 유효한 삶의 형태를 부여할 의무이며, 다른 하나는 타인에게 삶의 모범을 보일 필수성이다.

사람들은 위와 같은 분석에 에픽테투스가 견유주의자의 이상적 초상을 묘사할 때 제시하는 분석을 대립시키고자 할지도 모른다. 그는 이상적 견유주의자란 철학하는 것을 직업으로 삼고 무대에 올라 인간들을 불러모아서 그들의 삶의 방식을 질책하는 공공의 교육자이자 진리의 전령傳令이며 제우스가 인간에게 보낸 사자가 되어야 한다고 주장한다. 그의 묘사에 따르면 견유주의자는 "의복도 보금자리도 집도", "노예나 조국도", "재산도" 가질 수 없을 것이며, "아내도 아이들도" 물론 없다. "단지 땅과 하늘과 낡은 외투 한 벌"이 있을 뿐이다.[14] 게다가 에픽테투스는 결혼과 그 불편함에 대해 너무나 친숙한 정경을 그려 보인다. 진부한 말로 이루어진 묘사는 사람들이 그토록 오랫동안 "결혼생활의 귀찮음" — 영혼을 교란시키고 명상을 방해하는 — 이라고

---

14 Epictète, *Entretiens*, III, 22, 47.

일컬었던 것과 일치한다. 결혼하면 사람들은 "사사로운 의무들"에 얽매이게 된다. 냄비에 물을 끓여야 하고, 아이들을 학교에 데리고 가야 하고, 장인을 모셔야 하고, 아내에게 양털, 기름, 침대, 물컵을 마련해 주어야 하는 것이다.[15] 언뜻 보기에 여기서 문제가 되는 것은 현자賢者를 귀찮게 하고, 그 현자가 자신에게 전념하는 것을 방해하는 책무들의 긴 목록에 불과하다. 그러나 에픽테투스에 의하면 이상적 견유주의자가 결혼을 포기해야 하는 이유는 자신의 배려를 자신에게, 오로지 자기에게만 쏟고자 하는 의도 때문은 아니다. 오히려 반대로 사람들에게 관심을 갖고 그들을 감독하고 그들의 "후원자"가 되는 것을 사명으로 삼고자 하기 때문이며, 의사처럼 "순회 왕진을 하고" "모든 사람들을 진맥해야" 하기 때문이다.[16] 가정의 책무에(에픽테투스가 묘사하는 빈한한 살림살이라 할지라도, 아니 어쩌면 그런 경우에 특히) 사로잡히면 그는 인류 전체에 관계된 일에 종사할 여유를 가질 수 없을 것이다. 모든 개인적 관계를 포기한다는 것은 그가 철학자로서 인류와 관계를 맺고 있기 때문이다. 그는 가족이 없다. 왜냐하면 그의 가족은 바로 인류이기 때문이다. 그는 아이가 없다. 왜냐하면 어떤 점에서 보면 그는 모든 남자와 여자를 낳았기 때문이다. 따라서 견유주의자가 개개의 가정에 전념할 수 없는 까닭은 바로 보편적 가족을 떠맡고 있기 때문이라는 점을 잘 납득해야 한다.

그러나 에픽테투스는 여기에 그치지 않는다. 그는 양립불가능성에

15 *Ibid.*, 70~71.

16 *Ibid.*, 73.

하나의 한계를 정하는데, 그것은 그가 세계의 실제 "국민"이라 부르는 것의 한계, 즉 현재 상황의 한계이다. 만일 우리가 실제로 현자들의 국가에 산다면 신에 의해 파견되어 자신의 모든 것을 떨쳐 버리고 다른 사람들에게 진리를 각성시키려고 일어서는 사람들이 필요치 않을 것이다. 모든 사람이 철학자일 것이며 견유주의자와 그의 고된 작업은 무용할 것이다. 다른 한편으로 그와 같은 상황에서 결혼은 오늘날 인류의 현재 형태에서와 같은 난점을 제기하지는 않을 것이다. 철학자는 자기 아내, 장인, 아이들에게서 자신과 똑같은, 자신처럼 길러진 사람들을 볼 수 있을 것이고,[17] 혼인관계는 현자를 바로 자기 자신인 타자와 대면시킬 것이다. 그러므로 전투적 철학자에게서 나타나는 결혼의 거부는 본질적 강요에 관계되는 것이 아니라 단지 상황적 필요성에 속하는 것이다. 또한 모든 사람이 자신의 본질적 본성에 부합하는 삶을 살 수 있게 된다면 철학자의 독신생활은 사라져 버리리라는 점을 고려해야 한다.

3. 독특한 관계. 제국시대의 철학자들이 부부관계의 정서적 차원을 발명한 것은 분명 아니다. 마찬가지로 그들이 사생활, 가정생활, 시민생활에서 부부관계가 가지는 유용성들을 제거한 것도 아니다. 그러나 그들은 부부관계에, 그리고 관계가 부부간에 유대를 수립하는 방식에 하나의 형식과 특별한 성질들을 부여하려 한다.

아리스토텔레스는 부부관계를 중시하고 강조했다. 그러나 그가 인

---

17 *Ibid.*, 67~68.

간들을 서로 결합시키는 관계들을 분석할 때 특권을 부여했던 것은 다름 아닌 혈연血緣관계였던 것으로 보인다. 그에 의하면 어떤 관계도 부모와 자식간의 관계보다 강하지 않다. 부모는 자식에게서 자신의 일부를 본다.18 무소니우스가 〈철학의 장애물로서의 결혼〉이라는 논문에서 제안하는 위계는 다르다. 무소니우스는 인간들 사이에 수립될 수 있는 모든 공동체 중에서도 결혼공동체를 가장 고귀하고, 가장 중요하고, 가장 존경할 만한presbutatē 것으로 지적한다. 힘으로 치면 그것은 친구를 친구에, 형제를 형제에, 자식을 부모에 결합시키는 힘보다 더 강하다. 그것은 더구나 — 이것이 결정적인 점인데 — 부모를 그들의 자손에게 연결시키는 끈보다도 강하다. 어떤 아버지, 어머니도, 자신의 배우자에게 기울이는 것보다도 더 큰 애정을 자식에게 기울일 수 없다고 무소니우스는 쓴다. 그는 아드메투스를 예로 든다. 과연 아드메투스를 위해 죽은 사람은 누구인가? 그것은 그의 늙은 부모들이 아니라 그의 젊은 아내 알세스트였다.19

이처럼 부부간의 유대는 다른 어떤 것보다 더 근본적이고 긴밀한 것으로 생각되었으며 온갖 삶의 양식을 규정짓는 역할을 하였다. 결혼생활은 상호보완적 과업과 행동의 분배로 특징된다. 남자는 여자가 수행할 수 없는 일을 해야 했고, 아내는 나름대로 남편의 소관이 아닌 일들을 수행했다. 남편과 아내의 서로 다른 활동과 생활양식에 가정의 번영이라는 동일한 목표는 당연히 통일성을 부여했다. 이와 같은

---

18 Aristote, *Ethique à Nicomaque*, VIII, 12.

19 Musonius Rufus, *Reliquiae*, XIV, pp. 74~75.

부부간의 고유한 역할 조정은 기혼자들에게 부과된 삶의 계율에서 사라진 적이 없다. 히에로클레스는 《가정관리술》[20]에서, 크세노폰에게서 찾아볼 수 있는 것과 동일한 규칙을 언급한다. 그러나 집과 재화와 가산에 관련된 행동의 배분 뒤에서 우리는 분담된 삶과 공동생활의 요구가 확고해지는 것을 본다. 부부에게 결혼의 기술은 단순히 두 파트너가 공인한 어떤 목적, 또한 그 안에서 부부가 결합하는 어떤 목적을 위해 각자 나름대로 행동하는 이성에 기초한 방법에 불과한 것은 아니다. 그것은 함께 살고 하나가 되는 방법이다. 결혼은 두 배우자가 각각 자신의 삶을 둘의 삶으로 이끌어 함께 공통된 하나의 삶을 이루어내는 어떤 행동양식을 촉구한다.

공통된 삶의 양식은 먼저 함께 사는 기술에 의해 특징지어진다. 일 때문에 남자는 집 밖에 있어야 하고 반면에 아내는 가정에 머물러 있어야 한다. 그러나 훌륭한 부부는 곧 다시 만나기를, 그리하여 가능한 한 최소한만 서로 떨어져 있기를 바랄 것이다. 상대방의 존재, 마주보는 것, 나란히 하는 삶은 단지 의무로서 뿐만 아니라 부부를 결합시키는 유대감의 특징적 갈망으로 나타난다. 물론 각자 자신의 역할을 가질 수는 있지만, 서로가 상대방 없이 지낼 수는 없을 것이다. 무소니우스는 훌륭한 결혼을 한 부부들이 느끼는, 함께 있으려는 욕구를 강조한다. 그는 심지어 서로 떨어지기 힘든 정도를 부부만의 특수한 애정을 잴 수 있는 척도로 삼는다. 아내에게는 남편의, 남편에게는 아내의 부재不在만큼이나 참기 어려운 부재는 없으며, 슬픔을 줄이고 기쁨

---

**20** Hiérclès, in Stobée, *Florilège*, 21.

을 키우고 불운을 극복하는 데는 그 어떠한 것도 그러한 힘을 가지지 못한다고 그는 말한다.[21] 상대방의 존재는 결혼생활의 핵심을 이룬다. 아내가 부재중일 때, 플리니우스가 그녀를 찾아 헤매는 데 보낸 낮과 밤들을, 그녀가 마치 옆에 있는 것처럼 느끼기 위해서 그녀의 얼굴을 떠올리는 데 보낸 낮과 밤들을 묘사하는 장면을 우리는 상기할 수 있다.[22]

함께 사는 기술은 또한 말하는 기술이다. 물론 크세노폰의 《가정관리술》은 일종의 부부간의 교환 모델을 서술하고 있다. 무엇보다도 남편은 인도하고 충고하고 교훈을 주고 아내가 가정의 여주인으로서 최종적 역할을 하도록 이끌어야 한다. 반면 아내는 자기가 모르는 것에 관해서는 질문하고, 자기가 할 수 있었던 것에 대해서는 보고해야 한다. 이후의 텍스트들은 부부간의 대화가 지닌 다른 양식과 다른 목적들을 보여준다. 히에로클레스에 따르면, 남편과 아내는 각각 상대방에게 자신이 한 일을 이야기해야 한다. 아내는 남편에게 집에서 일어난 일을 말하는 것은 물론 밖에서 일어난 일에 대해 물어봐야 할 것이다.[23] 플리니우스는 칼푸르미아가 자신의 공적 활동의 경과를 항상 알고서 자신을 격려하고 자신의 성공을 기뻐하기를 바란다. 이는 로마의 저명한 가문에서는 오래 전통이었다. 그는 아내를 자신의 일에 직접적으로 참여시키고 그녀는 남편에 대한 애정으로 문학에 취미를

21 Musonius Rufus, *Reliquiae*, XIV, pp. 73～74.

22 Pline, *Lettres*, VII, 5.

23 Hiéroclès, in Stobée, *Florilège*, 22.

가지게 된다. 그는 그녀를 자신의 문학적 업적의 증인이자 심판관으로 삼는다. 그녀는 그의 작품을 읽고, 연설을 듣고, 들려오는 찬사를 기쁘게 받아들인다. 이처럼 플리니우스가 바라는 것은 상호적 애정, 즉 "콩코르디아concordia"가 영속적으로 계속되어 날이 갈수록 더 강해지는 것이다.[24]

이로부터 결혼생활은 둘이서 하나의 새로운 단일체를 구성하는 기술이기도 하다는 생각이 나온다. 우리는 가정에서 남자와 여자가 각각의 책임을 행사할 수 있도록 자연이 부여한 상이한 특질들을 크세노폰이 어떻게 구분했는지 기억한다. 혹은 아리스토텔레스가 어떻게 여자에게는 항상 열등한 채로 남아있어 여자의 종속관계를 합리화하는 덕성을 완성으로까지 진전시킬 수 있는 가능성을 남자에게 부여했는지 기억한다. 반대로 스토아학파 사람들은 동일한 적성은 아닐지라도 적어도 덕성에 이르는 동등한 능력이 양성 모두에게 있음을 인정한다. 무소니우스에 의하면 훌륭한 결혼은 "호모노이아homonoia"에 기초한다. 그러나 이 단어는 단지 두 파트너 간의 사고의 유사성만을 의미하는 것이 아니라 오히려 합리적으로 살아가는 방식, 도덕적 태도, 그리고 덕성 면에서의 동일성과 관계된 것이다. 부부가 결혼생활에서 구축해야 할 것은 바로 진정한 윤리적 단일체이다. 무소니우스는 이러한 단일체를 하나의 골조 내에 두 조각이 조합된 결과로 기술한다. 하나의 굳건한 전체를 구성하려면 두 조각 모두 완전히 곧아야 한다.[25]

---

**24** Pline, *Lettres*, IV, 19.

**25** Musonius Rufus, *Reliquiae*, VIII B, pp. 69~70.

그러나 부부가 형성해야 하는 본질적 단일체를 특징짓기 위해서는 서로 일치된 조각들의 비유보다 훨씬 더 강력한 다른 비유를 필요로 하는 경우가 생기기도 한다. 스토아학파가 물리학에서 빌려온 한 개념에 따르면 그것은 완전한 융합의 비유, "디 홀론 크라시스di' holòn krasis"이다.

안티파테르의 논문은 이미 부부간의 정을 다른 여러 형태의 애정과 대립시키려고 이 모델을 원용한 바 있다.[26] 그는 애정의 다른 형태들을, 섞어 놓았지만 다시 분리될 수 있는 알곡들처럼 원소들이 상호 독립적으로 남아있는 결합으로 묘사한다. "믹시스mixis"라는 용어는 이러한 병렬혼합의 유형을 지칭한다. 반대로 결혼은 술과 물 사이에서 관찰되는 것처럼 혼합을 통해 새로운 액체를 형성하는 전적 융합의 차원에 속해야 한다. 이와 같은 결혼의 "혼합"과 동일한 개념이 플루타르코스의 《부부의 계율》중 34번째에서 재발견된다. 여기서 이 개념은 결혼의 3가지 유형을 구분하고, 위계화하는 데 사용된다. 그리하여 단지 침상의 쾌락 때문에 체결된 결혼은 원소들이 각각 개별적으로 따로 떨어져 병렬되는 혼합의 범주에 속한다. 이해 타산적 이유로 인해 성사된 결혼은 마치 뼈대 조각들의 조합처럼 원소들이 새롭고 굳건한 단일체를 이루긴 하지만 언제나 서로 분리될 수 있는 결합과 같다. 완전한 융합—아무것도 파기할 수 없는 새로운 단일체의 형성을 보장하는 '혼합'—에 관해 말하자면, 사랑을 통해 맺어진 결혼만이 이를 실현할 수 있다.[27]

---

**26** Antipater, in Stobée, *Florilège*, 25.

지금까지 살펴본 몇몇 텍스트만으로는 기원후 초기 몇 세기에 결혼의 실상이 어떠했는지 나타낼 수 없을 것이며, 또한 그에 대한 여러 이론적 토론을 요약할 수조차 없을 것이다. 따라서 우리는 텍스트들을 부분적인 것으로, 특정한 학설 고유의 것으로, 어떤 제한된 환경 특유의 것으로 받아들여야 한다. 하지만 우리는 또한 텍스트들에서 비록 단편적일지라도 부부생활의 "뚜렷한 모델"의 초안을 분명히 볼 수 있다. 이 모델에서 가장 근본적인 것으로 나타나는 상대방과의 관계는 혈연관계도 애정관계도 아니다. 그것은 결혼이라는 제도적 형태 내에서, 그리고 그 형태에 중첩되는 공동생활 내에서 조직되는 남자와 여자 사이의 관계이다. 가족체계, 또는 다양한 애정의 그물망이 사회적 중요성의 대부분을 차지했음은 틀림없지만, 삶의 기술에서 성이 다른 두 사람을 연결하는 유대에 비교하면 약간 그 가치를 잃는다. 존재론적인 동시에 윤리적인 자연적 특권이 다른 모든 것들을 희생시켜 이 쌍수적이고 이성異姓적인 관계에 부여된 것이다.

이와 같은 조건 속에서 우리는 결혼생활의 기술에서 아마도 가장 두드러진 특징 중 하나였던 것을 이해할 수 있다. 그것은 자기에 대한 주의와 둘이 함께 하는 삶에 대한 배려가 밀접하게 결합될 수 있었다는 점이다. '아내'라는 여자와의 관계가 삶에 본질적이라면, 또 인간 존재가 누군가와 공유하는 삶을 실천함으로써 자신의 본성을 실현하는 부부적 개인이라면, 자기 자신과 맺는 관계와 타인과 맺는 관계 사이

27 Plutarque, *Préceptes conjugaux*, 34 (142e~143a). 계율 20 (140e~141a) 은 또 훌륭한 결혼을 여러 실들을 꼬아서 튼튼하게 된 밧줄에 비유한다.

에 본질적이고 근원적인 양립불가능성은 존재할 수 없을 것이다. 부부생활의 기술은 자기 연마의 필수불가결한 일부분이 된 것이다.

그러나 자기에게 관심을 갖는 사람은 단지 결혼하는 데만 그치는 것이 아니라 자신의 결혼생활에 심사숙고한 형태와 특별한 양식을 부여해야 한다. 이러한 양식은 단순히 절도 있게 자기에게 행하는 지배에 의해서 정의되지 않으며, 다른 사람을 지도하기 위해 자신을 스스로 관리해야 한다는 원칙에 의해서 규정되지도 않는다. 그것은 일정한 상호적 형태의 형성에 의해 정의된다. 각자의 삶에 그토록 뚜렷한 흔적을 남기는 부부의 유대 속에서 배우자는 특정한 파트너로서 자신과 동일한 존재이자 자신과 함께 실질적 단일체를 형성하는 원소로 취급되어야 한다. 이것이 바로 자기 연마練磨 면에서 결혼의 주제가 갖는 모순이며, 자기 연마를 발전시켰던 철학 전체가 갖는 모순이다. 즉, 그러한 철학에서는 여자 - 아내가 무엇보다도 타자他者로서 평가되지만, 남편은 그녀를 자기와 함께 단일체를 구성하는 요소로 인정해야 한다. 결혼관계의 전통적 형태들에 비교할 때 상당한 변화가 일어났던 것이다.

# 2

## 독점의 문제

사람들은 결혼생활에 관한 저작들이 부부간에 정립되어야 할 성적 관계의 관리법에 중요한 역할을 내주었을 것이라고 기대할지도 모른다. 그러나 실상 관리법에서 성적 관계에 남겨진 자리는 상대적으로 제한되어 있다. 마치 부부관계의 객체화客體化가 부부관계에서 전개되는 성 관계의 객체화보다 훨씬 이전에 이루어진 것처럼 보인다. 또한 마치 둘이 함께 하는 삶에 기울여야 마땅할 관심 전체는 아직도 부부간의 성 문제를 모호한 채로 남겨두고 있는 것처럼 보인다.

이는 전통적 신중함 때문임에 틀림없다. 성 문제에 관해 법률을—훌륭한 아이들을 만들기 위해 취해야 할 주의점을 정하고, 장래의 부모의 육체적 · 도덕적 상태를 규정하고, 젊은 부부들의 삶을 간섭할 여자 감독관을 임명함으로써—제정하려는 경우, 성적인 일에 관여하는 법을 수용하는 데 따를 수 있는 어려움을 플라톤은 강조하고 있다.[1] 이러한 그리스적 신중함은 중세 이후 기독교 사목교서가 보여주는 주도면밀함과 대비될 수 있다. 중세에서는 모든 것 — 체위, 빈도, 몸짓, 상대방의 의도에 대한 인식, 한 상대방이 보이는 욕망의 징후들, 다른 상대방이 보이는 수락의 표시들 등 — 을 규정하려고 할 것이다. 헬레니즘 시대와 로마 시대의 도덕은 이에 관해서는 거의 아무것도 언급하지 않는다.

그렇지만 이 시기의 몇몇 텍스트에는 쾌락의 활용과 결혼생활 사이의 관계에 대한 몇 가지 중요한 원칙이 진술되어 있다.

전통적으로 성행위와 결혼 사이의 관계는 자손을 갖는다는 필요성에 입각하여, 그것과의 관련하에 수립되었다는 것을 이미 보았다. 생식적 목적은 결혼의 이유 중 하나였다. 바로 이 목적이 결혼에서 성 관계를 필수적인 것으로 만들었고, 다른 한편으로 그것의 부재는 부부의 결합을 파기할 수 있었다. 따라서 기혼자들에게 권하여진 부부행위를 수행하는 방식에 관한 몇몇 충고(택해야 할 때 선행해야 할 관리법)는 바로 가능한 한 최상의 번식조건을 알려주기 위한 것이었다. 또한 사람들이 혼외관계를(여자들은 물론 남자들에게도) 반대했던 것은 비합법적으로 생겨난 자손들이 초래하는 불편함을 피하기 위해서였다. 도식적으로 말하자면, 고전시기의 텍스트들에서 결혼관계와 성 관계는 번식이라는 주된 이유 때문에 통합될 수 있었다. 또한 — 적어도 남자들에게 있어서는 — 성행위의 본성 자체도, 결혼 자체의 본질도 쾌락이 부부관계 내에서만 존재할 수 있다는 사실을 함축하지는 않았다.

---

1 《쾌락의 활용》, 3장; Platon, *Lois*, VI, 779e~780a 참조.

비합법적 출산의 문제와 자기 지배라는 윤리적 요구를 제외한다면, 비록 기혼남이라 할지라도 그의 모든 성적 쾌락을 아내를 위해서, 오로지 아내를 위해서만 남겨두라고 강요받을 이유가 없었다.

그런데 기원후 초기 몇 세기에 표명된 것으로 보이는 엄격한 결혼윤리에서 성 관계의 '부부화' — 직접적인 동시에 상호적인 부부화 — 라고 명명할 수 있을 만한 것을 쉽사리 확인할 수 있다. 그것이 직접적이라고 하는 이유는 결혼 외부에서 성 관계를 갖는 것을 배제해야 한다는 점이 성 관계의 본질이기 때문이다. 또한 상호적이라고 하는 이유는 다른 곳에서도 구할 수 있을 성적 쾌락을 배제하는 것이 결혼의 본질이며 부부사이에서 형성되는 유대의 본질이기 때문이다. 결혼상태와 성적 활동은 합일에 이르러야 하는데 이는 합법적 자손이라는 유일한 목적 때문이라기보다는 당연한 일이다. 그러한 합일 — 또는 상당수의 가능한 편차와 여백이 있기는 하지만 결혼상태와 성 관계를 일치시키기를 지향하는 움직임 — 은 두 원칙 안에서 구현된다. 하나는 성적 쾌락은 그 본질상 결혼 외부에서는 허용될 수 없으리라는 원칙이다. 이는 실상 결혼하지 않은 개인에게도 성적 쾌락이 용인될 수 없다는 사실을 전제로 하고 있다. 다른 하나는 부부란 너무도 강한 유대로 묶여 있어서 아내는 단순히 자신의 지위를 상실한다는 사실뿐만 아니라 남편이 자기 아닌 다른 여자들에게서 쾌락을 얻을 수 있다는 사실에 의해서도 역시 상처를 입을 위험이 있다는 원칙이다.

1. 물론 합법적 결혼관계 내에서 이루어지지 않은 어떠한 성 관계도 모두 비난받아 마땅하다는 원칙이 공식화되는 것은 보기 드문 일이

다. 독신남은 개인적 절제와 관습, 법, 타인의 권리에 대한 존경심을 유지한다는 유보조건하에서 원하는 대로 쾌락을 취할 수 있었다. 결혼하지 않는 한 쾌락을 절대적으로 삼가라고 그에게 강요하기란 엄격한 도덕 내에서도 매우 어려운 일일 것이다. 세네카의 말에 따르면, 마르시아의 아들이 그를 갈망하는 여인들의 접근을 물리치고 그녀들의 마음에 들었다는 것을 마치 과오처럼quasi peccasset 부끄러워하기까지 했던 것은 바로 위대한 개인적 덕성德性의 결과였다.[2] 우리는 프루스의 디온이 매춘賣春과 매춘이 조직되는 방식에 대해 매우 엄격한 태도를 취하고 있음을 볼 수 있다. 그런 태도를 취한 이유는 우선 그가 매춘행위에서 '사랑의 비非애정적' 형태와 아프로디테와 상관없이 행해지는 일종의 결합을 보았기 때문이다. 둘째로 행위에 응한 자들은 본의 아니게 이끌려 간 희생자들이기 때문이다. 그러나 실제로 잘 통치되는 도시국가는 이 같은 관습을 폐기하기를 희망하였으나 그렇다고 해서 그는 즉각 관습을 금지하고 그처럼 뿌리 깊은 악을 없앨 것을 계획하지는 않았다.[3] 마르쿠스 아우렐리우스는 성적 쾌락에 대한 자신의 절제를 자랑스럽게 여긴다. 그는 '그의 젊음의 꽃을 보전'했고, '조숙하게 성행위를 하지' 않았으며, '그 시간을 넘어서기'까지 했다. 이러한 표현들은 다음과 같은 사실을 분명히 보여준다. 즉, 덕성의 요점은 그가 쾌락을 단지 결혼에만 유보했다는 사실에 있는 것이 아니라, 그가 자신을 잘 지배하여 보통 사람들보다 더 오랫동안 성적 쾌락

---

2 Sénèque, *Consolation à Marcia*, 24.

3 Dion de Pruse, *Discours*, VII.

을 맛보는 순간을 기다릴 줄 알았다는 사실에 있다.[4] 에픽테투스도 결혼관계 이전에 있어서는 안 될 성 관계의 이상을 언급한다. 그는 그러한 이상을 가능하다면 따라야 하는 충고의 대상으로 삼기는 하지만 그 같은 정절을 거만한 계율로 삼지는 않는다. "사랑의 쾌락에 관해 말하자면, 가능한 한 결혼 전에는 순결을 지켜야 한다. 그러나 만일 쾌락에 빠진다면, 허용된 것에 만족할지어다. 쾌락을 활용하는 사람들을 괴롭히지 말며 그들에게 훈계하지 말라. 너 자신은 그것을 활용하지 않는다고 떠들고 다니지 말라."[5] 이처럼 에픽테투스는 성 관계에 극도의 제한을 두기는 하지만 제한을 두는 이유를 결혼의 형태와 결혼이 야기하는 권리와 의무, 아내에 대한 책무를 통해 정당화하지는 않는다. 그는 그 이유를 사람이 신의 단편인 이상 자기 자신에 대한 의무가 있기 때문이라고, 일시적으로 육체 안에 거주하는 원칙을 경외하고 또한 일상생활 전체를 통해 존중해야 하기 때문이라고 설명한다. 이 같은 엄중함을 지키는 데는 타인과의 관계에 대한 의식보다는 자신이 누구인가를 상기함이 항구적 원칙이 되어야 한다. "그대가 식사할 때, 먹고 영양을 섭취하는 그대가 누구인가를 떠올리고 싶지 않은가? 성 관계를 맺을 때의 그대는 누구인가, 관계를 행하는 그대는? 그대가 사회생활을 하고 육체를 단련하고 대화하는 동안 그대가 양육하는 것은 하나의 신神, 그대가 단련시키는 것은 하나의 신이라는 것을 그대는 알지 못하는가? … 모든 것을 보고 듣고 있는 그대 안에 현존하는 신

4 Marc Aurèle, *Pensées*, I, 17.
5 Epictète, *Manuel*, XXXIII, 8.

앞에서 그대 자신의 본성을 알지 못하는 인간, 신의 분노를 입을 그대는 그런 것들을 생각하고 행하면서도 얼굴을 붉히지 않는구나."[6]

반면에 무소니우스 루푸스는 성 관계가 부부의 틀 안에서 성 관계 고유의 목표에 입각하여 전개되지 않을 때에는 모든 성 관계를 비난하므로 그는 성적 활동의 전적인 부부화를 지향하는 것으로 보인다. 스토베 속에 보존된 아프로디지아에 관한 글은 방탕한 삶, 즉 자기를 제어할 능력이 없어 드물고 희귀한 쾌락과 '수치스러운 관계'를 끝없이 추구하는 삶을 관례적으로 비판한다. 그런데 무소니우스는 이러한 진부한 비난에 적극적인 처방으로서 "아프로디지아 디카이아aphrodisia dikaia", 즉 합법적 쾌락들로 간주해야 할 것에 관한 정의를 덧붙인다. 그것은 배우자들이 결혼이라는 틀 안에서 아이들의 생산을 위해 함께 행하는 쾌락ta en gamōi dai epi genesei paidōn sunteloumena이라고 그는 말한다. 그리고 무소니우스는 여기서 제기될 수 있는 두 개의 가정을 명확히 구분한다. 즉, 혼외관계는 간통moicheia에 속하며 가장 법에 어긋나는paranomōtatai 것일 수도 있다. 또한 간통이 아니더라도 관계를 가질 수는 있지만 거기에 '법에 부합하는 것이 없을' 때에는 그 자체로 수치스러운 것이며, 그 기원을 방탕放蕩에 두는 것이다.[7] 부부관계는 성적 활동을 합법적으로 행사할 수 있기 위한 조건인 것이다.

지나치게 강한 쾌락의 추구는 필수적인 자기 지배와 상반된다는 오랜 주제와, 합법적 쾌락은 단지 결혼제도의 틀 내에서만 존재할 수 있

---

6 Epictète, *Entretiens*, II, p. 8(12~14).

7 Musonius Rufus, *Reliquiae*, VII, pp. 63~64.

다는 원칙 사이에 무소니우스 루푸스가 뛰어넘은 중요한 한 단계가 있다. 그는 여기서 비록 많은 동시대인들에게는 모순적으로 보일 수 있을지 몰라도 불가피한 결론을 끌어낸다. 더불어 혼인관계로 맺어지지 않은 자유로운 두 사람 사이에서 이루어지는 성 관계를 비난받을 만한 것으로 보아야 할 것인가 하는 가능한 이의제기에 대해서도 루푸스는 바로 이 결론을 제시한다. "창녀나 결혼하지 않은 여자와 관계를 갖는 남자는 어떤 권리도 침해하지 않고, 어느 누구에게서도 자손을 얻으리라는 희망을 빼앗아 가지는 않는다." 그러나 이러한 조건 속에서조차 사람은 과오를 범한다. 이는 주위의 어떤 사람에게도 해를 끼치지 않으면서 과오와 불의를 범할 수 있는 것과 마찬가지이다. 인간은 스스로를 더럽히고, "돼지와 마찬가지로 자신의 더러움에서 쾌락을 얻는 것이다".[8] 결혼과 성적 활동 사이의 본질적 관계에 대한 이러한 합의점 가운데 피임避姙에 대한 무소니우스 루푸스의 거부를 포함시켜야 한다. 모든 아이들이 전부 길러져야 하는가 하는 문제에 할애된 한 텍스트에서 그는 다음과 같이 말한다. 피임은 인구를 유지하는 데 주의하는 국가의 법률에 위배되며, 자손을 갖는다는 것은 매우 유익한 일인 만큼 개인에게도 해가 된다. 뿐만 아니라 피임은 신들이 원하는 우주의 질서에 대한 침해이기도 하다. "우리가 그 같은 짓을 한다면, 어떻게 우리의 조상이신 신들과 가족의 수호신인 주피터에게 죄가 되지 않겠는가? 손님을 냉대하는 사람이 환대받을 권리의 수호신인 제우스에게 죄를 짓는 것과 마찬가지로 자신의 자손에 대해 부당하게 행동하

---

8 *Ibid.*

는 사람은 자신의 조상들과 가족의 수호신인 제우스에게 죄를 짓는 것이다."[9]

여기서 사람들은 성적 쾌락은 그 자체로는 더러움이며, 단지 결혼의 합법적 형태와 경우에 따라서 있을 수 있는 번식 내에서만 인정받을 수 있다는 기독교적 관념의 성취를 보고 싶을지도 모른다. 무소니우스의 이 글이 알렉산드리아의 클레멘스에 의해 《교육자》2권에서 인용되었던 것도 사실이다.[10] 그렇지만 비록 무소니우스가 — 견유주의자들을 제외한 대부분의 고대 도덕가들처럼 — 그런 종류의 관계를 맺는 것이 부끄러운 일이라 생각했다 할지라도, 그가 성적 쾌락은 악이며 결혼을 쾌락을 복권하고 쾌락의 필수적 활용을 엄격한 틀 안에서 조정하는 제도라 생각했다고 간주하는 것은 분명 그의 학설을 왜곡하는 일이리라. 무소니우스가 혼외에서 일어나는 모든 성 관계를 수치스러운 것으로 여긴다면, 그것은 성 관계에 내재된 죄의 성격을 제거하기 위해 결혼이 성 관계에 부과되었기 때문이 아니다. 바로 이성적이고 사회적인 인간존재에게는 결혼관계 안에 포섭되어 거기서 합법적 자손을 생산하는 것이 성행위의 본성 자체에 속하는 것이기 때문이다. 성행위, 부부의 유대, 자손, 가족, 국가와 내세, 인간 공동체, 이 모든 것은 각 요소들이 연결된 하나의 계열을 이루며, 이러한 계열에서 인간의 삶은 합리적 형태를 발견한다. 여기서 쾌락을 끌어내어 부

---

9 Musonius Rufus, *Reliquiae*, XV, p. 78. 이 텍스트는 Noonan, *Contraception et Mariage*, pp. 66~67에 인용·해설되어 있다.

10 Clément d'Alexandrie, *Le Pédagogue*, II, 10.

부관계로부터 분리하고 다른 목적을 제시하는 것은 사실상 인간 존재의 본질을 구성하는 것을 침해하는 것이다. 더러움은 성행위 자체에 있는 것이 아니라 자연스러운 형태와 합리적 목적을 가지고 있는 결혼으로부터 성행위를 분리하는 '방탕'에 있다. 이러한 관점에서 볼 때 결혼은 인간 존재에게 성적 결합과 아프로디지아의 활용의 유일한 합법적 틀이다.

2. 이처럼 성적 관계와 쾌락이 합법적 부부관계에 소속됨으로써 우리는 간통姦通이 새로이 문제시되고 이중적 성적 정절貞節의 요구가 나타난 것을 이해하게 된다.

우리는 간통이, 한 남자가 자신이 상대한 여자의 본래 남자에게 불의를 행하는 것이라는 이유로 법적 유죄판결과 도덕적 비난을 면할 수 없었음을 안다. 따라서 혼외 성 관계에서 간통을 구성하는 것은 여자가 기혼이라는 사실, 오로지 그 사실뿐이었다. 남자 쪽의 결혼 여부가 개입될 필요는 없었다. 이러한 사실은 기만欺瞞과 부정不貞이 두 남자 — 여자를 빼앗은 남자와 그녀에 대해 합법적 권리를 가진 남자 — 사이의 문제였다는 것을 의미한다.[11] 간통이 오로지 남편의 권리 침해로만 정의되는 것은 에픽테투스의 도덕처럼 까다로운 도덕에서까지도 찾아볼 수 있을 만큼 일반적이었다.[12] '인간존재는 정절pistis을 위해 태어났다'는 주제에 대한 대화 도중에, 뜻밖에 한 남자 — 문인philologos

---

11 《쾌락의 활용》, 제 3장 참조.

12 Epictète, *Entretiens*, II, 4, 2~3.

— 가 찾아오는데, 간통 현행범으로 발각된 적이 있었던 그는 여자들의 공동체에 대한 아르케다모스의 학설을 원용한다. 에픽테투스가 그에게 주는 훈계는 두 가지 요점에 근거하고 있다. 먼저, 간통을 행함으로써 남자는 '우리가 정절을 위해 태어났다는 정절의 원칙'을 위반했다는 것이다. 그러나 에픽테투스는 '정절'을 결혼제도의 틀 안에 국한시키지 않는다. 그는 부부관계를 본질적 형태들 중 하나로 제시하지도 않는다. 더구나 그는 정절을, 한 남자를 그의 이웃, 친구들, 국가에 연결하는 관계들에 의해 특징짓는다. 그리고 그의 눈에 간통이 과오가 되는 이유는 각자 타인을 존중할 뿐만 아니라 자기 자신을 인지하도록 요구받는 남자들 간의 관계망에 간통이 균열을 만들기 때문이다. "만일 우리가 정절을 위해서 태어나 그것을 팽개치고 우리 이웃의 여인에게 덫을 놓는다면 도대체 이 무슨 짓인가? 해치고 파괴하는 것과 다를 바 없지 않은가? 누구를? 충실한 남자, 훌륭한 남자, 신앙심이 두터운 남자를. 그것이 전부인가? 또한 좋은 이웃 관계들, 바로 그 관계들을 파괴하는 것이 아닌가? 또한 우정을, 또한 국가를 파괴하는 것이 아닌가?"[13] 간통이 침해하는 것은 바로 자기 자신과 인간 존재로서의 다른 남자들이다.

그렇지만 간통에 대한 이러한 전통적 성격규정에 상관없이, 그리고 그 곁에서, 우리는 결혼생활에 대한 몇몇 성찰에서 드러나는 더욱 엄격해진 요구들 — 남자와 여자 사이에 대등함의 원칙을 점점 더 작용시키고 이 대등함의 정당성을 두 부부 사이의 인격적 관계에 대한 존

---

13 *Ibid.*, II, 4, 2~3.

중에 관련시킨다는 이중적 의미에서 — 을 볼 수 있다. 옛날부터 사람들이 알고는 있지만 충분히 되풀이하지 않아서 실제로 행동을 규제하지 못했던 그 '유익한 진리들'에 관하여, 세네카는 애정의 의무와 함께 엄격히 대칭적인 부부의 정절의 의무를 언급한다. "그대는 애정의 책무들이 주의 깊게 준수되어야 한다는 것을 알지만, 그것을 위해 아무것도 하지 않는다. 자신은 타인의 아내를 유혹하면서 자기 아내에게는 정절을 요구하는 자는 부정직하다는 것을 그대는 안다. 그녀가 애인을 갖는 것이 금지되어 있듯이, 정부情婦를 갖는 것은 그대에게도 마찬가지로 금지되어 있다는 것을 그대는 안다."[14]

대칭적 부부의 정절이 가장 상세하게 진술되어 있는 곳은 바로 무소니우스의 책 속이다.[15] 오로지 결혼만이 자연스럽게 성 관계의 합법적 연관을 구성할 수 있다는 것이 논증되어 있는 논문 〈아프로디지아에 관하여〉의 긴 구절에서 이 같은 추론이 전개된다. 무소니우스는 '하녀의 문제'라 부를 수 있을 만한 것과 만난다. 기혼자에게 여노女奴의 이용을 금지하는 것이 불가능하게 보였을 만큼, 여노는 가정의 틀에 속하는 성적 대상으로 인정되고 있었다. 그러나 무소니우스는 이를 금지한다. 설사 여노가 결혼하지 않은 상태라 할지라도(이러한 사실은 한 가정 내에서 노예 부부는 어느 정도 존중받을 권리가 있었음을 짐작하게 한다) 마찬가지로 이를 금지한다. 그리고 금지에 대한 근거로 무소니우스는 대칭의 원칙을 강조한다. 달리 말하자면 권리 차원에서의 대칭

---

14 Sénèque, *Lettres à Lucilius*, 94, 26.

15 Musonius Rufus, *Reliquiae*, XII, p. 66.

과 의무 차원에서의 우월성 사이에서 일어나는 상대적으로 복잡한 상호 작용을 강조한다. 한편으로는 아내에게 하인과 관계를 가질 권리를 인정하지 않으면서 어떻게 남편이 하녀와 관계를 갖는 것은 수락할 수 있겠는가? 한편에서 부인되는 권리가 다른 한편에서 인정될 수는 없다. 비록 가족을 감독하는 데 남자가 여자보다 더 많은 권리를 갖는 것이 합법적인 동시에 자연스럽다고 생각한다 할지라도, 무소니우스는 성적 관계와 쾌락의 차원에서는 정확한 대칭을 요구한다. 한편 이러한 권리상의 대칭은 도덕적 지배의 차원에서 남자의 우월성을 분명히 드러낼 필요성에 의해 완성된다. 실제로 아내에게 노예와 행하지 말라고 요구한 것을 남편에게는 하녀와 하도록 허용한다면, 그것은 여자가 남자보다 더 강하게 자신을 지배하고 자기의 욕망들을 통제할 수 있다고 전제하는 것이리라. 가정 안에서 관리되어야 할 여자가 그녀를 관리할 남자보다 더 강해지는 것이다. 따라서 남자가 실제로 우월한 사람이 되려면 그는 여자에게 금하는 것을 행하지 말아야 한다. 무소니우스가 그토록 엄격한 모델을 제시하는 이러한 스토아적 결혼의 기술에서는 하나의 정절貞節형태가 요구되는데, 그것은 남자와 여자를 동일한 방식으로 구속한다. 이러한 형태는 다른 남자들의 권리를 위태롭게 할 수 있을 모든 것을 금지하는 데 그치지 않는다. 또한 가정의 여주인이자 어머니로서의 여자의 특권적 지위를 위태롭게 할 수 있을 위험에서 아내를 보호하는 데도 그치지 않는다. 이 정절형태는 부부의 유대를 쾌락의 활용 면에서 책무들을 정확히 평형화하는 체계처럼 보이게 한다.

무소니우스에게 나타나는 성행위의 전적인 부부화와 결혼에 유보된 아프로디지아의 엄격한 독점의 원칙은 물론 예외적이다. 여기서 우리는 결혼생활의 기술이 이중적 금지 법률이라는 형식적 원칙의 주변에서 조직되는 듯한 한 지점에 이르게 된다. 그러나 그렇게 엄격한 규칙을 표명하기를 삼가는 저자들에게서도 역시 조금은 다른 행동양태와 행위방식을 초래하는 정절의 요구가 제기되는 것을 볼 수 있다. 이 저자들은 명백한 금지가 아니라 부부의 유대와 그 유대가 내포할 수 있는 부부사이의 개인적 관계, 애착, 애정, 인격적 존중 등을 보존하는 데 기울이는 배려를 강조한다. 정절은 법에 의해서라기보다 아내와의 관계 양식, 그녀에 대해 존재하고 처신하는 방식에 의해 정의된다. 남편의 입장에서 가능한 한 혼외관계를 완전히 포기하는 것은 그 관계에서 섬세함의 추구에 속하는 것으로 능숙한 동시에 애정적 행동의 결과여야만 한다. 반면 아내에게는 원래 양보의 의무가 있고, 또 그런 관습을 지키지 않으면 경거망동한 여자로 비쳐질 것이므로 섬세한 관용이 요구된다.

아리스토텔레스의 저작으로 오랫동안 추정된 《가정관리술》의 번역으로 간주되던, 꽤 이후의 라틴어 텍스트는 아내의 존엄성에 대한 전통적 관점에 신중함과 타협의 조언을 덧붙인다. 한편으로 저자는 남편에게 그가 원하는 아이들의 어머니가 되어야 할 아내에 대해 마땅한 모든 배려를 하라고 지시한다. 그는 또한 결혼한 여자에게서 그녀에게 합당한 명예를 빼앗지 말라고 남편에게 지시한다.[16] 또한 사악하고 부정한 짓을 전혀 하지 못하도록 부부 각자가 서로에 대해 노력할 것

16 Pseudo-Aristote, *Economique*, III, 2.

을 요구한다. 그는 남자에게 '아내를 오로지 정직하고, 많은 절제와 존경심을 갖고서만 대하라고cum honestate, et cum multa modestia et timore' 권고한다. 더불어 그는 남편이 '태만하지도 엄하지도nec neglegens nec severus' 않기를 바란다. "태만과 엄중의 감정들은 창녀와 그 애인의 관계를 특징짓는 것들이다." 반대로 좋은 남편은 아내에게 관심과 더불어 절제節制를 보여야 할 것이며, 이에 대해 아내는 '같은 정도의' 애정과 두려움을 보이면서 조심성과 섬세함으로 답할 것이다.[17] 이처럼 정절의 가치를 전적으로 강조하면서도, 텍스트의 저자는 아내에게 남편의 과오에 관련된 문제에서는 그녀가 상대적으로 타협적 태도를 가져야 할 것이라고 분명히 이야기한다. "그녀는 또한 남편이 마음의 혼란으로 그녀에게 저지른 잘못들을 잊어야 한다si quid vir animae passione ad ipsam peccaverit". "그녀는 그가 행한 것에 대해 어떤 불평도 해서는 안 되며 용서하지 않아서도 안 된다. 반대로 그녀는 그 모든 것을 병이나 무경험, 또는 우연한 실수로 돌려야 한다." 반면에 남편은 치유된 이후에 아내에게 감사의 마음을 보일 용의가 있어야 할 것이다.[18]

마찬가지 방식으로 《부부의 계율》은 상호 정절의 원칙을 제기한다. 그러나 이 저술은 정절의 원칙을 형식상으로 정확히 대칭적 요구로 표명하지는 않는다. 상기할 필요조차 없겠지만 텍스트는 아내가 남편에게 충실해야 한다는 것을 전제하는 반면에, 남편의 경우 다른 쾌락의 추구는 아마도 상당히 빈번할 것이지만 또한 이는 상당히 대수

17 *Ibid.*, III, 3.
18 *Ibid.*, III, 1.

롭지 않은 과오라고 암시한다. 그럼에도 불구하고 이 문제는 바로 결혼관계 안에서, 두 부부 사이의 애정적 관계의 본질에 입각해서 — 권리와 특전에 입각해서가 아니라 — 해결되어야 한다. 플루타르코스는 남편들에게 다른 여자들과 성 관계를 갖지 말 것을 요구한다. 그러한 행위는 합법적 아내의 지위에 대한 위협일 뿐만 아니라 상처 — 고통을 주는 자연적 상처 — 이기 때문이다. 그는 암내에 미쳐 날뛰는 고양이들에게 일어나는 일을 상기시킨다. 마찬가지로 여자들은 그들의 남편이 다른 여자들과 관계를 가질 때 분노한다. 그러므로 '별것 아닌' 쾌락 때문에 여자들에게 그처럼 격렬한 괴로움을 겪게 하는 것은 부당하다adikon. 그리고 그는 다른 여자들과 관계를 가지고 난 후에는 자신이 기르는 벌에게도 가까이 가지 않는 양봉가養蜂家처럼 아내에게 행동하라고 충고한다.19 그러나 플루타르코스는 반대로 아내들에게는 일종의 관용을 보이라고 조언한다. 그녀들은 모르는 척하는 것이 더 나을 뿐만 아니라 — 자기 아내들과 같이 향연에 참가하기는 하지만 집으로 돌아와 취기가 돌면 또다시 음악하는 여자들과 창녀를 부르는 페르시아 왕들의 아내들처럼 — 남편이 창녀나 하녀와 쾌락을 추구하더라도 이는 남편이 그녀에 대한 존경에서 자신의 방탕과 방종放縱과 무절제를 그녀와 공유하기를 원치 않기 때문이라고 생각해야 할 것이다.20 이처럼 신분적 구조라기보다는 애정적 유대이자 존경의 관계인 결혼은 모든 성적 활동을 결혼 안으로 귀속시키고, 결혼 외부에서 벌

---

19 Plutarque, *Préceptes conjugaux*, 44, 144c~d.
20 *Ibid.*, 50, 140b.

어지는 모든 성적 활동을 단죄斷罪한다. 그리하여 결혼은 두 파트너 사이의 대칭적 정절을 요구하는 경향을 지니면서도, 또한 아내에 대한 남편의 애착과 남편에 대한 아내의 신중함이 조화되어야 하는 타협의 장소를 구성하기도 한다. 이제 남편이 밖에서 얻는 쾌락은 더 이상 남편의 신분적 우월성을 인정하는 결과가 아니라 아내가 자신의 명예를 보전하면서도 양보와 관용을 통해 남편에게 자신의 애정을 증명해 보이는 만큼 남편 스스로가 더욱더 제한해야 하는 어떤 품행상의 과실의 결과이다.

## 3

## 결혼의 쾌락

결혼을 "아프로디지아"의 행사에 있어 가능한 한 배타적 관계라고 정의하는 것은 남자와 여자 사이의 애정관계 또는 신분관계의 작용에서 나타나는 쾌락의 집중, 역할, 형태, 목적 등에 연결된 문제들의 총체에 관련된다(혹은 관련될 수 있다).

사실상 결혼이 중요한 자리를 차지하는 사고형태에서조차 부부관계에서의 쾌락의 절제 문제는 극히 조심스럽게 다루어지고 있다. 어떤 이들이 표명한 엄격한 도덕에 따르면 결혼은 쾌락의 독점獨占을 요구한다. 그렇지만 결혼에서 어떤 쾌락이 인정되고 어떤 쾌락이 배제될 것인가에 대해서는 거의 언급하지 않는다.

그럼에도 매우 일반적인 두 원칙이 종종 언급된다. 한편으로 사람들은 부부관계가 에로스, 즉 몇몇 철학자들이 소년들에 대해서만 남겨두기를 원했던 그 사랑과 무관하지 않다고 주장한다. 그러나 부부관계는 아프로디테를 무시해서도, 혹은 배제해서도 안 된다. 무소니우스는 결혼이 철학자에게 장애물이기는커녕 책무라는 것을 증명해 보인 텍스트에서, 결혼상태의 위대함과 가치를 강조한다. 더불어 그는 결혼을 돌보는 세 신神이 누구인가를 상기시킨다. 그들은 바로 '우리가 결혼의 수호자로 간주하는' 헤라, 남편과 아내와의 관계를 아프로디지온 에르곤aphrodision ergon이라고 명명하게 된 연원인 아프로디테, 그리고 에로스(사실 '남자와 여자의 합법적 결합 외에' 그가 무엇에 더 전념할 수 있겠는가?) 이다. 이들은 모두 함께 '아이의 생산을 위하여 부부를 결합하는 것'[1]을 사명으로 갖는다. 플루타르코스는 부부관계만의 고유한 것을 구성하는 데서 드러나는 아프로디테와 에로스의 역할을 이와 동일한 방식으로 입증할 것이다.[2]

이처럼 결혼 내에 사랑의 정념情念과 육체적 관능官能이 존재한다는 사실과 관련하여 전자의 역이긴 하지만 그만큼 일반적인 다른 하나의 원칙이 작용한다. 그것은 아내를 정부情婦처럼 대해서는 안 되며 결혼 생활에서는 애인이 아니라 남편으로서 처신해야 한다는 원칙이다.[3] 결혼이 성적 쾌락의 유일한 합법적 장소가 되는 경향을 띰에 따라 부부의 예절이라는 오래된 원칙이 더욱더 큰 가치를 갖게 됨을 이해할 수 있다. 아프로디테와 에로스는 결혼에서만 그 모습을 드러내야 하며 다른 그 어떤 곳에서도 모습을 드러내어서는 안 된다. 또한 부부관

---

1 Musonius Rufus, *Reliquiae*, Hense, XIV.

2 Plutarque, *Dialogue sur l'Amour*, 759e~f.

3 Sénèque, *Fragments* (Ed. Haase), 85.

계는 애인관계와 달라야 한다. 이 원칙은 다양한 형태로 발견되는데, 가령 매우 전통적 신중함을 조언하는 형태일 수 있다. 즉, 자기 아내에게 너무 강도 높은 쾌락을 가르치는 것은 그녀가 악용할 수 있고 그녀에게 가르쳐 준 것을 후회하게 될 나쁜 가르침을 그녀에게 줄 우려가 있다는 것이다.[4] 혹은 두 부부에게 주는 충고의 형태일 수도 있다. 즉, 부부는 지나친 엄격함과 너무 외설스런 행동 사이에서 중도를 발견해야 하며, 남편은 '한 여인과 아내인 동시에 정부처럼 관계할hōs gamēte kai hōs hetaira' 수 없다는 것을 끊임없이 기억해야 한다.[5] 또한 일반적 명제의 형태일 수도 있다. 즉, 아내와 너무 격렬하게 행위하는 것은 아내를 간부姦婦로 취급하는 것이다.[6] 이 주제는 매우 중요한데, 왜냐하면 우리는 그것을 기독교적 전통에서 재발견할 것이기 때문이다. 또한 여기서 이 주제는 매우 일찍 출현하여(알렉산드리아의 클레멘스는 《스트로마테스》에서 이를 언급한다)[7] 아주 오랫동안 존속할 것이기 때문이다(프랑수아 드 살르는 《신앙생활 입문》에서 이 주제의 논리적 귀결을 상술한다).[8] 이 주제를 정식화한 스토아학파 사람들에게 그것이 지녔던 의미를 이해하기 위해서는, 그들에게는 결혼의 자연스럽고 합리적 원칙이란 두 존재를 결합시키고 자손을 생산하며 국가에 유용하고 인류 전체에 이익을 주는 데 있다는 점을 기억해야 할 것이다. 따

---

4 Plutarque, *Préceptes conjugaux*, 47, 144f~145a; 또한 17, 140c 참조.

5 Ibid., 29, 142a~c.

6 Sénèque, Fragments, 85.

7 Clément d'Alexandrie, *Stromates*, II, 143, 1.

8 François de Sales, *Introduction à la Vie dévote*, III, 39.

라서 결혼에서 다른 무엇보다도 쾌락의 감각을 우선적으로 추구하는 것은, 법을 깨뜨리고 목적들의 서열을 뒤엎으며 남자와 여자를 짝으로 결합하도록 하는 원칙을 위반하는 일이 될 것이다.

그렇다면 더욱 구체적으로 들어가서, 결혼관계에서 쾌락의 실행은 어떤 지위와 어떤 형태를 취해야 할 것인가, 그리고 쾌락에 대한 내적 제한의 계율은 어떤 원칙에 근거할 수 있는가 하는 문제가 제기된다. 결혼이 매우 높은 가치를 부여받는 인격적 관계이자 이제까지 결혼의 한 모퉁이에서 남자들에게 상당히 자유롭게 용인되던 쾌락의 관계를 배제한 장소로서 부부관계를 요구하게 된 이상 이제 결혼의 구조는 어떻게 조정원칙으로서의 역할을 할 것인가? 결혼이 여러 개인적 관계 중에서도 가장 강력한 것인 동시에 합법적 쾌락의 유일한 장소가 되어야 한다면, 결혼에서 어떤 엄격함이 요구될 것인가? 이러한 문제들에 대한 정식들은 대부분의 경우 상당히 모호하고, 또 아리스토텔레스의 저작으로 추정되는 《가정관리술》 3권으로 알려진 라틴어 텍스트에서 발견할 수 있는 정식들과 비슷하다. 거기서 저자는 남편에게 '정직하게cum honestate', '많은 절제와 존경심을 가지고cum multa modestia et timore' 아내를 대하라고 요구하며, '정당하고 명예로운 행동만을 하는, 훌륭한 교육을 받은 사람의 언어로' 아내에게 말하라고 권고하고, 또 자기 아내를 '주의 깊고 섬세하게verecundia et pudore' 다루라고 충고한다.[9]

보다 정확히 말해서 부부 사이의 엄격함은 결혼에 수반되는 자연적이고 이성적인 두 가지 커다란 목적에 의해 정당화될 것이다. 첫째는

---

9 Pseudo-Aristote, *Economique*, III, 3.

물론 번식이다. 세네카가 강조했듯이, 또한 앞에서 살펴본 것처럼 몇몇 의사들이 언급했듯이, 쾌락을 자연이 번식을 위해 준비한 행위의 목적으로 삼아서는 안 된다. 그리고 만일 사랑의 욕망이 인간에게 부여되었다면, 이는 인간으로 하여금 관능을 즐기도록 하기 위해서가 아니라 종을 번식시키도록 하기 위해서이다non voluptatis causa, sed propagandi generis.[10] 이러한 일반적 원칙에 의거하여, 무소니우스는 성 관계란 단지 번식을 목적으로 할 때에만 합법적으로 행하여질 수 있다는 결론을 이끌어냈다. 쾌락만을 목적으로 추구하는 성 관계는 "비록 결혼 내에서 이루어질지라도, 부당하고 법에 어긋난다".[11] 신新피타고라스 학파 사람들에게서도 발견할 수 있는 이와 같은 규칙은 몇몇 전통적 금기들, 즉 월경 기간 중의 성 관계에 대한 금지(이것은 의사들에 의하면, 정액을 휩쓸어 갈 위험이 있다), 그리고 임신 기간 중의 성 관계를 막는 금기(이때 성 관계는 불임성이기 때문만이 아니라, 특히 태아의 생존을 위험에 빠트릴 우려가 있기 때문이다) 등을 정당화하는 구실이 되었던 것으로 보인다. 그러나 원칙이 동일했음에도 불구하고 이러한 일반적 권고 외에 기독교 사목교서에서 발견할 수 있는 것과 동일한 종류의 질문들은 제기되지 않은 듯하다. 즉, 불임不姙이 인정된 경우나 폐경기 이후의 성 관계의 합법성에 대한, 그리고 행위 이전이나 도중에 두 파트너 각자가 가질 수 있는 의도에 대한 질문들은 제기되지 않은 듯하다. 쾌락을 목적으로 삼는 것을 배제하는 일은 가장 엄격한

10 Sénèque, *Consolation à Helvia*, 13, 4.

11 Musonius Rufus, *Reliquiae*, XII, p. 64.

도덕가들에게 분명 의무였던 것 같다. 그러나 이러한 의무는 행동을 규제하고 허용되거나 금지된 행동의 형태들을 체계화하는 도식이라기보다 원칙의 입장이었다.

결혼의 두 번째 중대한 목적 — 공동의 삶과 전적으로 공유되는 삶의 정비 — 은 부부관계 내에서 엄격성을 요구하는 또 다른 원칙을 형성한다. 번식의 목적과 마찬가지로 이 원칙 역시 허용된 것과 금지된 것을 명백히 구분하지는 않는다. 그러나 어떤 저자들 — 그 중에서도 특히 플루타르코스 — 에 따르면 이 원칙은 부부관계에서 쾌락의 관계를 작용시키고자 할 때 더욱 미묘하고 복잡한 역할을 수행한다. 사실 한편으로 아내를 자기 영혼을 열어 보일 수 있는 동반자로 삼을 책무는 아내의 지위나 신분에 대해서뿐만 아니라 개인적 존엄성에 대해서도 존경심을 가질 것을 요구하기 때문이다. 여기서 "아프로디지아"의 관리법은 내적 제한의 원칙을 발견했음에 틀림없다. 다른 한편으로는 결혼이 완벽한 공동체 — 진정한 '삶의 융합' — 의 형성을 목적으로 삼는다고 할 때, 성 관계와 성적 쾌락이 공유되고 공동으로 행해지기만 한다면 부부를 접근시키는 한 요인이 된다는 것을 분명히 볼 수 있다. 견고한 유대의 형성과 강화는 아프로디지아의 활용에서 하나의 담보일 뿐만 아니라 아프로디지아를 장려하는 한 요소이기도 하다. 그로부터 성적 쾌락에 대한 가치부여(그것들이 결혼관계 내에 잘 통합되고, 또한 거기에 제대로 편입되기만 한다면)가 생겨나게 되는데, 이러한 가치부여는 쾌락을 행할 때 엄격함을 권장하는 태도와 결부되어 있다. 그런데 바로 이러한 엄격함이야말로 부부의 결합에서 쾌락에 긍정적 가치를 부여하도록 하는 것이다.

필수적 엄격함과 바람직한 강도가 그려내는 이러한 나선형의 과정은 《부부의 계율》에서 분명히 나타나며 이 책의 주도적 흐름의 하나를 이룬다고도 할 수 있다. 텍스트는 번식행위뿐만 아니라 입맞춤이나 단순한 쾌락의 행위를 둘러싸고 있는 순진함과 은밀함에 대해 알려진 몇 가지 오래된 원칙을 다시 취한다.[12] 그리고 익히 알려진 헤로도토스의 말을 변형하면서 아내의 순진성은 그녀가 옷을 벗는 순간 사라져서는 안 되며,[13] 어둠은 어떠한 방종이라도 덮어주어서는 안 된다는 점을 상기시킨다. 일단 등잔불이 꺼지면 모든 여자들은 비슷하다는 사실을 깨닫게 함으로써 필립에게서 벗어나려고 애썼던 한 여인을 인용하면서, 플루타르코스는 아내가 다른 여인들과 같아야 하는 것은 결코 아니지만, 어둠으로 인해 남편이 그녀의 육체를 볼 수 없다 하더라도 그녀 안에 있는 덕성스러운 것to sōphron autēs을 빛나게 해야 한다고 지적한다. 그런데 그녀 안에 있는 덕성스러운 것은 바로 그녀를 오로지 자신의 남편에게 결합시키고 원래의 그 남편에게 속하도록 운명지어주는 그 어떤 것, 즉 "그녀의 정절과 애정"[14]이다.

배타적 애착심을 의미하는 이 조심스러운 상냥함과 순진성의 원칙 주변에서, 플루타르코스는 남자든 여자든 지나치게 까다롭고 엄격하게 굴지 말아야 하며 너무 쉽게 방종에 빠져서도 안 된다는 것과 관련하여 몇 가지 충고를 나열한다. 물론 그가 예로 드는 스파르타 여인처

---

12 Plutarque, *Préceptes conjugaux*, 13, 139e.
13 *Ibid.*, 10, 139c.
14 *Ibid.*, 46, 144e~f.

럼 훌륭한 아내는 자신이 먼저 남편에게 접근해서도 안 되지만[15] 남편의 접근을 귀찮아해서도 안 된다. 첫 번째 태도는 창녀의 냄새를 풍기는 뭔가 뻔뻔스러운 느낌이 있고 두 번째 태도에서는 매정한 거만함이 보이기 때문이다.[16] 여기서 우리는 아직은 매우 모호하지만 이후에 기독교 사목교서가 매우 중요시하게 될 규칙들의 초안을 보게 되는데, 그것은 각자의 주도권과 서로 교환하는 신호의 형태를 정하는 규칙들이다. 플루타르코스는 결혼 초기의 성 관계가 내포하는 위험에 중점을 두었다. 그에 따르면 이는 결혼 후기에 생성되는 훌륭한 상호이해와 굳건한 유대를 위태롭게 할 수 있다. 그는 젊은 아내가 겪을 수 있는 나쁜 경험의 위험을 언급하며 여기에 너무 집착하지 말라고 충고한다. 왜냐하면 결혼의 장점은 그 이후에 나타날 수 있기 때문이다. 벌에 쏘였다고 해서 양봉을 그만두는 사람들처럼 행동해서는 안 되는 것이다.[17] 또한 그는 결혼 초에 지나치게 강한 육체적 쾌락을 맛보게 되면 그 쾌락이 사라질 때 애정도 식지 않을까 염려하면서, 사랑은 그 생명력을 부부의 성격과 그들의 정신적 성향에서 얻는 편이 더 낫다고 말한다.[18] 아울러 부부간의 성 관계에서 부부간의 애정에 이로운 것이 있다면 그것을 결혼생활 내내 주저 없이 이용해야 할 것이다. 애정을 재활성화시키는 기능 — 이에 대해서는 《사랑에 관한 대화》의 대화자 중 한 사람이 분명히 언급하는데[19] — 에 관하여 《부부의 계율》은 분

---

15 또한 Plutarque, *Des Vertus des femmes*, 242b 참조.

16 Plutarque, *Préceptes conjugaux*, 18, 140c.

17 *Ibid.*, 2, 138d~e.

18 *Ibid.*, 2, 138f.

명한 두 가지 가르침을 제시한다. 먼저, 무엇보다도 침실에서 일어날 수 있는 싸움을 피하라. 왜냐하면 "침대가 야기하는 불화와 불평을 다른 곳에서 진정시킨다는 것은 쉽지 않은 일이기 때문이다".[20] 둘째, 침대를 함께 쓰는 습관이 있을 때에는 다투었다고 해서 서로 다른 방을 쓰지 말라. 반대로 그런 순간에는 "이런 종류의 병에서는 가장 훌륭한 의사인"[21] 아프로디테에게 기원해야 할 것이다.

이러한 주제는 플루타르코스에게서도 상대적으로 중요한 위치를 차지한다. 《사랑에 관한 대화》에서 이 주제는 여인에 대한 사랑과 소년애少年愛를 본질적으로 구별해 주는 역할을 한다. 그런데 여인에 대한 사랑에서는 쾌락이 긍정적 역할을 지닌 채 정신적 관계로 통합될 수 있는 데 반해, 소년애에서는 육체적 쾌락이 관계 내에서 유리한 요인으로 나타날 수 없다. 이 주제는 또한 《일곱 현인賢人들의 향연》에서도 언급되는데, 여기서는 취기와 음악이라는 두 가지 다른 육체적 쾌락 — 때때로 성적 관능이 두 가지 쾌락과 결부되기도 한다 — 과 관련된 성적 관능들이 문제시된다. 대화자 — 므네시필리우스 — 는 모든 기술이나 실천에서 작품은 도구나 질료의 조작에 있는 것이 아니라, 사람이 만들고자 하는 것에 있다고 지적한다. 건축가의 "에르곤ergon"은 그가 섞는 회반죽에 담긴 것이 아니라 그가 축조하는 사원에 담겨 있으며, 칠현금이나 피리를 다룰 때에 뮤즈들은 '도덕적 교훈과 정념의 순

---

19 이 책 제6장 참조.

20 Plutarque, *Préceptes conjugaux*, 39, 143e.

21 *Ibid.*, 38, 143d.

화' 외에 다른 임무를 갖지 않는다.22 디오니소스의 임무가 단지 취하기 위해 술을 마신다는 사실에 있지 않은 것과 마찬가지로 아프로디테의 임무ergon Aphroditēs는 단순한 육체관계나 육체적 결합sunousia, meixis에 있는 것이 아니라 사랑의 감정philophrosunē, 필요pothos, 상호적 관계homilia와 상호 교제sunētheia에 있는 것이다. 결혼생활에서 성 관계는 대칭적이며 역전 가능한 애정관계를 형성하고 발전시키기 위한 도구로서 사용되어야 한다. 플루타르코스는 다음과 같이 말한다. "아프로디테는 남자와 여자 사이에 화합과 사랑을 창조하는 장인이다homophrosunēs kai philias dēmiourgos. 왜냐하면 아프로디테는 남자와 여자의 육체를 통하여, 그리고 쾌락을 불러일으킴으로써 영혼들을 연결시키는 동시에 융합시키기 때문이다."23

이러한 충고들은 상당히 투박하게 보일 수도 있으나 그렇다고 해서 기나긴 역사 — 즉, 신중함에 대한 일반적 권고와 성적 쾌락을 통한 애정교환에 대한 복잡한 교훈이라는 두 가지 측면을 가진 부부간의 도덕적 관계들을 체계화하는 역사 — 의 서두에 자리 잡지 못한 것은 아니다.

혼외婚外에서 성 관계를 갖지 말라는 '독점적 원칙', 부부간의 성적

---

22 Plutarque, *Banquet des sept Sages*, 156c.

23 *Ibid.*, 156d. 《플루타르코스와 스토아주의》 p. 109에서 바뷔는 다음과 같이 지적한다. 안티파테르, 무소니우스, 히에로클레스는 "사랑보다는 차라리 결혼에 더 관심을 가진다. 그들의 목표는 무엇보다는 결혼이 철학적 삶을 영위하는 것을 방해하지 않는다는 것을 증명하는 것으로 보인다. 끝으로 그들에게서는 여자도 남자와 마찬가지로 사랑의 정념을 불어넣을 수 있다는, "아마토리우스"(*Amatorius*)의 중요한 개념들 중 하나의 흔적을 발견할 수 없다."

결합은 쾌락의 경제책에 종속되지 않는다는 '탈脫쾌락화'의 요구, 부부는 자손의 출생을 목적으로 삼아야 한다는 '생식의 목적화'. 이 3가지가 바로 제국시대 초기에 몇몇 도덕가들이 발전시키고 후에 스토아주의가 정교화한 부부생활의 윤리를 특징짓는 기본적인 주요 특질들이다. 그러나 이 특질들은 스토아주의 고유의 것은 아니다. 왜냐하면 플라톤이 그의 공화국의 시민들에게 부과한 규칙에서도 유사한 요구들이 발견되며, 이후에 교회가 훌륭한 기독교 가정에 요구한 것에서도 역시 발견되기 때문이다. 스토아주의적 엄격성의 혁신을 훨씬 넘어서고 그 당시 도덕에 고유한 기획企劃을 훨씬 넘어서는 이 3원칙은 수세기 동안 사람들이 결혼에 적용시키기를 원했던 성적 엄격성의 중심 역할을 강조하는 것을 멈추지 않았다.

그러나 3원칙이 항구적이라고 해서 단순히 같은 것이라고 생각해서는 안 된다. 제국시대에 다소간 스토아주의화한 어떤 도덕론은 번식에 초점을 맞추어 쾌락을 경계하는 '독점적' 결혼의 규약을 플라톤적 유토피아에서 기독교에까지 전파하는 데 그치지 않았다. 이 도덕론은 당시 자기 연마의 발전된 형태들과 관련하여 '독점적' 결혼의 규약에 상당수의 특유한 굴절을 가져왔다.

우선 플라톤에게서 드러나는 바와 같이, 부부 구조 내에 모든 성적 쾌락을 끼워 넣을 책무는 국가가 존속하고 그 힘을 보존하기 위해 필요로 하는 아이들을 공급할 필요성에서 그 주된 정당성의 하나를 취했다는 점을 지적하는 것이 좋겠다. 반대로 기독교에서 나타나는 바에 따르면, 결혼에서의 성 관계는 성 관계가 그 자체에 죄와 타락과 악의 표지標識들을 지녔다는 사실에 의해서, 또한 오직 결혼만이 성 관계에 정당성 — 그 정당성에 대해서는 결혼이 성 관계를 완전히 정당화할 수 있는지 없는지 자문해야 하겠지만 — 을 부여할 수 있다는 사실에 의해서 정당화될 것이다. 그런데 무소니우스, 세네카, 플루타르코스, 또는 히에로클레스에게서는 비록 유용성이 제 역할을 갖는다 할지라도, 또한 쾌락에 열광하는 것에 대한 경계심이 매우 강하다 할지라도, 결국 결혼과 아프로디지아의 관계는 결혼의 사회적 · 정치적 목적의 우위를 제시하거나 쾌락의 본원적이고 내재적인 악을 가정함으로써가 아니라 자연적 · 이성적 · 본질적 의속성依屬性에 의해 정립된다. 상이한 입장들, 비슷하지만 다양한 교의들을 이해하기 위해서는 이 같은 형태의 윤리에서 결혼에 요구되는 성적 독점은 결혼의 '외재적' 유용성이나 쾌락의 '내재적' 부정성보다는 상당수의 관계들, 즉 두 성적 파트너의 결합, 배우자의 쌍수적 유대, 가족의 사회적 역할 등을 일치시키려는 —그것도 자기 자신과의 관계에 가능한 한 완전히 합치하는 방식으로 — 시도 주위를 선회한다고 말해야 할 것이다.

우리는 여기서 두 번째 중요한 차이점에 접근한다. 플라톤의 '통치자', 이소크라테스의 '지배자', 또는 아리스토텔레스의 '시민'에게, 쾌락의 활용을 결혼의 틀 안에 유지시켜야 할 책무는 자기 자신에 대한 지배력, 즉 자신의 신분이나 자신의 권력에 의무적인 지배력을 행사하는 방법이기도 했다. 기독교 사목교서에서는 부부간의 완전한 정절의 원칙이 자신의 구원에 전념하는 사람에게 무조건적 의무가 될 것이다. 반면에 스토아주의가 고취한 이 도덕에서는, 자신과의 관계에 고유한 요구들을 만족시키고 사람의 자연적이고 본질적인 존재를 해치지 않고, 자신을 이성적 존재로서 영예롭게 하기 위해서 결혼 내에서 성적 쾌락들을 그 목적에 부합하도록 활용해야 하는 것이다. 남자들에게서까지도 혼외 성 관계를 배제하고 한정된 몇몇 목적들을 위해서만 그것을 허락하는 경향이 있는 이 원칙은, 물론 이후의 부부관계와 성행위의 '법률화'의 버팀목 중 하나가 될 것이다. 여자의 경우처럼 기혼남의 성적 활동도 적어도 원칙상으로는 법의 영향하에 놓일 위험이 있을 것이다. 그리고 결혼 내부에서조차도 명료한 규약이 행하고, 원하고 생각하는 데 있어 무엇이 허용되고 혹은 금지되는지 말해 줄 것이다. 그러나 이러한 법률화 — 이후에 아주 명료해진 — 는 기독교 사목교서와 그것에 고유한 구조에 연결되어 있다. 그런데 제시된 규약은 플루타르코스의 텍스트들처럼 부부의 삶에 대해 가장 상세한 텍스트들에서조차도 허용된 것과 금지된 것을 구분하기 위한 것이 아니다. 그것은 존재의 방식, 관계들의 양식이다. 즉, 결혼의 도덕과 부부생활에 대한 충고들은 보편적으로 유효한 원칙인 동시에, 자신들의 삶에 영예롭고 아름다운 형태를 부여하기 원하는 사람들을 위한 규칙이다. 그것은 어쨌든 몇 사람에 의해서밖에는 실행되지 않는 존재의 미학이 지닌 불문율적 보편성이다.

결혼에만 합법성을 부여하는 성적 활동의 부부화에는 분명 명백한 제한(적어도 남자와 관련된 부분에서는 그렇다고 할 수 있다. 왜냐하면 기혼녀에게는 이러한 제한이 오래 전부터 요구되었기 때문이다)이 뒤따른다. 더구나 쾌락의 활용과 쾌락의 목적을 분리하려는 요구는 쾌락활동 자체의 내적 평가절하를 지향할 것이다. 그러나 그러한 제한과 평가절하는, 결혼 내부에서는 성 관계의 중요성과 의미를 강화시키게 되는 또 다른 과정을 동반한다는 점을 또한 잘 이해해야 한다. 한편으로 사실상 부부 상호적 성 관계는 더 이상 단순히 하나의 권리의 귀결이자 표명이 아니다. 그것들은 애정, 애착, 상호성의 관계들이라는 일련의 관계들 안에 위치해야 한다. 그리고 다른 한편으로, 비록 목적으로서의 관계는 없어져야 할지라도, 그러한 윤리의 적어도 가장 미묘한 몇몇 정식들에서는 쾌락이 부부간의 애정표현에 작용하는 요소로서(도구인 동시에 담보로서) 이용된다.

그런데 부부간의 의사소통에서 아프로디지아에 부여된 역할을 고려하여 아프로디지아의 가치가 강화됨에 따라 사람들은 소년애에 인정될 수 있었던 특권들에 대해서 점점 더 회의적 방식으로 질문하기 시작한다.

제6장

# 소년들

1. 플루타르코스
2. 루키아노스 추정본(推定本)
3. 새로운 연애술

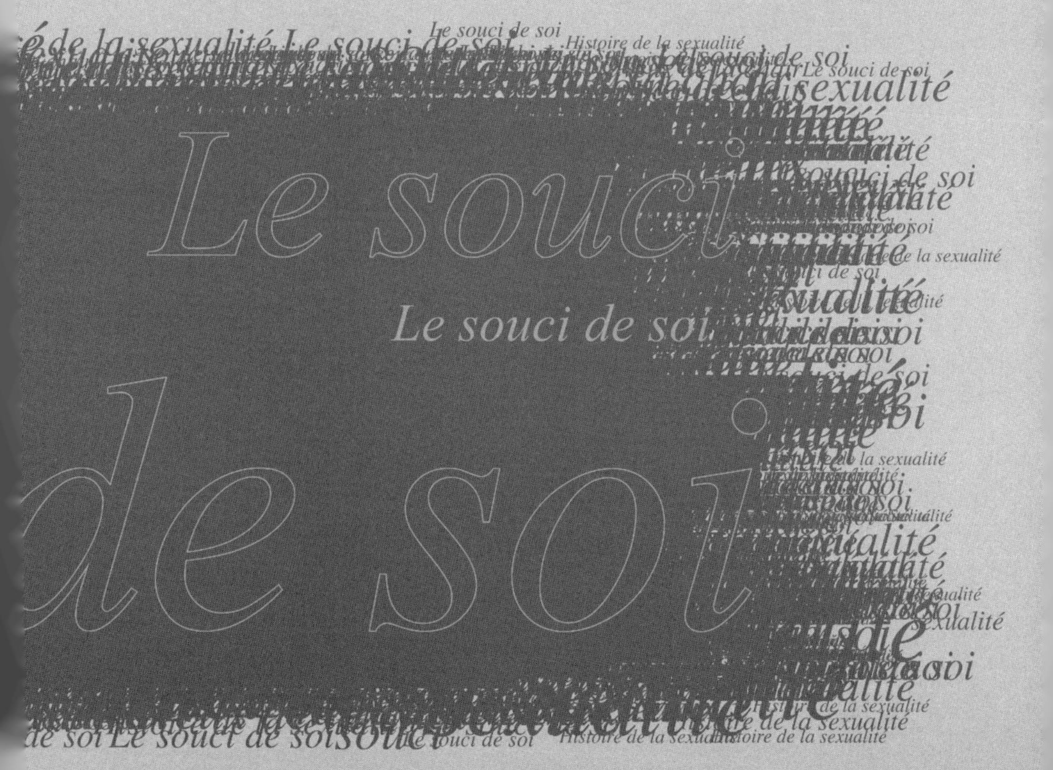

고전시대의 고도의 정식화와 비교할 때, 소년애少年愛에 관한 성찰은 여전히 주된 관심사이기는 하나 적어도 그 강도와 심각성과 날카로움을 잃어버렸다. 소년애는 표면화되는 경우에 쉽사리 반복적 외양을 취한다. 소년애는 옛 주제들 — 흔히 플라톤주의의 주제들 — 에 기대어 작용하면서 고전문화의 재활성화에 생기 없이 참여한다. 철학이 소크라테스의 형상에 예전의 권위를 다시 부여하려고 애쓸 때조차도 소년애와 그것이 제기하는 문제들은 능동적이고 활기 있는 성찰의 중심이 되지 못한다. 소크라테스적 사랑에 관해 티르의 막심이 쓴 4가지 논문도 반대되는 논거를 제공할 수는 없을 것이다.

이러한 사실은 소년애적 성행위가 사라졌거나, 평가절하의 대상이 되었다는 것을 의미하지는 않는다. 그리고 모든 텍스트들은 그러한 성행위가 여전히 널리 퍼져 있었으며 계속해서 자연스러운 일로 간주되었다는 것을 잘 보여준다. 변한 듯이 보이는 것은 소년들에 대한 취향이나 그러한 취향을 가진 사람들에 대해서 일반인들이 가하는 가치판단이 아니라, 그러한 취향이나 판단에 대해 사람들이 스스로에게 질문을 제기하는 방식이다. 다시 말해서 사실 그 자체가 변한 것이 아니라 문제가 이미 낡은 것이 되어 버렸다는 것, 또 중요성이 축소되었다는 것뿐이다. 이러한 '탈脫문제화'에는 물론 많은 동기가 있다. 어떤 동기는 로마 문화의 영향과 관련된다. 로마인들이 그리스인들보다 이런 종류의 쾌락에 더 무감각했기 때문은 아니고, 소년들을 쾌락의 대상으로 여기는 것에 대한 문제제기가 그들 제도의 틀 내에서는 그리스 도시국가들의 틀에서보다 덜 날카롭게 이루어졌기 때문이다. 한편으로 좋은 가문의 아이들은 가족법과 공법公法에 의해 잘 '보호' 받았다.

가부장들은 자기 아들들에게 행사하는 자신들의 권력이 존중받기를 바랐고, 유명한 "스칸티니아Scantinia" 법률은 — 보스웰이 잘 증명했듯이[1] — 동성애를 금하지는 않았지만, 악용과 폭력으로부터 자유분방한 청소년을 보호했다. 따라서 다른 한편으로 소년애는 특히 신분에 구애받을 필요가 없는 젊은 노예들과 행해졌다. "로마에서 자유로운 태생의 청년은 노예에 의해 대체되었다"고 P. 베인느는 말한다.[2] 시인들이 청소년들을 그토록 즐겨 노래했던 로마는 비록 그리스화되어 철학에 물들었지만 소년애에 관한 그리스의 위대한 사색에 대해서는 거의 응답하지 않았다.

더구나 교육의 형태들과 그것의 제도화된 양태들은 교육적 유효성이라는 말로 청소년에 대한 관계에 가치를 부여하는 것을 훨씬 더 어렵게 만들었다. 퀸틸리아누스는 소년이 수사학修辭學 선생에게 위탁되어야 할 시기를 언급하면서 선생의 '품행'을 확인해야 할 필요성을 강조한다. "사실, 아이들은 선생들의 집에서 지낼 때 대부분 성장하며, 젊은이가 되어서도 여전히 선생들 곁에 머문다. 그러므로 아이들의 아직 어린 나이가 스승의 순수함에서 모든 무례함에 대한 보호를 찾고, 아이들의 과잉된 열정이 스승의 준엄함에 의해 방종에서 멀어지도록 최대한 세심한 주의를 기울여서 감시해야 한다." 따라서 스승은 "자기 제자들에 대해 아버지의 감정을 가지고, 자신을 아이들을 맡긴 사람들의 대표자인 것처럼 생각"해야 한다.[3] 보다 일반적으로 볼 때,

---

1 J. Boswell, *Christianity, Social Tolerance, and Homosexuality*, p. 61과 이하.

2 P. Veyne, "*L'amour à Rome*" in *L'Histoire*, janvier 1981, p. 77.

결혼과 부부간의 애정적 유대에 대한 가치부여와 함께 "필리아philia"의 인격적 관계가 지니는 중요성이 어느 정도 줄어든 것은 아마도 남자들 간의 애정관계가 격렬한 이론적 · 도덕적 토론의 홍정물이 되기를 멈추는 데에 많이 기여했을 것이다.

그러나 중요한 3가지 텍스트가 여전히 남아 있었다. 그것은 사랑에 관한 플루타르코스의 대화, 루키아노스의 것으로 추정되는 보다 후기의 대화, 소크라테스적 사랑에 관한 티르의 막심의 4 논문이다. 이 마지막 텍스트는 무시해도 되는데, 이는 수사학적이고 인위적인 성격 때문은 아니다. 루키아노스의 저작으로 여겨지는 《사랑》도 이에 못지않게 그러한 성격을 지니고 있으며, 아카데믹한 활동에서 옛 주제들이 재활성화되는 것은 시대적 특질이기 때문이다. 그러나 티르의 막심의 텍스트는 본질적으로 — 이것이 그 텍스트의 전통성을 이루는 것인데 — 남성들의 관계 내에서의 두 종류의 사랑, 즉 아름답고 정당한 사랑과 그렇지 못한 사랑 사이의 구분과 비교에 할애되어 있다.[4] 플라톤적 전통에 따라, 티르의 막심은 그 구분을 진정한 사랑과 가장假裝에 지나지 않는 사랑 사이의 대립에 일치시킨다. 여기서 출발하여, 그는 두 사랑에 대한 체계적이고 전통적인 비교를 전개한다. 두 사랑의 고유한 성질에 따르면, 전자는 덕성, 애정, 순수함, 솔직함, 안정성을 내포하고, 후자는 무절제, 증오, 불순, 불충실을 내포한다. 두 사랑을 특징짓는 존재방식에 따르면, 전자는 그리스적이고 남성적

3 Quintilien, *Institution oratoire*, II, 2.

4 Maxime de Tyr, *Dissertations*, 24, 1; 25, 1.

이며 후자는 여성적이고 야만적이다. 두 사랑이 표현되는 행동에 따르면, 전자는 사랑의 대상을 돌보고, 그를 체육관, 사냥, 전투에 동반하고, 죽음에까지 그를 따르며, 그 사랑은 그와 함께 어둠을 찾지도 인적이 끊어진 곳을 찾지도 않는다. 반대로 후자는 태양을 피하고, 어둠과 인적 없는 곳을 찾으며, 사랑하는 이와 함께 있는 것을 남에게 보이기를 꺼린다.[5]

플루타르코스와 루키아노스의 저작으로 여겨지는 사랑에 관한 대화편은 매우 다른 방식으로 구성되어 있다. 그들의 연애술 역시 이원적이고 비교적이며, 여전히 사랑의 두 형태를 구분하여 가치를 대조하는 것이 문제가 된다. 그러나 여기서는 그러한 비교가 남성애男性愛로 완전히 대표되지는 않지만 남성애가 지배적인 에로스의 내부에서 이루어지는 대신에, 도덕적으로 불균등한 두 형태를 드러내기 위해 자연스럽게 구분되는 두 가지 관계 형태, 즉, 소년들과의 관계와 여자들과의 관계(보다 정확히는, 결혼의 틀 내에서 합법적 아내와 가질 수 있는 관계)라는 두 가지 관계에서 출발한다. 그리고 구분된 두 형태에 대해서는 가치와 미와 도덕적 우월성의 문제를 제기하게 될 것이다. 이는 연애술의 문제를 상당히 변모시키는 다양한 결론을 갖는다. 특히 여자에 대한 사랑과 결혼은 이의의 여지없이 에로스의 영역과 그러한 문제제기의 일부를 이룬다는 것, 그 문제제기는 동성에 대한 사랑과 이성에 대한 사랑 사이의 자연적 대립에 근거한다는 것, 끝으로 사랑에 대한 윤리적 가치부여는 더 이상 육체적 쾌락의 제거에 의해 이루

5 *Ibid.*, 25, 2~4.

어질 수 없으리라는 것 등이 바로 그 결과들이다.

모순적 사실은 고대 그리스에서 남색男色에 관한 성찰이 전개되었던 것이 바로 쾌락의 문제 주변에서였으며 그 성찰이 퇴보하는 것도 바로 그러한 문제 주변에서라는 데 있다. 즉, 도덕적 삶의 양식을 정의하는 데 가장 능동적인 중심을 구성하는 것은 쾌락의 관계들을 통합하여 적극적 가치를 부여할 수 있는 개인적 유대로서의 결혼이 될 것이다. 그렇다고 해서 소년애가 비난받지는 않을 것이다. 소년애는 여전히 시와 예술 안에서 표현될 수 있는 방법들을 찾을 것이다. 그러나 소년애는 일종의 철학적 '투자 삭감'을 겪을 것이다. 사람들은 소년애에 관해 질문을 제기할 때, 거기서 사랑의 가능한 한 가장 고귀한 형태들 중 하나를 찾지는 않는다. 대신에 쾌락의 관계들로 대체될 수 없는 소년애의 무능력을 하나의 근본적 결핍으로 간주하면서 소년애에 반대하게 될 것이다. 사실 그러한 형태의 사랑과 아프로디지아의 활용 사이의 관계를 생각하는 데 따르는 어려움이 소년애에 철학적 가치부여를 했던 동기였다. 그러나 이제는 바로 그 어려움이 나름대로의 전통을 지닐 수는 있지만 삶의 양식, 행동의 미학, 자기 자신이나 타인들, 또는 진리와의 관계 등과 같은 모든 관계양상을 규정지을 수는 없는 하나의 취향, 하나의 관습, 하나의 선호를 소년애 내에서 보는 동기가 된다.

플루타르코스의 대화와 루키아노스의 저작이라 여겨지는 대화는 여전히 소년애에 부여된 합법성을 증명하는 동시에 소년애가 존재양식의 생생한 주제로서 점진적으로 쇠퇴해 가는 것을 증명한다.

# 1

# 플루타르코스

플루타르코스의 《사랑에 관한 대화》는 결혼으로 시작되고 끝난다. 결혼식 다음날에 플루타르코스와 그의 아내는 테스피에 순례하러 간다. 그곳에서 그들은 신에게 제사를 드리고, 신에게 그들 가족 간의 불화로 불운한 징조를 띠게 된 자신들의 결합에 은혜를 베풀어 달라고 간구한다. 한편 그들은 초대받은 집에서 사소한 논쟁에 휩싸이는데, 그 토론이란 선망 받는 청년, 젊은 바콘이 그에게 구혼하는 여자와 결혼해야 하는가 말아야 하는가에 관한 것이었다. 토론, 우여곡절, 납치가 이어진다. 대화는 모든 사람들이 이들 새로운 부부를 거느리고 관대한 신에게 제사를 드릴 준비를 할 때 끝난다. 대화는 하나의 결혼과 시작하여 다른 하나의 결혼 사이에 전개되는 것이다.[1]

---

1 H. 마틴(*Plutarch's Ethical Writings and Early Christian Literature*, *Ed. by H. D.*

또한 대화는 "에로티디아Erotidia", 즉 테스피에서 사람들이 4년마다 '사랑의 신과 뮤즈들'을 기념하여 거행했던 축제기간에 에로스의 영향 아래서 전개된다. 플루타르코스는 바로 이 신에게 자신의 결혼을 수호해 달라고 빌며, 또한 바로 이 신에게 바콘과 이스메노도르의 결혼식을 위해 간구한다. 왜냐하면, 에로스는 "성취 도중에 있는 것을 승인하고 그것에 은총을 베풀어주기" 때문이다.[2] 그 사이에 플루타르코스는 에로스와 그의 신성, 그의 유구함, 그의 권능, 그의 선행, 그가 사람들의 영혼을 이끌어 올리는 힘에 대한 긴 찬가를 부를 여유를 가질 것이다. 이렇게 해서 축제가 진행되는 도시 전체에서 동시에 올리는 신의 경배에 그도 나름대로 기여하게 된다. 에로스와 가모스, 둘의 상호관계에서 나타나는 사랑의 힘과 부부간의 유대가 대화의 주제를 구성한다. 그리고 대화의 틀을 이루는 종교예식들의 목적은 명료한데, 그 목적은 부부를 수호하는 에로스의 권능이 가족들의 불화를 이겨내고, 친구들 사이의 반목을 평정하고, 부부생활의 행복을 보장하는 데 있다. 토론의 이론적 목적은 이러한 종교행사에 부합하는 것이다. 이론은 실제에 이성적 근거 — 즉, 부부의 유대는 다른 어떤 관계보다도 더 사랑의 신의 힘을 받아들일 능력이 있고, 그 힘은 인간들 사이에서도 부부에게서 그것의 특권적 장소를 발견한다는 것을 증명함

---

*Betz*) 은 그 대화가 이성적(異性的) 사랑과 결혼 사이에 명백한 차이점을 두지 않는다고 지적한다. 《사랑에 관한 대화》와 《부부의 계율》을 비교하면서 L. 괴슬러는 플루타르코스가 지적한 "가모스"(*gamos*) 와 "에로스"(*erōs*) 사이의 관계와 결혼에 대한 전통적 문제에 존재하는 새로운 점을 강조한다.

2 Plutarque, *Dialogue sur l'Amour*, 771e.

으로써 — 를 부여하기 때문이다.

대화의 구실이 되는 사건과 대화를 계속 진전시키는 외적 우여곡절들은 경건하면서도 빈정대는 투로 이야기된다. 그것은 '하나의 완전한 드라마'를 포함하는 '감동적' 사건이어서, 이를 재현하려면 '합창대'가 있어야 하고 '무대'가 필요할 것이다.[3] 사실상, 그것은 하나의 희극적 삽화라 할 수 있다. 매력 있는 청년인 — 그는 아름답고 덕성스럽다 — 바콘은 에라스투스파의 한 사람인 피시아스와 그보다 훨씬 연상인 한 과부에게서 구애를 받는다. 그녀는 그에게 합당한 아내를 찾아주는 임무를 맡았지만 자신보다 더 훌륭한 상대를 발견하지 못하여서 바로 그 소년을 유혹하고, 그를 쫓아다니고, 그를 납치하고, 상대 — 처음엔 화를 내다가 곧 체념해버린 — 는 아랑곳하지 않은 채 (그녀 자신이) 결혼식을 조작한다. 대화는 사람들이 이미 그 무서운 과부의 계획을 알았을 때, 그러나 그녀가 폭력적 수단을 쓰기 이전에 시작된다. 따라서 젊은이는 아직 두 구애자 사이에 끼여 어떤 길을 선택해야 할지 알지 못한다. 결국 그는 결정을 연장자들에게 맡기며, 그들은 그것에 관해 숙고한다. 그리하여 토론은 소년애의 두 지지자인 프로토제누스와 피시아스, 여자들에 대한 사랑의 두 지지자인 안테미온과 다프네 사이에서 이루어진다. 토론은 플루타르코스 앞에서 전개되는데, 그는 곧 증인의 역할을 떠나서 토론을 담당하여 대화를 사랑에 대한 일반적 이론으로 이끈다. 앞에서 말한 소년애의 옹호자들이 사라지자, 그는 대화 상대자이자 맞수로 펨프티데스와 특히 제욱시프를 상대하게 된

---

3 *Ibid.*, 749a.

다. 그들은 사랑에 대한 유물론적 견해를, 그리고 결혼에 대해 공격적일만치 비판적 생각을 가지고 있다. 플루타르코스가 반박하는 것은 바로 그러한 사고방식이다.

우리는 여기서 대화에서 드러나는 주목할 만한 특질 중 하나에 접근하게 된다.

대화는 갈림길이라는 전통적 도식 — 그것이 신화적 비유에서건 도덕적 궤변에서건 — 에서 출발한다. 두 개의 길이 있는데, 어떤 것을 선택할 것인가? 소년애의 길인가, 아니면 여자들에 대한 사랑의 길인가? 그런데, 사실 토론이 이 문제를 정확하게 제기하는 것은 아니다. 플라톤의 텍스트에서는 남성적이고 고귀한 에로스가, 흔하고 수월하며 육체적이고 "유행병적인" 에로스(분명히 결혼 밖에서 소년, 소녀들과 행할 수 있는 에로스)에 대립되는 데 반해서, 플루타르코스에게 선택의 여지는 소년들이냐 아니면 결혼 — 마치 여자와의 관계가 그 속에서 완성될 수 있는 것처럼 — 이냐 하는 양자택일에 놓여 있다.

플루타르코스의 대화에서 또 다른 변별적 요소는 소년을 뒤쫓는 여자라는 인물이다. 그녀를 특징짓는 모든 특질은 의미심장하다. 그녀는 아직 젊지만 소년보다는 나이가 많고, 사회적 신분이 더 높으며 과거에 이미 경험이 있다.4 이러한 종류의 상황은 그리스에서 — 여자의 희소성과 동시에 결혼의 전략 때문에 — 특이한 일이 아니었지만, 사람들은 이런 종류의 결합 앞에서 어떤 망설임을 느꼈고, 결혼관계에서는 보통 남편이 우월한 신분이었기 때문에 남편이 더 젊고 가난하다

4 *Ibid.*, 754c.

는 것은 아내에 대한 남편의 입장을 난처하게 만들었다. 이런 불편함에 대한 많은 지적을 부부생활에 관한 여러 텍스트에서 발견할 수 있다. 플루타르코스는 《솔론의 생애》에서, "마치 자고새의 수컷이 암컷에게 그러하듯이" 늙은 여자에게 환심을 사려는 젊은이를 발견한 관리에게 젊은이를 남편이 필요한 처녀의 집으로 보내라고 권고한다.[5] 피시아스도 역시 바콘의 결혼 지지자들에게 그런 관습적인 우려를 잊지 않고 상기시킨다.[6] 바콘의 결혼이 완전히 예외적인 것은 아니지만 행복하고 현명한 삶을 예견하게 하기에는 한 쪽의 이해관계와 다른 한 쪽의 욕망이 너무 강하게 드러나는 모순적이고 위험한 결합이라는 것이다. 따라서 바콘도 자신이 제의받은 것이 — 남색男色의 사랑이 아닌 — 최상의 것이 아니라 있을 수 있는 모든 결혼 중에 최악의 것이라고 생각한다. 그러하니 이 같은 결혼을 정당화하고 승리로 이끄는 결말은 더욱 가치 있는 것이다.

그러나 또 하나의 모순적 특질을 지적해야 한다. 열정적 과부인 이스메노도르는 장점으로 가득 찬 여자이다. 그녀는 덕성스러우며, "단아한 삶"을 영위하고, 여러 사람의 존경을 받으며, "험담의 대상이 되지 않고", 단 한번이라도 "수치스러운 행동에 대한 의심이 그녀의 집을 스쳐간 적도 없다".[7] 그럼에도 불구하고 그녀는 수치심 없이 소년에 대한 구애에 나선 것이다. 사람들은 결혼을 돕도록 그녀에게 소년을

---

5 Plutarque, *Vie de Solon*, 20, 8.

6 Plutarque, *Dialogue sur l'Amour*, 752e~f.

7 *Ibid.*, 740d와 755d~e.

맡겼지만, 사람들이 그에 대해 그토록 칭찬하는 것을 듣고, 자기 눈으로 그의 아름다움과 장점을 보고, 그가 수많은 용감한 연인들의 구애를 받는 것을 보고는 그녀 자신이 그를 사랑하게 된다. 뿐만 아니라 그를 쫓아다니고, 따라갈 수는 없으므로 그가 체육관에서 돌아올 때 엿보고, 몇몇 친구들과 공모하여 "그를 납치한다". 이러한 납치사건들이 — 일부는 실제 사실이고, 일부는 꾸며진 — 현실 자체에서는 아니더라도, 적어도 남색男色에 관한 문헌들에서 자주 나타나곤 했던 것은 분명하다. 많은 신화적 · 역사적 이야기들이 이 같은 폭력의 에피소드들 중 하나를 둘러싸고 있다. 플루타르코스의 것으로 추정되는 《사랑의 이야기들》과, 소크라테스적 사랑에 바쳐진 티르의 막심이 쓴 《연설》의 이야기들이 이에 대하여 언급하고 있다.[8] 그리고 이스메노도르처럼 덕성스러운 인물이 그러한 공략에 전념한다면, 그것은 그녀가 "인간 이성보다 훨씬 강한, 신적 충동에" 사로잡혔기 때문이다. 그런데 이스메노도르의 모든 특질(연령차, 인정된 장점, 사랑의 대상이 가진 도덕적 특질과 좋은 평판에 대한 관심, 구애의 자발성, 신적 영감의 격렬함)은 전통적 남색의 모델에서 소년들의 애인을 특징짓는 특질들이다. 플루타르코스의 묘사에서 그녀는 분명히 사랑하는 자의 위치에 있다. 그러므로 실제로 바콘은 전적으로 상이한 두 유형의 사랑 — 좋은 천성을 부여받은 젊은 남자와 그의 아름다움에 흥미를 갖고 있는 연장자 사이에서 맺어질 수 있는 사랑과, 가산을 관리하고 아이들을 키우기 위해 남자와 여자사이에 이루어지는 사랑 — 사이에서 선택해야 하는 것이

---

**8** Plutarque, *Histoire d'amour*, 2, 772e; 3, 773f.

아니다. 한 경우는 남자에 대한 사랑이고 다른 경우는 여자에 대한 사랑이라는 단 하나의 차이점만을 가진 동일한 사랑의 두 형태 사이에서 선택해야 하는 것이다. 플루타르코스는 이스메노도르와의 결혼을 유리하게 만든 자신의 발언에서 동일한 유형의 사랑이 문제된다는 것을 매우 명백하게 지적한다. 즉, 어느 누구도 권위자 없이 그 자신만으로는 완벽할 수 없다고 말한다. "장정은 체육관장에게, 청년은 사랑하는 자에게, 성인은 법률과 장관에게 복속되어 있다 … 그러므로 판단력이 풍부하고, 나이에서 연상인 아내가 풍부한 경험으로tōi phronein mallon, 다정함과 애정tōi philein이 어린 매력적인 모습으로 젊은 남편을 이끄는 것이 왜 추문醜聞이 된단 말인가?"[9]

이처럼 플루타르코스의 대화에는 기초가 되는 두 움직임이 있다. 첫 번째 움직임은 토론하는 중에 저절로 생긴 변질變質이다. 즉, 사랑받는 자가 두 애인 사이에서 행해야 할 선택의 문제가 슬그머니 사랑의 가능한 두 형태 — 소년들에 대한, 또는 소녀들에 대한 — 하에서 일어나는 문제로 되어버리는 것이다. 두 번째 움직임은 남자와의 관계에서와 동일한 윤리적 가능성을 여자와의 관계에 부여하는 줄거리의 모순적 상황이 가능케 한 전이轉移이다. 대화의 우여곡절을 밑받침하는 작은 극적 사건에서 모든 토론의 목표가 분명히 드러난다. 문제는 단일한 사랑의 개념을 만드는 것이다. 단일한 사랑의 개념은 남색의 고유한 가치들을 배격하지 않고, 반대로 그 가치들을 보다 넓고 보다 완전한 형태 안으로 끼워 넣을 것이다. 그리하여 여자들에 대한 관계, 더

9 Plutarque, *Dialogue sur l'Amour*, 754d.

정확히는 아내에 대한 관계만이 그 형태를 활용하게 될 것이다.

우리는 플루타르코스의 대화에서 승자를 정하기 위하여 여인들에 대한 사랑과 소년애를 서로 맞서게 했던 수많은 수사학 경연대회의 하나를 보고 싶은 유혹을 느낀다. 그렇게 본다면 플루타르코스의 대화는 부부의 애정과 쾌락에 대한 가장 열렬한 변호 중 하나로 간주될 것이며, 결혼에 대한 스토아학파의 논문들 곁에 자리하는 것이 합당한 일일 것이다. 왜냐하면 그의 대화는 스토아학파의 논문들과 같은 주제, 같은 정식들을 사용하기 때문이다. 그러나 대화 속에서는 결혼의 편을 들고 남색을 반대하는 논증과는 전혀 다른 것이 문제시되고 있다. 여기서 우리는 고대 연애술의 중요한 어떤 변화의 윤곽을 볼 수 있는데, 그 변형은 다음과 같이 간략하게 요약될 수 있다. 즉, 설사 사람들이 "아프로디지아"의 실천에서 불연속, 넘을 수 없는 경계선, 가치들의 중요한 차이를 거의 인정하지 않았다 하더라도 연애술의 정교화는 분명히 이원적이다. 게다가 그것은 이중적으로 이원적이며 그 자체로 매우 복잡하다. 왜냐하면 한편으로는 비속한 사랑(성행위가 우위를 차지하는 사랑)과 고귀하고 순수하며 고상한 천상의 사랑(여기서는 그 행위들의 존재가 무화되지는 않더라도 감추어진다)을 대립시켰고, 다른 한편으로는 만약 적어도 사람들이 그 진정한 본성에 의견의 일치를 보인다면 갈망, 형태, 목표, 결과가 여타의 사랑에서 발견할 수 있는 것과는 다른 것으로 추정되는 소년애의 특수성을 부각시켰기 때문이다. 또한 두 이원론은 서로 겹치는 경향이 있는데, 왜냐하면 소년들에 대한 '진정한' 사랑은 "아프로디지아"의 비속한 추구(여자들에 대한 욕망이나, 소년들에 대한 정도正道를 벗어난 정욕을 불러일으키는 추구)와는 거리가 먼 순수한 사랑에 다름없다고 사람들이 인정했기 때문이다. "아프로디지아"의 연속적 영역과 이원적 구조를 가진 연애술, 바로 이 같은 외형이 전도되기 시작한다. 플루타르코스의 《대화》가 이러한 움직임을 보여준다고도 할 수 있지만, 실제로 이 움직임은 훨씬 나중에, 사랑에 대해 전적으로 일원적인 개념이 수립되고, 반면에 쾌락의 실천이 한 성性과 다른 성의 결합, 그리고 하나의 동일한 성 내부의 관계를 가르는 엄밀한 경계선에 의해 분리될 때야 완결될 것이다. 관계들의 동종이형성同種二形性과 욕구들의 차별적 구조를 엄밀하게 표시하는 것을 가능케 하는 것은 성의 일원적 개념에 의해 공고해진, 대체로 오늘날 우리의 것과 같은 체계이다.

플루타르코스의 《대화》에서 우리는 매우 뚜렷하게 남자 - 여자, 나아가서는 남편 - 아내라는 관계 모델 위에서 일원적 연애술을 구성하려는 노력을 볼 수 있다. 이 단일한 사랑(그것이 여자들과 관계된 것이건 소년들과 관계된 것이건 동일한 것으로 간주된다)에 비해서 남색적 애착은 훗날처럼 '동성적' 혹은 '이성적' 행위 사이에 엄격한 경계가 그어지는 것은 아니지만 사실상 평가절하된다. 텍스트의 모든 목적은 이러한 연애술의 단일화에 집중된다. 단일화는 비판적 토론('이원론'의 토론), 일원적 이론(즉, 사랑의 이론)의 정교화, 그리고 하나의 기본적 개념("카리스charis", 즉 우아함이라는 개념)의 사용에 의해 수용된다.

1. 전통적 '이원론'의 설명과 비판은 간단히 요약될 수 있다. 이원론은 분명 소년애 지지자들에 의해 옹호된다. 그런데 프로토제누스와 피시아스는 매우 일찍 — 사람들이 바콘의 납치를 알리자마자 — 무대

를 떠나 마지막으로 차별적 연애술을 찬양할 때에만 무대에 남는다. 차별적 연애술에 따르면, 소년에 대한 사랑은 여인에게 끌리는 경향과 다를 뿐만 아니라 두 가지 이유로 그보다 우월하다. 하나는 자연에 대해서 두 사랑이 취하는 입장에 관계된 것이고, 다른 하나는 각각에게 쾌락이 행하는 역할에 관련된 것이다.

소년애 지지자들은 단순히 여자들에게 존재하는 모든 인위적인 것(어떤 여인들의 경우에는 장신구와 향료, 가장 음탕한 여인들의 경우에는 면도, 마약, 화장품)을 씨름판에서 만나는 소년들의 자연스러움에 대립시키는 흔한 논거를 암시한다.[10] 하지만 여인에 대한 사랑에 반대하는 그들 논거의 요점은 그 사랑이 자연적 성향 이상의 것이 아니라는 점이다. 두 성을 서로에게로 이끄는 욕구orexis를 우리들 안에 불어넣은 것은 사실 자연이다. 우리가 음식물을 섭취하듯이, 우리가 번식으로 이끌리는 것은 물론 당연하다. 그러나 이와 동일한 유형의 욕구를 우유에 이끌리는 파리에게서, 꿀에 이끌리는 벌에게서 발견할 수 있으며, 병아리와 송아지에게 이끌리는 요리사들에게서도 역시 발견할 수 있다는 것을 우리는 잘 알고 있다. 프로토제누스는 이 모든 욕구에 사랑이란 이름을 부여해야 한다고는 생각지 않는다.[11] 물론 이성에 대한 본능적 이끌림이 남자들을 여자들에게 결합시키는 필수불가결한 행위를 비난하게 하지는 않지만 그것이 동물계 도처에서 발견될 수 있고, 초보적 욕구를 존재이유로 갖는 행동의 가치를 떨어뜨리는 것은

10 Plutarque, *Dialogue sur l'Amour*, 751a ; 752b.

11 *Ibid.*, 750c~d.

분명 사실이다. 프로토제누스는 여자들에 대한 본능적 관계가 가진 불완전성을 지적하고 그 필요성을 경멸하면서 훨씬 더 높은 곳을 지향하는 소년애와의 차이점을 언급한다. 사실상 그는 본능을 넘어서는 사랑이 무엇인지는 상술하지 않는다. 간혹 플루타르코스가 플라톤적 테마들을 재언급하지만 이는 소년들의 옹호자들에 반대하여 그 테마들을 사랑의 일원적 개념에 통합하기 위해서이다.

또 하나의 차이점은 쾌락의 역할에 의해 드러난다. 그것은 여자로의 이끌림이 쾌락에서 분리될 수 없는데 반해 소년애는 쾌락을 초월할 때에만 진실로 본질에 부합한다는 것이다. 이 주장을 뒷받침하기 위해 프로토제누스와 피시아스에 의해 사용된 논거는 오히려 스토아학파적이다. 그들은 여자들과의 관계가 종種의 보존을 위해 자연에 의해 예비되었지만, 쾌락이 그 행위에 결부되도록 장치되었다고 주장한다. 이러한 연유로 우리를 행위로 이끄는 욕구, 충동orexis, hormē은 언제나 격렬하고 고삐 풀린 것이 되기 쉬우며, 이때 욕구와 충동은 욕망epithumia으로 변형된다. 따라서 사람들은 여자라는 자연적 대상에 두 가지 방식으로 — 즉, 세대들의 존속을 이성적 이유로 삼고 쾌락을 수단으로 사용하는 자연적 움직임인 욕구에 의해, 그리고 '쾌락과 향락을 목적으로'[12] 삼는 격렬하고 내적 규율이 없는 움직임인 욕망에 의해 — 이끌린다. 물론 보다시피 양자는 모두 진정한 사랑일 수 없는데, 전자는 자연적이고 모든 동물에게 공통적이기 때문이며, 후자는 이성적 한계들을 넘어서고 영혼을 육체적 관능에 붙잡아 매기 때문이다.

---

12 *Ibid.*, 750d~e.

그러므로 남자와 여자 사이의 관계에서는 에로스의 가능성 자체를 배제하는 것이 옳다. 프로토제누스는 한 정식에서 "사랑의 어떤 작은 조각도 규방閨房에 들어갈 수 없다"[13]고 말하는데, 소년애의 지지자들은 여기에 두 가지 의미를 부여한다. 마치 수캐를 암컷에게 결부시키듯 "성에 의해" 남자를 여자에게 결부시키는 욕망의 본성은 사랑을 배제한다. 다른 한편, 남편에 대한 "사랑"을 경험하고 그에게 "사랑받는 것eran, erastai"을 수락하는 것은 현명하고 정숙한 아내에게는 올바른 일이 아닐 것이다.[14] 따라서 유일하고 진정한 사랑은 소년들에 대한 사랑밖에는 존재하지 않는다. 왜냐하면 추악한 쾌락이 소년애에는 부재하기 때문이며, 소년애가 필연적으로 덕성에서 분리될 수 없는 우애를 함축하고 있기 때문이다. 만일 사랑하는 자가 자신의 사랑이 상대방에게서 '우애와 덕성'을 불러일으키지 않는다는 것을 확인한다면, 그는 배려와 충실성을 포기할 것이다.[15]

이러한 전통적 논거에 대한 응답은 예기되어 있다. 그것은 남색男色의 위선에 대한 다프네의 고발이다. 슬픔에 잠긴 아킬레스가 파트로클레스의 엉덩이를 언급하지 않았듯이, 솔론이 한창 때의 소년들에 대해 '그들의 엉덩이와 그들의 입술의 달콤함'을 노래하지 않았듯이, 소년 애호가는 자신에게 철학자와 현자의 모습을 부여하기를 좋아한다. 그러나 그들은 물론 단 하나의 기회밖에는 기다리지 않는다. 밤

---

13 *Ibid.*, 750c.

14 *Ibid.*, 750b~c.

15 *Ibid.*, 750e.

에, 모든 것이 잠들면, "지키는 사람이 없을 때 따는 과일은 달콤한 법이다". 여기엔 딜레마가 존재한다. 그것은 "아프로디지아"는 우애와 사랑과는 양립할 수 없는 것이거나 — 이 경우에 자신들이 욕망하는 육체를 은밀히 즐기는 소년의 애호자들은 사랑의 존엄성을 잃은 것이다 — 혹은 육체적 관능이 우애와 사랑 안에 자리하는 것을 인정하는 것이다. 그렇다면 여자들과의 관계에서 관능을 배제할 이유가 없다. 그러나 다프네는 이에 만족하지 않는다. 그는 사람들이 애인들의 행동과 그들이 취하려 애쓰는 쾌락들에 대해 흔히 반박의 근거로 제시했던 또 하나의 진퇴양난을 상기시킨다. 만일 사랑받는 자가 덕성스럽다면, 그에게 폭력을 겪게 하지 않고서는 쾌락을 얻을 수 없다. 그런데 그가 동의한다면, 그때는 여자 같은 나약한 남자와 관계하고 있다는 것을 인정해야 한다.16 따라서 소년에 대한 취향에서 최상의 사랑의 모델을 찾아서는 안 된다. 차라리 소년애를 "그의 형인 합법적 사랑을 쫓아내려고 애쓰는, 너무 늙은 부모에게서 태어난 뒤늦게 얻은 자식, 서출, 어둠의 아이"17로 생각하는 것이 옳다. 다프네가 암시하듯이 소년들에 대한 취향과 여자들에 대한 취향이 실제로는 하나의 동일한 것에 지나지 않는 것이 아니라면 말이다.18

그러나 사랑에 대한 일반론의 진정한 정교화는 첫 번째 적수들이 떠난 이후에 그들 없이 이루어지는데, 이는 마치 토론의 주된 목적에 도

---

16 *Ibid.*, 751d~e.

17 *Ibid.*, 751f.

18 *Ibid.*, 751e.

달하기 위해서는 친숙한 대립을 먼저 끝낼 필요가 있었기 때문인 것처럼 보인다. 그때까지 토론은 개인적 문제들에 관계된 것이었고, 이제 일반적 주제들로 방향을 돌려야 한다고 펨프티데스는 지적한다.

2. 대화의 중심부는 신에 대한 칭송이라는 전통적 양식에 근거한 에로스의 찬양으로 구성된다. 사람들은 에로스가 지닌 진정한 신성을 밝히고(플루타르코스는 여기서, 에피쿠로스 학파의 영향을 받고, 펨프티데스에 의해 개략적으로 제시되는 주장, 즉 신들이 우리 정념들 이상이 아니라는 주장에 반대하고, 우리를 사로잡는 사랑은 필연적으로 신적 권능의 효과라는 것을 논증한다), 에로스의 권능을 다른 신들의 권능과 비교하고 (이는 중요한 구절인데, 왜냐하면 어떻게 에로스가 아프로디테의 필수적 보충물인가를 증명해주기 때문이다. 에로스 없이는 아프로디테의 일은 단순한 감각적 쾌락 이상의 것일 수 없으며, 그러한 쾌락은 은화 한 닢이면 살 수 있을 것이다. 또한 에로스는 사람들이 말하는 것과는 반대로 아레스보다 더 용기 있고 강하다. 전쟁터에서 사랑하는 사람들이 적에게 달려들고, 수치스럽게 도망치지 않고 오히려 죽을 때까지 대담하게 싸우는 것은 바로 상호적 사랑 때문이다), 에로스가 사람들의 영혼에 미치는 작용에 대해, 에로스는 영혼을 "용감하고 동정심 많고 관대하게 만들며, 마치 신들린 것처럼 전율하게 한다"라고 묘사한다. 마침내 이집트의 신화들에 대한 언급과 플라톤 이론에 대한 설명으로 찬양이 끝을 맺는다.

찬양讚揚에서 주목할 만한 점은 찬양을 이루는 모든 요소가 남색의 전통적 연애술의 영역에 속한다는 사실이다. 대부분의 예는 소년애나 사포의 예에서 빌려온 것이다(알세스트와 아드메투스는 거의 유일한 예외이다). 그리고 사람들은 에로스를 칭송하는 가운데 그를 바로 소년애의 신으로 드러낸다. 그런데 찬가는 동시에 "여성애의 합창단원"임을 자처하는 플루타르코스에 의해 노래된다. 그의 관심사는 다프네의 일반적 주장을 널리 알리는 것이다.[19] 즉, "우리가 단지 진리만을 고려한다면, 우리는 소년들에 대한 기호와 여자들에 대한 기호가 단 하나의 동일한 사랑에서 나온다는 것을 확인할 수 있다".

사실 대화의 주된 목적이 바로 여기에 있는 듯하다. 이스메노도르가 행한 바콘의 "남색적" 납치라는 작은 희극은 단순히 대화에 틀을 지워주며 에피소드의 구실을 할 뿐이다. 소년들에 대한 연애술이 그러한 형태의 사랑(여자들에 대한 거짓 사랑과는 대조적으로)의 고유한 특성으로 요구할 수 있는 모든 것이 — 남색의 큰 전통에서 아무것도 빠져나가지 않고 오히려 반대로 — 다시 채택된다. 그러나 문제는 그 모든 것을 두 사랑이 모두 포함될 수 있는 일반적 형태로 이용하는 것, 특히 그 형태를 여자로의 이끌림뿐만 아니라 부부관계 자체에도 적용시키는 것이다.

제욱시프의 개입 — 원고 속에는 기재되지 않았으나 부부의 사랑을 남색의 이름으로서가 아니라 에피쿠로스 학파의 용어로 비판했음에 틀림없는 — 이후에, 플루타르코스는 3가지 요점을 확증하기 위해 다시 발언한다. 먼저, 사람들이 말한 대로라면 에로스는 소년들과의 관계에서와 마찬가지로 이성과의 관계에서도 그의 존재, 재능, 권능, 효과를 느끼게 만든다고 플루타르코스는 강조한다. 잠시 에피쿠로스

19 *Ibid.*, 751e~f.

학파의 주장을 인정해 보자. 사랑받는 육체에서 발원하고 사랑하는 자의 눈에까지 운반되어 그의 육체를 관통하는 이미지들은 정액의 형성에 이르기까지 그를 흥분시키고 동요시킨다. 이러한 메커니즘이 소년들에 의해서는 형성되고 여자들에 의해서는 그러지 못할 이유가 없다.[20] 역으로 플루타르코스가 경도되어 있는 플라톤적 주장을 인정해 보자. 만일 "육체의 신선함과 우아함을 통해" 사람들이 영혼의 아름다움을 인지하고, 또 영혼의 아름다움이 저 높은 곳의 모습을 우리에게 상기시킴으로써 우리의 영혼에 날개를 준다면, 단지 "아름다움"과 "자연적인 것보다 우월함"만이 문제되는 곳에서 성의 차이가 무슨 역할을 하겠는가?[21] 이를 통해 플루타르코스는 소년들에 대한 전통적 연애술과 여자들에 대한 기호와의 차이점들 중 하나인 덕aretē의 요소는 모든 성차性差를 넘어선다는 것을 보여준다. "사람들은 아름다움이 덕德의 꽃이라고 말한다. 그런데 여자들이 그 꽃을 피우지 못하고 덕에 대한 성향을 드러내지 못한다고 주장하는 것은 터무니없는 일이다. 두 성은 모두 동일한 성격을 드러낸다."[22]

남색가들이 단지 소년애만을 위해서 남겨두려 하는 우애友愛에 관해 말하자면, 플루타르코스는 우애가 남자와 여자의 관계를, 적어도 자신과 아내의(그리고 이러한 특수한 규정은 물론 중요한 것이다) 관계 역시 특징지을 수 있다고 제시한다. 이성관계에서는 부부관계만이 우

---

20 *Ibid.*, 766e.

21 *Ibid.*, 766e~767a.

22 *Ibid.*, 767b~c.

정의 형태를 보여줄 수 있는데, 여기서 플루타르코스는 《부부의 계율》을 상기시키는 몇 가지 특징을 통해 이러한 부부관계를 간략히 언급한다. 부부관계는 공동생활 전체에 걸쳐 삶의 공유를 함축하고(플루타르코스는 '스테르가인stergein', 즉, '사랑하다'라는 단어와 '스테가인stegein', 즉, '보호하다', '자기 집에 보존하다'라는 단어를 가지고 말놀이를 한다), 상호적 호의eunoia를 요구한다. 또한 분리된 육체들에게 완전한 공동체, 영혼의 일치, 즉 부부들이 "더 이상 둘이기를 원치 않으며, 둘이라고 생각하지 않을" 정도로 강력한 일치를 전제하고,**23** 끝으로 상호적 절제, 다른 모든 관계를 포기하게 하는 "소프로수네sōphrosunē"를 요구한다. 이 마지막 사항에서 에로스 이론이 부부생활의 실천으로 전이된 사실이 가장 흥미롭다. 왜냐하면 이러한 전이는 결혼의 고귀한 가치에 대해 스토아학파 사람들에게서 발견할 수 있는 것과는 매우 상이한 개념을 전제하기 때문이다. 실제로 플루타르코스는 '외부에서' 오며 법률에 복종하는 것에 불과하고 수치심과 공포심에 의해 부과되는 절제와 에로스의 결과인 절제를 대립시킨다. 사실상 에로스가 서로를 향해 부부를 불타오르게 할 때, '자제, 신중함과 성실성'을 가져오는 것은 바로 에로스 자체이다. 에로스는 부부애에 빠진 영혼에게 '순진함, 고요함, 차분함'을 주며, '절제 있는 태도'를 부여하고, 영혼이 '단 하나의 존재에만 주의를 기울이게' 만든다. 연인들의 영혼에서 덕성과 절제를 조절하는 에로스적 특성을, 즉 소크라테스처럼 가장 완벽한 사람들에게서 자신이 사랑하는 사람 앞에서

---

**23** *Ibid.*, 767d~e.

침묵하고 자신의 욕망을 지배할 수 있게 하는 신중함의 원칙이 되는 에로스의 특성을 재발견하기란 쉬운 일이다. 플루타르코스는 오랫동안 동성애자同性愛者의 필리아에 부여되었던 특질들을 부부의 제국시대雙數性으로 전이시킨다.

그럼에도 불구하고 여자들과의 관계에서나 소년들과의 관계에서 똑같이 적용될 수 있는 사랑의 일반 이론이 간접적 방법으로 세워진다. 플루타르코스가 — 다프네가 그에게 요구하고 스스로도 그렇다고 주장하듯이 — 개별적 사랑에서 보다 일반적 사랑으로 옮겨가는 것은 아니다. 그는 소년들에 대한 연애술에서 기본적이고 전통적인 특질들을 차용하는데, 그것은 그 특질들이 사랑의 모든 형태가 아니라 단지 부부관계에만 배타적으로 적용될 수 있다는 것을 증명하기 위해서이다.

3. 결혼에서는 완벽하게 실현될 수 있는 단일한 사랑의 고리가 소년들과의 관계에서는 적어도 완벽한 형태를 띠고 자리를 차지할 수는 없으리라는 것을 증명하는 것, 그것이 대화의 최종 목표이다. 비록 소년들과의 관계가 정통적 가치들을 지닌 채 사랑의 일반적 개념의 지주이자 모델의 구실을 할 수 있다 할지라도 소년애는 결국 자격을 박탈당하고 권리를 상실하게 된다. 왜냐하면 부부의 사랑에 비교할 때 소년애는 불완전한 사랑이기 때문이다.

그렇다면 플루타르코스는 소년애의 불완전성을 어디에서 찾는가? 사람들이 진정한 — 순수하기 때문에 — 사랑과 거짓되고 기만적인 — 육체적이기 때문에 — 사랑을 구별하는 이원적 연애술을 견지하는 한, 가장 뛰어난 사랑의 관계를 맺기 위해서는 아프로디지아가 단순히 없어질 수 있다는 정도에서 그치지 않고 필수적으로 없어져야 한다. 그러나 에로스와 아프로디테를 강하게 결합시키는 일반적 연애술의 구성은 문제의 여건들을 변화시킨다. 즉, 아프로디지아의 제거는 하나의 조건이기에 그치지 않고 하나의 장애물이 된다. 플루타르코스는 명백히 그렇게 말한다. 그의 말에 따르면 에로스 없이는 아프로디테가 사람들이 은전 몇 닢으로 살 수 있는 일시적 쾌락밖에 제공하지 못한다면, 자신에게 육체적 쾌락이 결여될 때 마찬가지로 아프로디테 없는 에로스도 불완전한 것이 되고 만다. 아프로디테 없는 사랑은 "무화과와 보리에서 추출한 음료수가 야기하는 술 없는 도취와 같고 성과 없고akarpon 충만함 없는ateles 고통일 수밖에 없으며, 곧 혐오와 불쾌감으로 변한다". 24

그런데 소년애가 아프로디지아를 만들어낼 수 있는가? 우리는 그에 관한 논의를 알고 있다. 25 소년애에서는 성 관계가 폭력에 의해 부과되고, 관계를 감내해야 하는 사람은 분노, 증오, 복수의 욕망밖에는 느낄 수 없다. 아니면 자신의 '나약함', '여성성' 때문에 자신을 가장 낮은 지위로 깎아 내리는 '수치스럽고' '반자연적' 일인 '수동적으로 되는 것에서 쾌락을 얻는hēdomenos tōi paschein' 사람들만이 성 관계들을 갖는다. 26 플루타르코스는 강요당하면 증오를 느끼게 되고 동의하면 멸시를 불러일으킨다는 '사랑받는 자의 딜레마'를 되풀이한다. 전통적

24 *Ibid.*, 752b.
25 플루타르코스는 여기서 다프네가 상술한 논거를 되풀이한다.
26 *Ibid.*, 768d.

남색의 반대자들은 이 정도로 그치지만 플루타르코스의 분석은 더 나아간다. 그는 소년애에 결여된 것이 무엇인가, 소년애를 부부의 사랑이 그러하듯, 영혼들 간의 유대가 육체적 쾌락에 연결된 에로스와 아프로디지아의 조화로운 합성물이 될 수 없게 하는 것은 무엇인가를 규명하려고 애쓴다. 플루타르코스는 소년애에서 결여된 것을 소년애는 "아카리토스acharistos"하다는, 즉 '카리스charis'가 결여되어 있다는 한마디 말로 지칭한다.

대화 도중에 여러 번 되풀이해서 나타나는 '카리스charis'라는 용어는 플루타르코스의 성찰의 열쇠가 되는 말 중 하나임에 틀림없어 보인다. 어쨌든 이 용어는 텍스트의 앞부분, 즉 단일한 사랑이라는 대이론大理論이 세워지기 전에 매우 장엄하게 도입된다. 자신의 주장을 위하여 이 용어를 '전능한' 논거로서 제일 처음 사용한 이는 다프네이다.[27] 여자들에 대한 사랑은, 성 관계를 자연이 처음에 만들어 놓은 대로 실행함으로써 카리스를 통해 "우애eis philian"에 이를 수 있는 특징을 가진다고 그는 말한다. 다프네는 이 용어에 매우 큰 중요성을 부여하여 즉각 카리스를 정의하고 거기에 다음과 같은 몇몇 위대한 시적 명명인命名人들을 열거하려고 시도할 정도이다. 즉, 카리스란 여자가 기꺼이 남자에게 인정하는 동의同意로, 사포에 의하면 단지 결혼적령기에만 나타나는 동의이다. 핀다로스에 의하면 카리스가 부재하는 성 관계는 보기 흉한 후손들을 만들어낼 수도 있다. 그 예로서 헤파이스토스는 헤라에 의해 "아누이 카리톤aneu chariton"하게 수태되었다.[28] 우리는 동의

---

**27** *Ibid.*, 751c.

가 수행하는 역할을 분명히 볼 수 있는데, 그것은 성 관계를 자연에 의해 규정된 능동성과 수동성이라는 두 극점極點과 함께 상호적 호의의 관계 안에 통합시키고, 육체적 쾌락을 우애 안에 내접시키는 것이다.

이렇듯 사전에 소개된 이후에, 그리고 사랑에 대한 일원적 이론이 일단 세워진 이후에, "카리스"의 문제는 대화의 마지막 부분에서 지배적인 것이 된다. 여자들에 대한 사랑과 소년들에 대한 사랑을 구별하는 구실을 하는 것도 바로 "카리스"이다. 왜냐하면 전자만이 동의의 부드러움 덕택에 아프로디테의 쾌락과 우애와 덕성이 결합하는 완벽한 형태를 만들어낼 수 있기 때문이다. 그런데 플루타르코스는 이러한 결합을 단지 부부관계에서 다소간 실용적 입지(예를 들면 번식을 위하여)를 성행위에 양보하는 관용으로 간주하지 않는다. 반대로 그는 성행위를 부부관계에 생명을 주는 모든 애정적 관계의 출발점으로 삼는다. 부드러운 동의를 폭력, 기만, 혹은 비열한 영합으로 만들 수 있는 모든 것을 배제하는 한, 육체적 쾌락은 결혼에 필요한 상호적 애정의 근원이 될 수 있다. "공동적 참여가 위대한 비교秘教들의 원천이듯 여자와의 육체적 결합은 우애의 원천이다." 관능은 별것이 아니다(이것은 육체적 쾌락의 적대자들에게 전통적 표현이다). 그러나 곧이어 플루타르코스는 "관능은 두 부부간의 상호적 존경timē, 호의charis, 정감agapēsis, 신뢰pistis가 하루하루 싹트는 씨앗과도 같다"고 덧붙인다.**29**

플루타르코스는 육체적 쾌락이 지닌 중요한 역할과 발아적發芽的 기

---

**28** *Ibid.*, 751d.

**29** *Ibid.*, 769a.

능에 장엄한 역사적 담보를 제공한다. 그는 남편들에게 '적어도 한 달에 3번은' 아내를 가까이 하라고 명령한 솔론의 입법에서 그 담보를 발견한다. 또한 그는 《솔론의 생애》에서도 이에 대해 언급하면서 이러한 법률은 단지 상속녀의 결혼에만 유효하다고 지적하는데, 이유는 가산을 물려 줄 후손이 필요하기 때문이다. 그러나 그 이상의 것이 있다고 플루타르코스는 덧붙인다. 왜냐하면 부부간의 규칙적 접근은 "거기서 아이들이 생겨나지 않을" 때조차도, "정숙한 아내에게 돌리는 존경," "그때마다 쌓인 불만들을 없애버려서 온갖 미움을 불러일으키는 것을 막는 애정의 표현"이기 때문이다.30 규칙적 접근의 원칙이자 훌륭한 화합의 담보로서 성 관계의 역할에 대해 플루타르코스는 《사랑에 관한 대화》에서 보다 장엄한 정식을 세우는데, 그는 성 관계가 마치 사람들이 협약을 재활성화는 것처럼 부부의 유대에 새로운 힘을 부여하는 방식이라고 본다. "국가들이 때때로 그들을 연결하는 조약을 갱신하듯이, 솔론은 결혼이 매일의 공동생활에서 축적될 수 있는 서로에 대한 불만거리에도 불구하고 애정표현의 효과에 의해 이를테면 갱신되고 다시 힘을 얻기를 바랐다."31 그러므로 성적 쾌락은 사랑과 우애관계의 원칙이자 담보물로서 결혼관계의 핵심에 위치한다. 성적 쾌락은 결혼관계에 근거를 주고, 마치 삶의 협정에 그러하듯이 다시 활력을 준다. 그리고 플루타르코스는 결혼 초기에 이루어지는 성관계에서 있을 수 있는, 아내에게 "상처를 주는" 경우를 언급하면서도

---

30 *Vie de Solon*, 20.

31 *Dialogue sur l'Amour*, 769a~b.

"상처" 자체 내에 부부의 생생하고, 굳건하고, 영속적인 단일체의 구성에 필수적인 것이 있음을 보여준다. 그는 다음과 같은 3가지 비유를 사용한다. 하나는 접지接枝를 하여 원하는 열매들을 맺을 수 있는 나무가 되기 위해 절개되어야 하는 식물, 즉 접목接木되는 식물의 비유이다. 또 하나는 나중에 이용하고 이익을 얻을 수 있을 지식의 가장 초보적인 요소들을 아이가 고통스러워해도 가르쳐 주어야만 한다는 어린아이나 젊은이의 비유이다. 끝으로, 다른 액체에 쏟아 부어진 액체의 비유가 있다. 처음에 두 액체는 혼합과 비등沸騰을 겪지만 나중에는 혼합되어 《부부의 계율》에서 언급한 "디 홀론 크라시스di'holōn krasis"를 실현한다.[32] 그리고 두 액체는 누구에 의해서도 분리될 수 없는 새로운 액체를 형성한다. 부부관계의 초기에는 동요나 혼란과 같은 고통을 피할 수 없다. 그러나 고통은 새롭고 안정된 단일체가 형성되기 위한 조건이 된다.

이렇게 해서 플루타르코스는 "결혼에서, 사랑한다는 것은 사랑받는 것보다 더 큰 행복이다"[33]라는 중요한 정식에 도달하게 된다. 모든 사랑의 관계에서 전통적 연애술이 사랑하는 자와 사랑받는 자의 양극성과 양자 사이의 필수적 비대칭성을 특히 강조하는 한, 이 정식은 중요하다. 여기서 본질적 요소를 이루는 것은 두 배우자에게 존재하는 사랑의 이중적 활동이다. 이는 쉽게 도출되는 이유들 때문인데, 가령 사랑의 이중적 활동은 상호성의 원칙에서 나온다. 왜냐하면, 두 사람 각

---

**32** *Ibid.*, 769e~f; *Préceptes conjugaux*, 142e~143c 참조.

**33** *Dialogue sur l'Amour*, 769d.

자는 상대방을 사랑하고, 상대방의 사랑을 받아들이고 사랑의 표현을 받아들이는 데 동의하며, 따라서 사랑받는 것을 좋아하기 때문이다. 그리고 이러한 활동은 정절의 원칙인데, 두 사람 각자는 상대방에 대해 품고 있는 사랑을 자신의 행동을 규제하는 규율이자 자신의 욕망을 제한하는 근거로 삼기 때문이다. "우리는 사랑할 때, 부부의 결합을 해치고 변질시키는 모든 것을 피한다."[34] 부부의 결합은 이중적 사랑이라는 도식에서 그 가치와 안정성을 획득하게 되는데, 여기서 두 사람은 각각 에로스의 관점에서 볼 때 영구적으로 능동적인 주체가 된다. 그리고 사랑의 행위가 상호적인 까닭에 성 관계는 애정과 동의의 형태를 띨 수 있게 된다. 이와 같은 관계 모델에 비교할 때, 소년들과의 교제는 사랑하는 자와 사랑받는 자가 매우 뚜렷이 구별되면서 수동성의 딜레마를 보여 주며 연령상 어쩔 수 없는 취약점을 안고 있는 타당치 않은 것일 따름이다. 소년애에는 사랑한다는 이중적이고 대칭적인 활동이 결여되어 있고, 따라서 내적 조정도, 쌍雙으로서의 안정성도 없다. 게다가 아프로디지아를 우애에 통합시켜 완결된 에로스의 형태를 이루게 하는 "은총"이 결여되어 있다. 남색은 "은총"이 결여된 사랑이라고 플루타르코스는 말할 수 있으리라.

요컨대 플루타르코스의 텍스트는 그리스 문명 속에서 존재했고 발전했던 것과는 몇 가지 중요한 점에서 차이가 나는 연애술이 형성되었음을 보여준다. 에로스를 찬양하는 중심 구절이 보여주듯이, 아직도 전통적 개념들이 중요한 역할을 차지하고 있다는 점에서 두 연애술이

34 *Ibid.*, 769d~e.

완전히 다른 것은 결코 아니다. 그러나 플라톤화한 연애술은 플루타르코스에 의해 사용되면서 관습적으로 결부되었던 것과는 다른 결과를 낳게 된다. 그것은 오랫동안 구별되고 대립되는 두 사랑(하나는 저속하고 상스럽고 아프로디지아에 정향되며, 다른 하나는 고귀하고 영적이며 영혼의 배려에 정향된)을 특징짓는 것뿐만 아니라, 둘 사이에 일종의 단일성 — 전자는 그것이 속세에 반영된 것 내지는 흉내에 지나지 않으므로 단지 후자만이 진정한 것으로 간주되었다 — 을 수립하는 것에 기여해 왔다. 플루타르코스는 이러한 플라톤적 개념들을 여성애와 소년애를 설명할 수 있는 단 하나의 에로스를 구성하여 거기에 아프로디지아를 통합하는 것을 목표로 삼고 있는 단일한 연애술 속에서 사용하고 있다. 그런데 연애술은 단일성을 위해 카리스가 결여되었다는 이유로 마침내 소년애를 배제한다. 진정한 것과 모사물의 문제가 관류하고 있고, 아프로디지아를 배제하는 대가로 소년애에 근거를 주는 것을 주목표로 삼는 이원적 연애술에서 출발하여, 우리는 플루타르코스에게서 사랑의 새로운 양식학樣式學이 구성되는 것을 본다. 이 양식학은 아프로디지아를 포함한다는 점에서는 일원적이다. 그러나 이 사실은 부부의 사랑만을 남겨두고 소년들과의 관계는 그것에 찍힌 결함 때문에 배제해도 된다는 기준이 된다. 즉, 소년애는 쾌락의 상호성相互性으로 활기를 띠는 단일하고 통합적인 연결 내에서는 더 이상 차지할 자리가 없다는 것이다.

# 2

## 루키아노스 추정본推定本

루키아노스의 것으로 추정되는 《사랑》은 보다 후기에 나온 텍스트임에 틀림없다.[1] 텍스트는 매우 관습적 대화 끼워 맞추기 형식으로 제시되는데, 내용은 다음과 같다. 테옴네스트는 어린아이에서 벗어나 청년이 되자마자 여신女神의 분노가 그를 뒤쫓아 다닌다고 아프로디테에 대해 불평한다. 소년들과 여자들에 대한 그의 사랑은 사라지는가 하면 곧 히드라의 머리보다 더 많은 수로 다시 살아나는 것이다. 그렇다고 해서 그가 태양의 후손이거나 히폴리트의 야성적 투박함을 가진 것도 아니다. 그는 두 사랑 중 어느 쪽을 향해야 좋을지 알지 못한 채 자

1 이 텍스트에 관해서는 R. 블로흐, *De Pseudo-Luciani Amoribus*, 1907 을 참조하라. 맥레오드는 Loeb 판 〈서문〉에서 그것을 4세기 초의 것으로 추정한다. F. 뷔피에르(*Eros adolescent*, p. 481) 는 그것이 2세기의 것이라고 생각한다.

신이 양자에 동일하게 이끌린다고 느낀다. 그는 루키아노스—그는 두 가지 정념 중 어느 것에도 이끌리지 않는다—에게 공정한 심판관이 되어 어떤 것이 더 나은 선택인지 자신에게 말해달라고 부탁한다. 다행스럽게도 루키아노스는 마치 기억에 각인해 놓은 것처럼 바로 그 주제에 대해 두 남자가 나눈 대화를 기억하고 있었다. 대화자 중 한 사람은 여성지향적인 아프로디테가 "재난의 심연"에 불과하다고 판단하면서 오로지 소년들만을 사랑했고, 다른 한 사람은 여성들에게 광적으로 이끌리고 있었다. 루키아노스는 그들의 토론에 대해 상세히 들려주지만 테옴네스트는 속지 않는다. 그리하여 이번에는 그의 편에서 웃으면서 문제를 제기할 수 있게 된다. 우리가 곧 그 내용을 듣게 되는 카리클레스와 칼리크라티다스가 나누었던 아주 심각한 대화가 바로 그것이다.

심각하다는 마지막 지표가 부차적인 것으로 받아들여져야 한다는 것은 말할 필요도 없다. 물론 두 적수들은 심각했다. 그러나 루키아노스 추정본推定本은 그들의 과장되고 무거운 논증에 빈정거리고 있다. 텍스트의 뛰어난 대목들에는 모방이 존재하며, 각각은 여성 지지자와 소년 애호자 사이에 전개되는 토론의 전형을 이룬다. 저자는 전통적 논거, 불가피한 인용, 유명한 철학적 개념들에 대한 참조, 수사학적 장식으로 가득 차있는 침착한 옹호자들의 대화를 보고하면서 미소짓고 있다. 이러한 관점에서 볼 때, 남색男色의 논증은 여자들의 편에서 행해지는 것보다 스토아적이며, 간결한 논증보다 훨씬 더 수식이 많고, 오만하며, '바로크적'이라는 점을 주목해야 한다. 최종적 빈정거림은—테옴네스트는 이 모든 것에서 문제가 되는 것은 무엇보다도 입맞춤, 애무, 속옷 속에서 헤매고 있는 손이라는 점을 상기시킨다 — 주로 소년애의 찬양을 비난할 것이다. 그런데 빈정거림 자체가 제기된 문제의 심각성을 보여준다. 루키아노스 추정본이 두 옹호자의 '이론과 담화에 의한' 초상화 — 상당히 "근거 있는" 그들의 수사학적 윤곽 — 를 그리면서 얻는 즐거움이 무엇이든 간에, 우리는 여기서 그 시대에 가장 뚜렷한 특질들을 발휘하면서 그리스 문화에서 그토록 오래 존속되었던 "논증적 연애술"을 재발견할 수 있다.

루키아노스가 두 사랑 사이에서 난처해하는 친구를 이해시키려고 들려준 대화의 첫 부분부터 놀라운 사실이 발견된다. 소년애에 유리한 쪽으로(어떤 모호함이 없는 것은 아니지만) 결론지어지는 이 대화가 소년애 형태의 애착을 수호하는 신인 에로스의 표지標識가 아닌 아프로디테의 표지 아래 놓여 있다는 점이다. 게다가 대화가 진행된 무대 — 루키아노스는 그 장소의 가장 세밀한 부분까지도 기억하는 것으로 여겨지는데 — 는 프락시텔레스의 유명한 조각상이 서 있는 곳, 아프로디테 신전 근처인 크니드에 위치하고 있다. 그런데 이러한 사실이 소년들과 그 애인들의 변호인이 대화 도중 전통에 따라 '천상의 정령精靈', '사랑의 신비 그 자체'인 에로스에게 가호를 비는 것을 방해하지는 않는다. 그리고 여성적 관능을 변호하는 자는 당연히 아프로디테에게 도움을 간청한다. 이로써 크니드의 여신이 자신의 전통적 파트너이자 적수인 에로스와 맞붙은 토론을 주재한다는 점은 육체적 쾌락의 문제가 대화 전체를 관류하고 있다는 사실로 쉽게 설명된다. 처녀들의 매력과 소년들의 아름다움에 동시에 매료당하는 테옴네스트가 내보이는 근심에서 문제가 되는 것은 바로 육체적 쾌락, 즉 아프로디지아이다. 논쟁에서 최후의 승리를 거두고, 터져 나오는 웃음 속에서 지나치게 수줍어하는 논쟁들을 끝맺음하는 것은 바로 육체적 쾌락이다. 또한 바로 그 쾌락이 의미 깊은 삽화의 형태로 카리클레스와 칼리크라티다스의 토론거리가 된다. 삽화의 내용은 다음과 같다. 프락시텔레스의 대리석상에 반한 한 젊은이가 밤에 신전에 들어가 마치 소년에게 하듯이 조상彫像을 더럽혔다.[2] 이 사건 — 매우 전통적인 — 의 이야기가 논쟁을 야기한다. 이 같은 신성모독 행위는 아프로디테에 관계된 것이니, 여성의 쾌락을 주재하는 그 여신에 대해 경의를 표한 것이 아닌가? 하지만 이와 같은 형태로 수행되었으므로 바로 아프로디테에게 반항하는 행동이 아닌가? 이는 매우 모호한 행위이다. 이러한 불경不敬-경의敬意, 독신적瀆神的 숭배를 여자들에 대한 사랑의 탓으로 돌려야 하는가, 아니면 소년들에 대한 사랑의 탓으로 돌려야 하는가?

보다 정선된 대화에서는 빠진 것으로 보일지라도 대화 전체를 관통하는 문제는 다음과 같은 것일 것이다. 즉, 두 가지 사랑에서 성적 쾌락은 어떤 자리와 어떤 형태를 가지는가? 바로 이 질문에 대한 대답이 소년애에 대한 판별점 — 철학의 하늘에서 소년애에 승리를 잠시 안겨주지만 그 승리는 아이러니한 실재로 인해 곧 위태로워진다 — 이 될 것이다.

토론은 엄밀한 짜임새로 이루어져 있다. 두 연설자는 차례로 발언권을 가지며 계속되는 논증에서 자신이 선호하는 사랑의 대의명분을 지지한다. 말없는 증인(그것이 바로 루키아노스이다)은 경합을 심사하

---

2 Pseudo-Lucien, *Les Amours*, 16.

고 승자를 결정할 것이다. 비록 칼리크라티다스의 '소년적' 담화가 카리클레스의 것보다 더 만연체로 되어 있지만 두 변론은 동일한 구조를 가지고 있으며 동일한 순서로, 후자가 전자에 곧바로 응답하는 방식으로 배열되어 있다. 두 논증은 각각 두 부분을 포함하고 있다. 첫 부분에서는 사람들이 말하는 사랑의 본성과 기원, 세계의 질서 내에서의 사랑의 근거는 무엇인가 하는 질문에 대해 응답하며, 뒷부분에서는 이 사랑, 또는 다른 사랑에서 사람들이 취하는 쾌락은 어떤 것인가, 형태는 어떠하며, 가치는 무엇일 수 있는가 하는 질문에 대한 답이 제시된다. 우리는 이러한 연속성 속에서 두 논리의 전개를 뒤따르는 대신에 두 질문을 검토함으로써 거기에 대해서 여자들에 대한 사랑의 지지자와 소년애의 변호인이 대답하는 방식을 드러내 보일 것이다.

1. 카리클레스의 '여자들을 위한' 논증은 전체적으로 의심할 여지 없이 스토아주의적 세계관에 근거한다.[3] 자연은 원소들을 혼합함으로써 전체를 영혼이 부여된 살아있는 것으로 만드는 권능으로 정의된다. 카리클레스는 잘 알려진 말로 친숙한 교훈을 반복하면서 세대가 이어지게 하는 것도 자연이라고 말한다.[4]

자연은 생물이 '부패하는 물질로' 만들어졌고, 각 존재에 한정된 시간은 짧다는 것을 잘 알기 때문에 하나가 파괴되면 다른 하나가 만들

3 이 논증은 19~28절에 위치한다. 프레히터는 히에로클레스에 관한 그의 연구에서 (p. 148) 이 구절의 스토아주의적 성격을 강조한다. R. 블로흐는 거기서 신피타고라스주의적 주제들을 발견한다.

4 Pseudo-Lucien, *Les Amours*, 10.

어지도록 사물들을 정비했다emēchanēsato. 그리하여 연속작용을 통해 우리는 영원히 살 수 있다. 이를 위해 자연은 하나는 씨를 퍼뜨리고 다른 하나는 그것을 받아들이도록 두 성性을 구분했고, 양성 각각에 이성에 대한 욕구pothos를 불어넣었다. 그리고 이성 간의 관계에서 세대들의 연속이 생겨날 수 있다 — 그러나 같은 성의 두 개체 사이의 관계에서는 결코 그렇지 못하다. 이처럼 카리클레스는 죽음, 생식과 영원성, 각 성性에 고유한 본성, 각 성에 적합한 쾌락이 서로 연결되어 있는 세계의 일반적 질서에 굳건히 뿌리박고 있다. '여성적인 것'이 자연에 반하여 남성인 체해서도, '남성적인 것이 추잡하게 연약해져서도' 안 된다. 이 같은 규정에서 벗어나려 할 때 사람은 비단 개체에 고유한 성격을 위반할 뿐만 아니라, 보편적 필연성의 연쇄를 침해하게 된다.

카리클레스의 논증에서 사용된 자연성의 두 번째 기준은 탄생시의 인류의 상태이다.[5] 덕성을 통한 신과의 근접성, 영웅으로서 행동하려는 염려, 잘 조화된 혼례, 그리고 고귀한 자손, 이것이 바로 고귀한 삶을 특징짓고 자연애自然愛에의 일치를 보장했던 4가지 특질이었다. 그러나 이후에 인간은 점진적 타락을 겪게 된다. 카리클레스는 몰락의 단계들로, 쾌락이 인간들을 심연으로 이끌어 감에 따라 사람들이 '새롭고 상궤를 벗어난 길들'(이 구절이 비생식적 성 관계의 형태들이나 결혼 외적 쾌락들을 가리키는 것이라고 이해해야 할 것인가?) 을 추구했던 순간과 뻔뻔스러움의 근본 형태 — 여하튼 이 텍스트에서 언급된 유일한 형태인 — 인 '자연 그 자체를 위반하는' 데에 사람들이 이르게 된

5 *Ibid.*, 20~21.

순간을 구별하는 것으로 보인다. 그런데 자연과는 그토록 무관한 이러한 행위가 가능하려면 남자들 사이의 관계 내에 폭력을 행사하는 것을 가능케 하는 것과 속이는 것을 가능케 하는 것, 즉 전제적 권력과 설득의 기술이 도입될 필요가 있었다.

자연성의 3번째 표지標識를 카리클레스는 동물계에서 구한다.[6] '자연의 입법'은 제한도 차별도 없이 동물을 지배한다. 사자, 황소, 숫양, 멧돼지, 늑대, 새, 물고기도, 자신과 같은 성을 추구하지 않는다. 동물에게 '신의 칙령은 변함이 없다'. 루키아노스 추정본의 연설자는 이러한 현명한 동물성에 인간의 '타락한 야수성'을 대립시키는데, 야수성은 다른 동물들보다 우월하게 태어난 인간을 그보다 더 열등한 존재로 만든다. 격앙激昂, 또한 '이상한 병', '맹목적 무감각anaisthē-sia', 추구해야 할 것을 소홀히 하고 그러지 말아야 할 것을 추구하도록 하는 목표달성에서의 무능력 등, 몇몇 의미 깊은 용어들이 카리클레스의 논증에서 인간의 '야수성'을 표지한다. 법칙에 복종하고 정해진 목표를 추구하는 동물들의 행동과는 대조적으로 남자와 관계를 갖는 남자는 제어되지 않은 격렬함, 병적 상태, 사물들의 실상에 대한 맹목성, 인간 본성에 규정된 목표를 달성하는 데에서의 무능력 등 전통적으로 정념 상태에 포함되는 모든 징후를 드러낸다.

요컨대 소년애는 세계의 일반적 질서, 인류의 원초적 상태, 이성적으로 목적과 일치된 행동이라는 자연의 3가지 축 위에 차례로 놓여진다. 소년애는 세계의 질서를 교란하고 폭력적 · 기만적 행동을 야기하

---

6 *Ibid.*, 22.

며 결국 인간 존재의 목표를 위협한다. 따라서 이러한 유형의 관계는 우주론적으로, '정치적으로', 도덕적으로 자연에 위배된다.

칼리크라티다스는 자신의 논증 중 자연에 해당되는 부분에서 자신의 적수를 공박하는 논거들보다는 세계, 인류, 인류의 역사, 남자를 그 자신에게 결합하는 가장 고귀한 관계들에 대한 전혀 다른 관점을 강조한다. 그는 인간개체로부터 박탈된 영원성을 인류가 되찾을 수 있도록 선견지명이 있고 '기계적'인 자연이 성행위를 통해 번식과 세대의 연속을 마련해 두었다는 개념에 대해서, 세계는 카오스로부터 형성된 것이라는 시각을 대립시킨다. 창조 과정에서 영혼을 가진 모든 것과 영혼이 없는 모든 것을 만들어내고, 사람들의 육체에 화합의 원칙을 부어넣고 '우애의 신성한 정감들에 의해' 사람들이 서로 애착을 느끼게 함으로써 원초적 무질서를 극복했던 것은 바로 에로스라는 것이다. 카리클레스는 죽음을 모면하기 위해 남자와 여자 사이의 관계에 시간의 계기를 수립해놓은 능숙한 자연을 보았다. 또한 그는 소년애에서 애착과 결합을 통하여 카오스를 이겨내는 유대의 힘을 인식한다.[7]

이러한 관점에서 세계사를 자연의 법칙들이 재빨리 '쾌락의 심연으로' 빠져드는 것이라고 해석해서는 안 된다. 오히려 원초적 필요성들로부터 점진적으로 풀려나는 것으로 해석해야 한다.[8] 태초의 인간은 필요에 시달렸다. 기술technai과 지식epistēmai이 그러한 절박함에서 벗어나 더 잘 대응할 수 있는 가능성을 인간에게 부여했다. 그리하여 인

7 *Ibid.*, 32.
8 *Ibid.*, 33~35.

간은 옷을 짜고 집을 지을 수 있게 되었던 것이다. 그런데 직조공의 노동이 있기까지는 짐승가죽을 사용해야 했고, 건축기술이 발달하기까지는 몸을 피할 동굴이 있어야 했듯이 소년애가 있기까지는 여자들과의 관계가 있어야 했다. 초기에 후자는 종種이 소멸하지 않기 위해서 필수불가결한 것이었다. 반면에 카리클레스가 주장하듯이 전자는 결코 타락에 의해서가 아니라, 반대로 보다 많은 호기심과 지식을 향한 인류의 상승에 의해서 매우 나중에 생겨났다. 인간이 그토록 많은 유용한 솜씨들을 실제로 배운 이후, 인간의 탐구에서 '그 무엇도' 소홀히 하지 않기 시작했을 때, 철학과 더불어 남색男色이 출현했다. 루키아노스 추정본의 연설자는 그 쌍둥이(철학과 남색 — 역자 주)의 탄생에 대해 거의 설명하지 않는다. 그러나 그의 논증論證은 모든 독자가 이해하기 충분할 만큼 친숙한 언급들로 가득 차있다. 논증은 은연중에 이성과의 관계를 통한 생명의 전달과 교육, 견습, 제자와 스승 사이에 이루어지는 '기술'과 '지식'의 전달 사이의 대립에 근거하고 있다. 개별적 기술들에서 분리되어 철학이 모든 것들을 의문시하기 시작했을 때, 철학은 지혜 — 덕성을 가질 수 있는 아름다운 영혼들에 대한 사랑이기도 한 — 를 전달하기 위해 소년애를 발견했다. 이러한 상황에서라면 칼리크라티다스가 그의 적수가 제시했던 동물의 교훈을 한바탕의 웃음으로 반박할 수 있었음을 우리는 이해할 수 있다.[9] 숫사자들이 수컷들을 사랑하지 않고, 수곰들이 수곰들에게 반하지 않는다는 사실이 도대체 무엇을 증명한다는 말인가? 동물들에게서는 손상되는 않은 채

---

9 *Ibid.*, 36.

로 남아 있는 자연을 인간들이 타락시킨 것이 아니라 '철학한다'는 것이 무엇인지, 우애友愛가 산출할 수 있는 아름다운 것이 무엇인지 동물들이 알지 못한 것이다.

칼리크라티다스의 논거가 카리클레스의 것보다 독창적인 것이 아님은 분명하다. 그것은 한편에서는 진부해진 스토아주의의 상투어이고 다른 한편에서는 플라톤적이거나 에피쿠로스 학파적 요소들의 혼합이 아닌가?10 아마 그럴지도 모른다. 사람들은 전통적 논거의 맥락에서 웅변적 변주變奏들의 구실이 될 만한 모든 것을 두 가지 사랑에 대한 이 같은 비교에서 알아보지 못할 리 없다. 카리클레스와 칼리크라티다스의 설명이 보여주는 진부함(다른 한편으로는 때때로 멋지게 장식된)은 그들이 다소 철학적 가문家紋들처럼 에로스의 색채 아래에서는 오히려 플라톤화하는 소년 애호자로서, 자연의 까다로운 표지 아래에서는 오히려 여자들의 스토아학파적 지지자로서 기능했으리라는 점을 분명히 보여준다. 물론 이러한 사실이 플라톤주의가 결혼을 배격하면서 정당화한 남색을 스토아학파 사람들이 비난했다는 것을 의미하지는 않는다. 학설에 입각하여 볼 때, 사정은 그렇지 않았다는 것을 — 혹은, 어쨌든 사정은 그렇게 간단하지 않다는 것을 — 우리는 알고 있다. 그러나 우리는 이용할 수 있는 문헌들을 통하여 '특권적 결합'이라고 부를 만한 것을 확인할 밖에 다른 도리가 없다. 그것은 우리가 앞 장에서 보

10 프레히터는 위의 책에서 칼리크라티다스의 발언의 에피쿠로스 학파적 측면들을 강조한다. 그러나 R. 블로흐는 논증을 여는 그 우주론이 에피쿠로스 학파에 특유한 것은 아니라고 주장한다. 다른 한편, 플라톤에 대한 참조는 때때로 명백하다. 가령 49절이 그러하다.

았던 것이다. 부부생활의 기술의 대부분은 스토아적 성찰양식을 통하여 자연과 자연의 기본적 욕구, 자연이 모든 존재들에게 예정해 둔 자리와 기능, 연속적 번식의 일반화 계획, 그리고 타락에 의해 멀어진 원초적 완벽함의 상태 등에 대한 어떤 관점에 입각하여 만들어졌다. 다른 한편 기독교는 결혼관계의 윤리학을 수립하려 할 때 그와 같은 관점으로부터 많은 것을 빌려오게 될 것이다. 마찬가지로 삶의 양식으로 실행되던 소년애는 수세기 동안 우주적이자 개인적인 사랑의 힘, 인간이 직접적 필요성에서 벗어나는 것을 가능케 하는 상승운동, 우애의 강도 높은 형태, 은밀한 관계를 통한 지식의 획득과 전달 등, 매우 상이한 이론적 풍경을 공고히 하고 재생산한다. 여인에 대한 사랑과 소년애 사이의 토론은 문학적 논쟁 이상의 것이긴 하지만, 그렇다고 해서 우월성이나 각자의 표현 권리를 다투는 성욕의 두 형태 사이의 투쟁이 아니다. 그것은 자신의 쾌락을 양면화하는 두 방식 사이의 대립이고, 그 틀에 수반되는 철학적 담론들의 대립이다.

2. 두 논증 — 카리클레스의 것과 칼리크라티다스의 것 — 각각은 '자연'의 주제 다음에 쾌락의 문제를 논한다. 우리가 앞서 본 바와 같이 그 문제는 우애와 애정의 형태, 그리고 한 영혼의 다른 영혼에 대한 이로운 작용의 형태 안에서 반영되는 남색 행위에서 언제나 하나의 난점을 구성한다. 소년애호자에게 '쾌락'을 말하는 것은 이미 그에게 이의를 제기하는 것이다. 카리클레스는 물론 이를 잘 이해하고 있다. 그는 이 주제에 대한 토론을 남색의 위선에 대한 전통적이기까지 한 고발로 시작한다. "당신들은 육체가 아니라 영혼을 사랑하는 소크라테

스의 제자들로 자처한다. 그런데 당신들이 지혜로 가득 찬 노인들이 아니라 추론할 줄 모르는 아이들을 따라다니는 일이 어떻게 있을 수 있는가? 만일 당신이 덕성을 문제로 삼는다면, 왜 플라톤이 그랬던 것처럼 리시아스를 배반한 파이드로스 같은 사람을, 또는 소크라테스가 그랬던 것처럼 불경不敬하고 그의 조국의 적이며 폭군이 되기를 갈망한 알키비아데스 같은 사람을 사랑하는가?" 그러므로 카리클레스처럼 소년애의 주장들에 상관없이 쾌락의 문제로 '내려가', "소년들과의 교제"와 "여자들과의 교제"를 비교해 보아야 한다. 그런데 카리클레스가 두 "교제"와 그 각각에서 쾌락이 차지하는 자리를 구별하기 위해 사용하는 논거들 가운데 첫 번째 것은 연령과 순간성의 논거論據이다.[11] 연령의 측면에서 여자는 노후의 문턱에 이르기까지 자신의 매력을 보존하지만 — 오랜 경험으로 그것을 유지한다 할지라도 — 소년은 단지 일순간만 매력적이다. 카리클레스는 곱슬거리는 머리와 매끈하고 "솜털 없는" 피부와 함께 욕망의 대상으로 남아있는 여자의 육체와 매우 빨리 털투성이가 되고 근육으로 뒤덮이는 소년의 육체를 대립시킨다. 그러나 이러한 차이로부터 카리클레스는 흔히 그렇듯이 사람들이 단지 매우 짧은 시간 동안만 소년을 사랑할 수 있으며, 소년에게 한 영원히 변치 않을 애정의 모든 약속들을 잊어버리고 소년을 매우 빨리 버리게 된다고 결론짓지는 않는다. 반대로 그는 스물이 넘은 소년을 계속 사랑하는 사람에 관해 언급하는데, 그때 그 사람이 추구하는 것은 "모호한 아프로디테"이며, 그 속에서 그 사람은 수동적 역할을 한다.

---

11 Pseudo-Lucien, *Les Amours*, 25~26.

이처럼 소년들의 육체적 변모는 여기서 감정의 순간성의 원칙으로서가 아니라 성적 역할이 뒤바뀌게 하는 전도顚倒의 원칙으로 계시된다.

"여성의 교제"가 유리한 두 번째 이유는 상호성相互性에 있다.[12] 카리클레스의 논증에서 가장 흥미로운 부분은 바로 상호성에 관한 부분일 것이다. 먼저 그는 이성적 존재인 인간은 혼자 살도록 만들어지지 않았다는 원칙에 의거한다. 그러나 이러한 원칙으로부터 그는 가족을 갖거나 국가에 소속될 필요성이 아니라 혼자서 "자신의 시간을 보내는 것"의 불가능성과, 좋은 일들을 보다 매력적으로, 고통스러운 일들을 보다 가볍게 만들 '애정적 공동체philetairos koinōnia'의 필요성을 끌어낸다. 공동의 삶이 이 같은 역할을 한다는 것은 결혼에 대한 스토아학파의 논문들에서 일반적으로 발견할 수 있는 개념이다. 그러나 여기서의 개념은 육체적 쾌락이라는 특수한 영역에 적용된다. 먼저 카리클레스는 쾌락이 공유될 때 더욱 강렬해진다는 이유로 여러 사람이 함께 하는 식사와 향연을 언급하며 이어서 성적 쾌락들을 언급한다. 그런데 전통적 주장에 따르면, 수동적이어서 다소간 폭행을 당하는 hubrismenos 소년은 쾌락을 느낄 수 없다. 이에 반대할 '정신 나간 사람은 없을 것이다'. 소년이 울지도 고통받지도 않을 때라도 소년은 상대방을 귀찮아한다. 소년을 사랑하는 자는 자기 쾌락을 취하고는 가버린다. 그는 쾌락을 주지 않는다. 그러나 여자들의 경우에는 사정이 전혀 다르다. 카리클레스는 사실과 규칙을 차례로 제시하면서 여자와의 성 관계에는 '향락의 동등한 교환'이 존재한다고 단언한다. 이 경우에

12 *Ibid.*, 27.

두 파트너는 서로에게 동일한 양의 쾌락을 준 후에 헤어진다. 이러한 자연적 사실에는 하나의 행동원칙이 조응照應되는데, 그 원칙은 이기적 향락philautōs apolausai을 추구하지 말라는 것, 모든 쾌락을 자기만을 위해 취하려 하지 말라는 것, 상대방에게도 자신이 경험하는 만큼의 쾌락을 제공함으로써 그것을 공유하라는 것이다. 물론 이러한 쾌락의 상호성은 애정문학 혹은 성애性愛문학이 매우 자주 사용하는, 이미 매우 널리 알려진 주제이다. 그러나 여기서 이 주제가 여자들과의 관계를 '자연적으로' 특징짓기 위해, "아프로디지아"에서의 행동규칙을 규정하기 위해, 끝으로 남자와 소년의 관계에 존재할 수 있는 비非자연적이고 폭력적인, 따라서 부당하고 나쁜 것을 동시에 지칭하기 위해 사용되는 것은 흥미로운 점이다. 가능한 한 두 파트너의 엄격한 평등을 고려하면서 상대방의 향락에 관심을 갖는 교환으로서의 쾌락의 상호성은 공동생활의 쾌락을 연장하는 하나의 윤리학을 성행위에 새겨 넣는다.

이와 같은 근엄한 추론에 카리클레스는 그보다는 덜 근엄하지만 둘 모두 쾌락의 교환에 관련되어 있는 두 논거를 덧붙이는데, 하나는 성애에 널리 퍼져있는 한 주제를 가리키고 있다.[13] 즉, 여자는 그녀를 이용할 줄 아는 사람에게는 소년이 줄 수 있는 모든 쾌락을 제공할 수 있으며, 소년은 여자의 성이 꺼려하는 쾌락만 공급할 수 있다. 따라서 여자들은 관능의 모든 형태를, 소년들의 애인들을 가장 기쁘게 하는 것까지도 줄 수 있다. 다른 하나의 논거는[14] 남자들 사이의 관계를 인

13 *Ibid.*, 27.

정한다면 여자들 사이의 관계도 역시 인정해야 한다는 것이다. 남성 간의 관계와 여성 간의 관계 사이에 논쟁적으로 제시되는 이러한 대칭은 몇 가지 이유에서 흥미롭다. 먼저 그 대칭은 카리클레스의 논증의 두 번째 부분과 마찬가지로 소년애를 남성 간의 관계의 일반적 범주에 다시 포함시키기 위해서 소년애가 가진 문화적, 도덕적, 애정적, 성적 고유성을 부정한다. 또한 소년애에 오명을 씌우기 위해 전통적으로 파렴치하게 여겨졌던 — 이에 대해 말한다는 사실에 대해서조차 사람들은 '수치심'을 가졌다 — 여자들 사이의 사랑을 사용하고 있다. 끝으로 카리클레스는 위계를 전도시킴으로써, 여자가 남성적 역할을 떠맡는 것보다 남자가 여자처럼 수동적이 되는 것이 훨씬 더 수치스럽다는 것을 암시한다.[15]

그 비판에 대응하는 칼리크라티다스의 논증은 훨씬 더 길다. '수사학적 단편'의 고유한 특질들이 여기서는 토론의 나머지 부분에서보다 훨씬 더 뚜렷하게 나타난다. 성적 쾌락과 관련하여 소년들과의 사랑의 가장 문제적인 요소에 접근하는 남색의 논거는 소년애의 모든 방책과 가장 고상한 참고문헌들을 원용하면서 전개된다. 그러나 방책들과 참고문헌들은 카리클레스가 매우 명백하게 제기한 문제인 쾌락의 상호성을 말할 때 사용되는데, 이 점에서는 두 적수 모두 단순하고 논리정연한 하나의 개념에 의거한다. 카리클레스와 "여성애의 지지자들"

14 *Ibid.*, 28.

15 "남자가 여자의 역할을 할 정도까지 비굴해지는 것을 보는 것보다" 여자가 남자의 역할을 하는 것이 더 낫지 않은가? (p. 28).

에게서 남자와 여자 사이의 쾌락을 정당화하고 쾌락을 에로스에 통합시키도록 허용하는 것은 바로 상대방에게 쾌락을 불러일으킬 수 있다는 사실, 상대방에게 관심을 쏟고, 그 속에서 스스로도 즐거움을 얻을 수 있다는 사실, 다시 말해서 플루타르코스가 이야기하는[16] "카리스"이다. 반대로 "카리스"의 부재는 소년들과의 관계를 특징짓고 평가절하한다. 반면에 칼리크라티다스는 소년애의 전통에 따라 소년애의 핵심은 "카리스"가 아니라 "아레테arete", 즉 덕성임을 주장한다. 그에 따르면, '쾌락'과 '사랑' 사이에 연계를 만드는 것은 바로 덕성이며, 파트너들 사이에 명예롭고 현명하며 절제된 쾌락과 두 존재들 간의 관계에 필수불가결한 공동체를 보장하는 것도 바로 덕성이다. 간단히 말하면 여자들과의 관계를 지지하는 사람들은 여자들과의 관계만이 '우아한 상호성'을 제공할 수 있다고 주장하며, 그 반대자들은 소년애만이 '덕성스러운 공동체'의 특권을 가진다고 주장한다. 칼리크라티다스의 논증은 먼저 여자들에 대한 사랑이 자신의 고유한 특질인 양 주장하는 쾌락의 상호성이 착각이라고 비판하고, 이에 맞서 소년들과의 덕성스런 관계를 유일하게 진리일 수 있는 것으로 내세우는 데 있다. 그리하여 여자들과의 관계에 귀속된 상호적 쾌락의 특권은 단숨에 부인되고 소년애가 반자연적이라는 주장은 뒤엎어지게 된다.

칼리크라티다스는 여자들을 나쁘게 말하기 위하여 심술궂게 일련의 상투어들을 장황하게 늘어놓는다.[17] 즉, 여자들이 추하다는 것을

---

16 카리클레스 자신은 그 단어를 사용하지 않는다.

17 *Ibid.*, 39~42.

알려면 가까이서 보는 것만으로도 충분한데, 그들은 본질적으로, 그리고 "진정으로alēthōs" "추하다". 그들의 육체는 "보기 흉하고", 그들의 얼굴은 원숭이처럼 볼품없으며, 그렇기 때문에 실상을 은폐하기 위해서 화장, 몸치장, 머리손질, 보석, 장신구 등 많은 애를 쓰지 않으면 안 된다. 또한 여자들은 보는 사람을 위해서 외양을 아름답게 꾸미기도 하는데, 주의 깊은 시선이라면 그것을 벗겨내기에 충분하다. 게다가 여자들은 자신들의 방탕을 신비로 감싸게 해 주는 신비한 종교예식들을 취미로 삼는다. 그런데 이 구절이 상당히 진부하게 되풀이하고 있는 모든 풍자적 주제를 상기시키는 것은 무용無用한 일일 것이다. 남색에 대한 찬양에서도 이와 유사한 논거를 가진 많은 예들을 발견할 수 있을 것이다. 가령 아쉴 타티우스는 《레우시페와 클리토폰》에서, 소년들의 애호자인 등장인물 중 하나에게 다음과 같이 말하게 한다. "여자에게서는 모든 것이 — 말도 태도도 — 인공적이다. 만일 그들 중 하나가 아름답게 보인다 해도, 그것은 향유香油를 매우 열심히 바른 결과이다. 그녀의 아름다움은 몰약沒藥, 머리 염색약, 그리고 분粉으로 만들어진 것일 뿐이다. 만일 당신이 여자에게서 그녀의 모든 인위적 수단을 제거한다면, 그녀는 깃털을 뽑힌 우화 속의 어치와 같아질 것이다."[18]

여자들의 세계는 비밀스러운 세계라는 점에서 기만적이다. 사실 남자들 집단과 여자들 집단 사이의 사회적 분리, 상이한 삶의 양식, 여성적 활동과 남성적 활동 사이의 세심한 구분, 이 모든 것이 그리스 남

---

**18** Achille Tatius, *Leucippé et Clitophon*, II, p. 37.

자의 경험 속에 여자를 신비하고 기만적인 대상으로 각인하는 데 기여한 것은 사실이다. 장신구들이 감추고 있는, 발각되었을 때 실망감을 안겨 줄 위험이 있는 육체적 위장술에 대한 의심은 곧 그 육체에 교묘하게 은폐된 결점이 있지 않은가 하는 의심을, 혐오감을 일으키는 어떤 결함이 있지 않은가 하는 두려움을 낳는다. 여성의 육체가 가진 비밀과 특성들은 모호한 능력들로 가득 차있기 때문이다. 오비디우스는 다음과 같이 말한다. "당신은 정념을 떨쳐 버리고 싶은가? 그렇다면 좀 더 가까이에서 당신 애인의 육체를 보라."[19] 또한 루키아노스 추정본이 칼리크라티다스에게 행한 논증에서는 불안한 신비들을 삼키는 여자들의 은폐된 삶이라는 주제와 함께 풍속에 대한 기만欺瞞이라는 주제가 어떤 뚜렷한 의미를 지니게 되는데, 그것은 그 주제들이 여자들과의 관계 속에서 쾌락의 상호성이라는 원칙을 문제 삼을 수 있게 해 주기 때문이다. 그가 제기하는 문제들은 다음과 같다. 만일 여자들이 기만적이라면, 그들이 나름대로 쾌락을 즐기고 남자들 몰래 방탕에 빠져든다면 어떻게 상호성이 존재할 수 있겠는가? 그리하여 소년들과의 관계에 대해 습관적으로 제기되던 — 그것은 자연에 부합하지 않는다는 — 이의가 여자들에게도 역시 적용될 수 있게 된다. 그러나 후자의 경우에는 문제가 오히려 더 심각하다. 왜냐하면 여자들은 자신의 존재에 대한 진실을 은폐하기 위해 기꺼이 거짓을 끌어들이기 때

19 Ovide, *Les Remèdes à l'Amour*, v. 345~348 참조, 또는 다음과 같은 말들을 참조하라. "나는 당신에게, 모든 창문을 열고 밝은 햇빛 아래서 그 형태의 모든 결점들을 주목하라고 충고한다." 사랑 후에는, "그녀의 육체의 모든 결함을 당신 머리 속에 기록하고, 당신의 눈을 그 결점들에 고정시켜라"411~418.

문이다. 우리에게는 화장술에 대한 논의가 두 사람의 토론에서 별로 중요한 것이 아닌 것처럼 보일 수도 있다. 그러나 고대인들의 경우에 그 논의는 두 가지의 심각한 요소 — 여성의 육체에 대한 두려움과 쾌락을 불러일으키는 대상이 진실할 때만 쾌락이 합법적이라는 원칙 — 에서 논거를 찾았다. 따라서 남색적 논증은 여자들의 쾌락이 너무나 많은 허위를 동반하기 때문에 상호성이 없다고 본다.

반대로 소년들과의 쾌락은 진리의 표지標識 아래 놓인다.[20] 젊은 남자의 아름다움은 꾸밈이 없으므로 진정하다. 아쉴 타티우스의 책에 나오는 등장인물들 중 하나가 하는 발언도 이와 같은 맥락이다. "소년들의 아름다움은 화장수의 향기에도, 기만적이고 모방된 냄새에도 젖어 있지 않다. 그리고 소년들의 땀은 여자의 향수 케이스 전체보다 더 좋은 향기를 풍긴다."[21] 칼리크라티다스는 기만적 유혹을 풍기는 화장한 여자의 모습에 어떤 꾸밈에도 신경 쓰지 않는 소년의 모습을 대비시켜 다음과 같이 묘사한다. 아침 일찍 그는 침대에서 뛰어나와서, 깨끗한 물로 몸을 씻는다. 그는 거울이 필요 없으며, 빗도 사용하지 않는다. 그는 짧은 망토를 어깨에 걸치고 학교로 서둘러 간다. 씨름판에서 그는 활기차게 땀 흘리며 운동한 뒤에 간단한 목욕을 한다. 사람들이 그에게 주는 지혜의 가르침들을 듣고 나면 그는 낮 동안의 유쾌한 피로로 금방 잠이 든다.

어떻게 기만 없는 이 소년과 함께 일생을 공유하기를 바라지 않겠는

---

**20** Pseudo-Lucien, *Les Amours*, 44~45.

**21** Achile Tatius, *Leucippé et Clitophon*, II, 37.

가?[22] 사람들은 '이 친구의 맞은편에 앉아서', 그의 매력적인 대화를 즐기면서, '그와 모든 활동을 함께 하면서 시간을 보내기를' 바랄 것이다. 이것은 단지 덧없는 젊은 시절 동안만 지속되는 것이 아닌 현명한 쾌락이다. 사라져버릴 우아한 육체를 대상으로 삼지 않는 한 지속될 것이며, 모든 것—늙고, 병들고, 죽어서, 무덤에 가서까지도—은 공유될 수 있을 것이다. 그리하여 '유골까지도 서로 떨어지지 않을 것이다'. 젊은 시절 사랑으로 맺어져서 죽을 때까지 남자끼리의 오랜 애정으로 삶을 지탱해주는 우애라는 주제는 물론 전통적 주제였다. 루키아노스 추정본의 이 구절은 크세노폰의 《향연》에서 전개되었던 주제들 중 하나에 대한 변주로 보인다. 동일한 개념이 사용되고 있고, 유사한 순서로 제시되며, 매우 비슷한 말들로 표현되어 있기 때문이다. 서로를 바라보는 데서 느끼는 기쁨, 애정 어린 대화, 성공이나 실패했을 때의 감정의 공유, 둘 중 하나가 병에 걸렸을 때 주어지는 배려, 그리하여 노쇠에 이르기까지 두 사람 사이를 지배하는 애정이 바로 그러한 것들이다.[23] 그러나 특히 루키아노스의 것으로 추정되는 텍스트는 하나의 중요한 점을 강조한다. 그것은 청소년기 이후에도 지속되는 애정은 완벽한 평등이 보장되고, 역할의 전도가 완전하게 이루어질 수 있기 때문에, 사랑하는 자의 역할과 사랑받는 자의 역할이 더 이상 구별될 수 없을 만큼 유대가 깊다는 사실이다. 따라서 아킬레스와 파트로클레스의 경우에서와 마찬가지로 오레스트와 필라드 중

---

**22** Pseudo-Lucien, *Les Amours*, 46.
**23** Xénophon, *Banquet*, VIII, 18.

에서 누가 사랑하는 자였고, 누가 사랑받는 자인지 의아해하는 것은 이제 전통이 되었다고 칼라크라티다스는 말한다. 아마 필라드가 사랑받는 자였던 것 같다. 그러나 나이가 들어가고, 그에 따라 시련의 시간—두 친구에게서 문제가 되는 것은 둘 중에 누가 죽음에 직면하게 될 것인가 하는 점이다—이 다가오자, 사랑받아 온 자는 사랑하는 자로서 행동한다. 바로 여기에서 우리는 모델을 보게 된다. 칼리크라티다스는 젊은 소년에 대해 갖는 열정적이고 진지한 사랑(그 유명한 "스푸다이오스 에로스spoudaios erōs")은 바로 이런 식으로 변화되어야 한다고, 이성적 사고를 할 수 있는 청년기가 되면 사랑은 남성적androusthai 형태로 넘어가야 한다고 말한다. 남성적 애정에서 사랑받는 자였던 이는 '사랑을 되돌려 주어야 하며', 그것도 "둘 중에 누가 사랑받는 자인지" 알기 어려울 정도로 그러해야 한다. 사랑하는 자의 애정은 사랑받은 자에 의해 마치 거울에 비친 영상처럼 자신에게로 되돌아온다.**24**

이와 같은 애정반환이 불행할 때 도움을 주는 형식을 띠든, 평생 동안 동반자가 되는 형식을 띠든, 예기치 않게 희생을 하는 것과 같은 형식을 띠든 간에 사랑받은 자가 여태껏 받았던 애정을 되돌려준다는 것은 남색적 윤리의 일부를 이루었다. 그러나 루키아노스 추정본이 두 연인 사이의 평등성을 강조하는 것으로 보아, 또 그가 부부의 상호성을 특징짓는 낱말들을 사용하는 것으로 보아 그는 남성애를 둘이 함께 하는 삶—결혼이 이를 묘사하고 규정한다—속에 끼워 넣으려고 애쓰는 듯하다. 그는 젊은 남자의 육체에 존재하는 단순하고 자연스럽

---

**24** Pseudo-Lucien, *Les Amours*, 48.

고 온갖 희생으로부터 탈피된 모든 것을 상세히 설명하고, 이어서 그 육체가 제공할 수 있는 쾌락을 '진리로' 정한 후에, 모든 영적 유대는 교육적 활동이나 거기에 매달림으로써 얻는 교육적 효과가 아니라 평등한 교환에서 나오는 상호성 위에 기초하도록 한다. 이 같은 논증에서는 남성과 여성의 육체적 묘사가 대조되는 만큼이나 둘이 하는 윤리가 남성적 애정을 부부의 유대에 근접시키는 것으로 보인다.

그럼에도 불구하고 한 가지 본질적 차이점이 있다. 비록 소년애가 덕성과 쾌락이 결합될 수 있는 유일한 것으로 정의된다 할지라도 그 쾌락이 결코 성적 쾌락을 지칭하는 것은 아니라는 점이다. 화장도 가장假裝도 없는 젊은 육체가, 규칙적이고 분별 있는 삶이, 다정스런 얘기가, 그리고 되돌려 주는 애정이 소년을 매력적으로 만든다는 것은 사실이다. 그러나 텍스트는 여기에 그치지 않고 소년을 좀 더 명확하게 분석한다. 즉, 소년은 잠자리에서 '동반자가 없으며', 학교에 가는 도중에 아무도 쳐다보지 않고, 저녁에는 일로 피곤하여 금방 잠이 든다. 그리고 이러한 행동은 소년들의 애인들에게도 마찬가지로 해당된다. 칼리크라티다스는 알키비아데스의 곁에 머물렀을 때의 소크라테스처럼 정숙하게 생활할 것을, 절제있게sophronōs 소년들에게 접근하고, 보잘 것 없는 쾌락을 위해 오랜 애정을 망쳐버리지 말라고 형식적 충고를 한다. 이러한 교훈은 일단 토론이 완결되고 루키아노스가 빈정거리는 듯한 근엄한 모습으로 상을 수여할 때 나온다. 소년애가 '철학자들'에 의해 실행되고, '정당하고 오점 없는' 우애의 유대를 약속하는 한, 상은 그 사랑을 노래한 논증에 돌아가기 때문이다.

카리클레스와 칼리크라티다스의 논쟁은 이처럼 소년애의 '승리'로

끝난다. 이는 육체적 쾌락을 교묘히 회피하는 남색을 철학자들에게만 인정하는 전통적 도식에 부합하는 승리이다. 그렇지만 그것은 모든 사람들에게 결혼할 권리뿐만 아니라 결혼할 의무도 남겨놓은 승리이다. 그것은 사실상 '완벽한 덕성'을 가질 수 있는 사람들, 즉 철학자들에게만 주어지는 소년애의 특권을 결혼의 보편성에 겹쳐 놓은 절충적 결론이다. 그러나 텍스트 자체 내에 전통적이고 수사학적인 특성이 뚜렷이 드러나는 그 논쟁이 다른 하나의 대화, 즉 남성과 여성 모두에 동일하게 이끌릴 때 자신이 어떤 사랑을 선택해야 할지를 묻는 테옴네스트의 루키아노스와의 대화의 틀 안에 끼워져 있다는 사실을 잊어버려서는 안 된다. 루키아노스는 그가 카리클레스와 칼리크라티다스에게 내렸던 판정을 테옴네스트에게 이제 막 들려준 셈이다. 그러나 테옴네스트는 즉시, 원래 토론의 중심이 되었던 것에 대해서, 그리고 남색적 사랑이 승리하게 된 조건에 대해서 빈정거린다. 남색적 사랑이 철학과 덕성, 따라서 육체적 쾌락의 제거에 연결되어 있기 때문에 우월하다고 해서, 사람들이 소년들을 사랑하는 방식도 실제로 그렇다고 믿어야 할 것인가? 테옴네스트는 그런 논증의 위선에 대해 카리클레스가 그랬던 것처럼 분개하지는 않는다. 대신 그는 소년애 지지자들이 쾌락과 덕성을 연결시키기 위해 모든 성행위의 부재를 강조하는 바로 그곳에서 육체적 접촉, 입맞춤, 애무, 그리고 향락을 그 사랑의 진정한 존재이유로 다시 드러나게 한다. 마찬가지로 그는 그러한 관계가 서로의 눈길을 바라보고 상호간의 대화로 서로 기뻐하는 데서 쾌락을 얻는다고 믿게 하지는 못한다고 말한다. 보는 것은 물론 즐거운 일이다. 그러나 그것은 맨 처음 순간에 불과하다. 그 이후에, 전 육체를 향락으로 초대하는 애무가 있게 되며, 이어서 처음에는 수줍어하지만 곧 동의하게 되는 입맞춤이 있게 된다. 그 동안 손이 한가하게 쉬고 있는 것은 아니다. 그것은 옷 속을 뛰어다니며, 가슴을 조금 누르고, 단단한 배를 따라 내려오고, '사춘기의 꽃'에 도달하고, 마침내 목표를 달성한다. 25 이러한 묘사는 테옴네스트에게도 이 텍스트의 저자에게도, 허용될 수 없는 행위를 배격한다는 가치를 가지는 것이 아니라 사랑과 그것의 정당화의 영역 외부에서 — 지탱될 수 없는 이론적 책략이 아니라면 —"아프로디지아"를 유지시키는 것은 불가능하다는 사실을 환기하기 위한 것이다. 루키아노스 추정본의 아이러니는 소년들에게서 얻을 수 있고 그가 웃으면서 언급하는 이 쾌락을 단죄하는 방법이 아니다. 그것은 남색을 생각하고, 정식화하고, 담론화하고, 그것이 옳다고 인정하기 위해서 육체적 쾌락의 뚜렷한 존재를 회피했던 그리스 남색의 매우 오래된 논거를 근본적으로 반박하기 위한 것이다. 루키아노스의 것으로 추정되는 텍스트는 여자들에 대한 사랑이 더 낫다고는 말하지 않는다. 그러나 텍스트는 "아프로디지아"와 그것과 결부된 관계들을 인정하지 않는 사랑에 관한 논증이 지닌 본질적 취약성을 보여준다.

---

25 *Ibid.*, 53.

## 3

# 새로운 연애술

소년애에 대한 성찰이 불모성을 드러내는 것이 확인되는 바로 그 순간에 새로운 연애술戀愛術의 몇몇 요소가 나타난다. 이 연애술은 철학적 텍스트들 안에서 특권적 장소를 차지하지는 않으며 소년애에서 주된 주제들을 빌려오는 것도 아니다. 그것은 남녀관계에 관하여 전개되고 소설적 이야기들로 표현된다. 우리에게 남아 있는 주된 예로는 아프로디지아스의 카리톤이 쓴 《카에레아스와 칼리로에》의 이야기, 아쉴타티우스가 이야기한 《레우시페와 클리토폰》의 이야기, 헬리오도로스의 《에티오피아 사람들》 등이 있다. 그런데 이러한 문헌에 관해서는 출현과 성공조건들, 텍스트들의 연대, 문헌의 우의적이고 영적인 의미 등에 관계된 많은 불확실한 점들이 남아 있는 것이 사실이다.[1]

---

1 이 주제에 관해서는 M. Grant, *The Climax of Rome*, p. 17 이하와 Th. Hägg,

그러나 셀 수 없이 많은 우여곡절을 지닌 긴 이야기들 속에서 종교적인 것이건 세속적인 것이건 연애술을 특징짓는 몇 가지 주제가 지적될 수 있다. 주제들이란, 하나의 남성극과 여성극으로 표지되는 '이성극異性極' 관계의 존재, 욕망의 정치적이고 남성적인 지배보다는 처녀적 순결성을 훨씬 더 모범으로 삼는 금욕의 요구, 끝으로 영적 결혼이라는 형태와 가치를 가진 결합 내에서의 순결의 성취와 보상이다. 이러한 의미에서 볼 때, 그리고 이러한 연애술에 대한 플라톤주의의 영향이 어떠했든지 간에 그것은 소년들에 대한 절제된 사랑과 우애의 지속적 형태 내에서의 완성을 본질적으로 추구하는 연애술과는 매우 거리가 멀다.

물론 소년애少年愛가 소설문학에서 완전히 부재하는 것은 아니다. 소년애는 그런 행위가 빈번했으며 매우 일반적 용인을 받고 있었다는 것을 증명하는 페트로네스나 아풀레우스의 이야기에서 중요한 자리를 차지하고 있을 뿐만 아니라 순결과 혼례와 결혼에 대한 이야기들에서도 역시 나타나고 있다. 그리하여 《레우시페와 클리토폰》에서는 두 인물이 전적으로 긍정적 방식으로 소년애를 대표한다. 클리니아스는 자신의 애인에게 결혼을 단념시키려고 애쓰면서도 이야기의 주인공에게 여자들과의 사랑에서 성공하기 위한 훌륭한 충고들을 한다.[2] 메넬라스로 말하자면, 그는 소년들과의 입맞춤에 대한 훌륭한 이론을 제시한다. "여자들과의 입맞춤처럼 세련되거나 부드럽지도 방탕하지도

---

*Narrative Technique in Ancient Greek Romances*를 참조하라.

2 Achille Tatius, *Leucippé et Clitophon*, I, 10.

않으며 기술이 아니라 자연에서 우러나는 입맞춤, 결빙結氷되고 입술이 된 신주神酒, 그것이 체육관에서 소년과 나눈 단순한 입맞춤이다."[3] 그러나 이런 것들은 삽화적이고 주변적인 주제들에 불과하며, 소년애는 결코 이야기의 주된 대상이 되지 못한다. 관심의 모든 초점은 소녀와 소년의 관계에 맞추어져 있다. 이러한 관계는 항상 양자 모두를 강타하고 대칭적 격렬함으로 서로를 사랑에 빠지게 만드는 어떤 충격에 의해 시작된다. 아프로디지아스의 카리톤의 소설인 《카에레아스와 칼리로에》를 제외하면, 사랑이 즉각 소년소녀의 결합으로 표현되는 경우는 없다. 소설은 두 젊은이를 떼어놓고, 마지막 순간까지 결혼과 쾌락의 완성을 방해하는 기나긴 일련의 사건을 펼쳐 놓는다.[4] 사건들은 가능한 한 대칭적이다. 한 사람에게 일어나는 모든 일은 다른 사람이 겪는 우여곡절에 대응하며, 그렇기 때문에 그들은 서로 동일한 용기, 동일한 참을성, 동일한 정절을 지닐 수 있게 된다. 사건들의 주된 의미와 대단원에 이르기 위한 사건들의 가치는 두 등장인물이 상호간에 엄격하게 성적 정절을 유지한다는 사실에 놓여있기 때문이다. 카에레아스와 칼리로에처럼 주인공들이 결혼한 경우에는 정절로 나타나고, 사랑을 알게 된 이후 결혼 전까지 여러 사건과 불행이 끼어 드는 다른 이야기들에서는 동정童貞으로 나타난다. 그런데 여기서 동정은 단순히 사랑의 약속으로서의 금욕이 아니라는 점을 잘 이해할 필요가

---

3 *Ibid.*, II, 37.

4 《카에레아스와 칼리로에》에서 이별은 결혼 직후에 이루어진다. 그러나 그 부부는 그들의 모험을 통해서 그들의 사랑, 순결, 정절을 보존한다.

있다. 동정은 《에티오피아 사람들》에서처럼 마치 사랑에 선행되는 것처럼 나타나는 삶의 선택이다. 양아버지의 정성스런 배려 속에서 '최상의 삶의 양식'을 추구하도록 교육받았던 카리클레는 결혼을 생각하는 것조차 거부했다. 그녀에게 훌륭한 구혼자를 소개했던 아버지는 그 점을 불평한다. "애정에 호소하든, 약속을 받아 내든, 아니면 이치를 따져서든, 나는 내 딸아이를 도무지 설득할 수가 없소. 하지만 이보다 더욱 날 고통스럽게 만드는 것은 그 아이가 내게서 배운 지식을 내게 대항하는 데 써먹는다는 점이오. 그 애는 내가 가르쳐 준 추론을 본격적으로 실천에 옮기고 있는 셈이지요. … 그 아이는 무엇보다 처녀성處女性을 우선으로 하고 그것을 신성시하기까지 합니다."[5] 이와 대칭을 이루어 테아제누스도 결코 어떤 여자와도 관계를 가진 적이 없었다. "카리클레의 아름다움은 그가 자신이 생각했던 것만큼 이성에 대해 둔감한 편이 아니며, 다만 자기가 그 전까지는 사랑할 만한 여인을 만나지 못했던 것이라는 점을 그에게 증명해 주었다. 여하한 그는 여자들뿐 아니라 결혼이라든지, 혹은 사람들이 그에게 들려준 연애사건 등에 대해서 혐오와 거부감을 느껴왔던 것이다."[6]

이와 같이 동정童貞은 성행위보다 선행하는 금욕에 불과한 것이 아니다. 그것은 하나의 선택, 하나의 삶의 양식이며, 자신에게 쏟는 배려 속에서 주인공이 선택하는 존재의 고귀한 형태이다. 파란만장한 우여곡절이 두 주인공을 갈라놓고 극도로 험악한 위험에 처하게 할

5 Heliodore, *Ethiopiques*, II, 33.
6 *Ibid.*, III, 17.

때, 그들이 겪는 가장 심각한 위기는 당연히 타인들의 성적 탐욕의 표적이 되는 것이리라. 그리고 그들 자신의 가치와 상호간의 사랑에서 가장 고귀한 시련은 어떤 값을 치르고서라도 위험에 저항하여 필수불가결한 동정을 보전하는 일이 될 것이다. 동정은 자신과의 관계에서뿐만 아니라 타인과의 관계에서도 필수불가결하다. 이중적 동정이 겪는 모험 여행기인 아쉴 타티우스의 소설은 이런 내용으로 전개된다. 여기서 동정은 위험에 처하고 공격당하고 의심받고 모략 당하지만, 클리토폰이 스스로에게 허락하는 영예로운 작은 오점을 제외하면 끝끝내 보전되며 정당화되어 마침내 이 젊은 여인의 동정을 공표해 줄 수 있는 신명심판神明審判(불·열에 손을 넣어도 다치지 않는 자, 싸워서 이기는 자를 무죄로 했던 중세기의 심판 — 역자 주)에서 입증된다. 즉, 그녀가 "이 날까지 고향을 떠날 때와 동일한 상태를 유지했으며 해적들 사이에서도 처녀로 남아있었고 최악의 상황에도 불구하고 양호한 상태를 유지했다는 것은 그녀의 미덕이라고 볼 수 있다"[7]는 판결을 받았던 것이다. 클리토폰이 만일 자신에 대해 말한다면 역시 대칭적 방식으로, "만일 남자의 순결이라는 것도 존재한다면, 나 역시 그것을 보전했다"[8]고 말했을 것이다.

그러나 사랑과 성적 금욕이 이처럼 이야기 전체에 걸쳐 일관되게 나타난다 할지라도 제 3자에 대항하여 자신을 지키는 것만이 문제가 되는 것은 아니라는 점을 잘 이해해야 한다. 왜냐하면 동정의 보전은 사

---

**7** Achille Tatius, *Leucippé et Clitophon*, VIII, 5.
**8** *Ibid.*, V, 20. 또한 VI, p. 16 참조.

랑의 관계 내부에서도 역시 가치를 지니기 때문이다. 그들이 결혼 속에서 사랑과 동정을 성취하는 그 순간까지 사람들은 서로를 위해 자신을 보전한다. 그리하여 그들이 서로 떨어져서 타인들로 인해 시련을 겪는 동안에 유지되는 혼전순결婚前純潔은 두 약혼자들 간의 정신적 유대를 강화시키며, 그들 자신의 욕망을 억제한다. 그래서 수많은 우여곡절 후에 그들이 마침내 결합하게 되었을 때에도 그들은 금욕하게 된다. 동굴 안에 단둘만 있게 되었을 때 테아제누스와 카리클레는, "거리낌도 없이 실컷 포옹과 입맞춤을 한다. 나머지 모든 것을 잊고서 그들은 마치 한 몸인 듯이 오랫동안 얼싸안고 있었으며, 여전히 순수하고 순결한 그들의 사랑에 실컷 빠져들었고, 그들의 눈물의 따뜻한 흐름을 섞고 정숙한 입맞춤만을 교환했을 따름이다. 사실 카리클레는 테아제누스가 약간 지나치게 흥분했으며 남성적이라고 느끼는데, 그때 그녀는 그가 한 맹세들을 상기시켜서 그를 제어하며, 테아제누스도 자신을 제어하는 데 별 어려움을 느끼지 않고 쉽사리 분별 있게 자제한다. 왜냐하면 그가 사랑에 빠졌다 하더라도 그 때문에 그의 분별력이 더 약해지는 것은 아니기 때문이다."[9] 그러므로 성 관계가 결혼 내에서 이루어질 때조차 동정이 모든 성 관계에 반대하는 태도라고 이해해서는 안 된다. 차라리 동정은 결합을 위한 예비적 시련, 즉 결합으로 인도하여 결합이 완성되도록 하는 움직임이다. 그리하여 사랑, 동정, 결혼은 하나의 전체를 이룬다. 육체적인 동시에 정신적인 의미에서 이해되어야 할 두 연인의 결합의 순간까지 그들은 육체적 순결뿐

---

9 Héliodore, *Ethiopiques*, V, 4.

만 아니라 마음의 순결도 지켜야 한다.

이처럼 비록 양자 모두에게 성적 쾌락의 억제가 중요한 역할을 함에도 불구하고, 소년애에서 출발점을 취한 연애술과는 상이한 연애술이 발전되기 시작한다. 그리고 성적 쾌락의 억제는 남자와 여자 사이의 대칭적이고 상호적인 관계 주위에서, 또 동정에 부여된 높은 가치와 그것을 마무리지으면서 얻게 되는 완벽한 결합 주위에서 조직된다.

# 결론

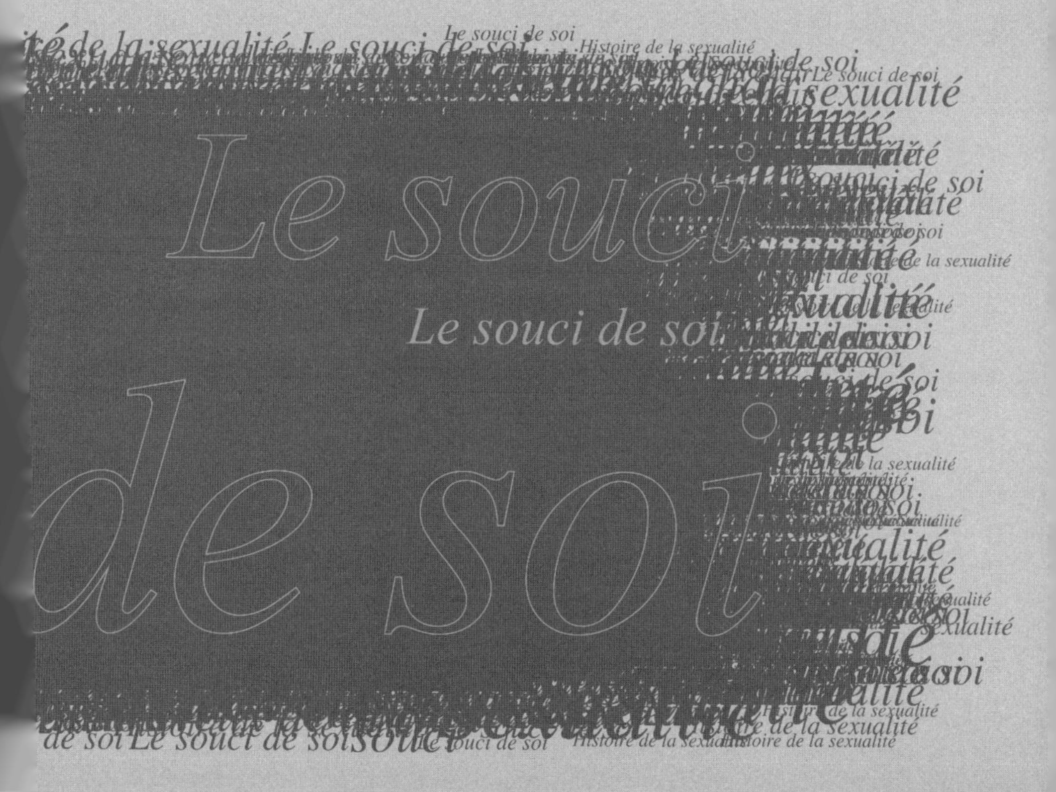

기원후 초기 두 세기 동안에 이루어진 성적 활동과 성적 쾌락에 대한 모든 성찰은 엄격함의 주제들이 어느 정도 강화되었다는 사실을 보여주는 듯하다. 의사들은 성행위의 결과를 걱정하여 행위를 삼가도록 기꺼이 권고했으며, 쾌락을 누리는 것보다는 순결을 지키는 것이 더 좋다고 공언했다. 철학자들은 혼외婚外에서 일어날 수 있는 모든 관계를 비난하고, 부부가 서로에 대해 예외 없이 엄격하게 정절을 지킬 것을 명령했다. 결국 소년애를 이론적으로 평가절하하는 작업이 진행된 것으로 보인다.

그렇다고 해서 이와 같이 구축된 도식 속에서 장래의 도덕, 즉 성행위 자체가 악으로 간주되고 부부간의 성행위만이 합법성을 부여받으며 소년애가 반反자연적인 것으로 죄악시되는 기독교적 도덕의 초안을 보아야 하는 것일까? 혹은 이후 기독교 사회에서 법적 골격과 제도화된 지주支柱를 부여받게 될 성적 엄격함의 모델을 어떤 사람들의 경우에는 이미 그리스-로마 사회에서부터 예감하고 있었다고 가정해야 할 것인가? 만약 그렇다고 한다면, 다음 세기에서야 보다 강제적인 형태들과 보다 일반적인 효력을 취하게 될 다른 도덕의 초안을, 몇몇 엄격한 철학자들이 그렇지 않은 듯이 보이는 세계 한가운데 고립된 채 정식화시켰다는 말이 된다.

이 문제는 중요하며 오랜 전통 속에 각인된 것이다. 르네상스 이래로 이러한 문제는 기독교와 개신교에서 비교적 유사한 분할선을 그어왔다. 한편으로는 기독교에 유사한 어떤 고대 도덕의 편을 드는 이들이 있고(이 편의 주장으로는 C. 바르크가 에픽테투스를 진정한 기독교도라고 주장하면서 급진화시켰던 쥐스트 립스의 논문, 《스토아철학 입문》과 더 이후에 가톨릭 쪽에서의 J. P. 카뮈의 논문, 특히 장마리 드 보르도의 논문 《기독교도 에픽테투스》를 들 수 있다), 다른 한편으로는 스토아주의가 물론 덕성스럽기는 하지만 본질적으로는 이교적 철학에 다름 아니라는 사람들이 있었다(신교도들 가운데서는 소메즈, 가톨릭 쪽에서는 아르노나 티유몽 같은 이들). 이러한 논쟁의 목적은 단순히 몇몇 고대 철학자들을 기독교 신앙 쪽으로 넘어가게 하거나 기독교 신앙을 모든 이교적 오염으로부터 수호하는 데 있지는 않았다. 문제는 어느 정도까지는 그리스-로마 철학과 기독교에서 공통적으로 나타나는 규제요소를 가진 도덕에 어떤 근거를 부여할 것인가를 결정짓는 데 있었다. 19세기 말에 일어났던 논쟁 역시 역사방법론의 문제와 중복되기는 하지만 이와 같은 문제제기와 무관하지 않다. 잔은 그의 유명한 《연설》[1]에서 에픽테투스를 기독교도로 만들려고 애쓰기보다는 대체로 스토아주의적이라 할 수 있는 그의 사유 속에서 기독교적 인식의 표지標識와 기독교적 영향력의 흔적을 지적하려고 애쓴다. 반면 이에 회답하는 본회퍼의 저작은[2] 에픽테투스의 사유가 지닌 통일성을 세우려고 애쓰며 그 사유에 대한 이런저런 측면들을 설명하기 위해 잡다한 외부적 영향력에 호소할 필요를 느끼지 않는다. 그러나 문제는 또한 도덕적 명령의 근거들을 어디서 찾아야 하는지, 그리고 오랫동안 기독교와 결부되었던 어떤 유형의 도덕을 기독교에서 분리시키는 것이 과연 가능한 것인지를 아는 일이었다. 그런데 논쟁의 전반을 살펴볼 때, 다소간 모

---

1 Th. Zahn, *Der stoiker Epiktet und sein Verhältnis zum Christentum*, 1894.

2 A. Bonhöffer, *Epiktet und das Neue Testament*, 1911.

호하게나마 3가지 가정假定이 인정되었던 것으로 보인다. 첫 번째 가정은 한 도덕의 본질은 그것에 포함된 규약의 요소들에서 찾아야 한다는 것이다. 두 번째는 고대 후기의 철학적 도덕은 이전의 전통과는 거의 완전히 단절된 채, 자체적인 엄한 계율에 의해 기독교에 접근했으리라는 것이다. 끝으로 세 번째는, 기독교 도덕과 몇몇 철학자들에게 기독교를 마련해 주었던 도덕은 고양高揚과 정화淨化라는 용어로 비교되는 것이 적합하리라는 것이다.

그렇지만 여기에 그칠 수는 없다. 우선 성적 엄격성의 원칙들이 제국시대의 철학에서 최초로 정의된 것은 아니라는 사실을 염두에 두어야 한다. 이미 기원전 4세기의 그리스 사유에서도 제국시대만큼이나 엄격한 정식들을 발견할 수 있으며, 특히 성행위는 이미 살펴본 바와 같이 매우 오래 전부터 위험하고 제어하기 어려우며 부담스런 것으로 간주되었던 것 같다. 매우 오래 전부터 성행위를 가능한 한 엄격하게 제한할 것이 요구되었으며, 성행위가 주의 깊은 관리법 속으로 삽입되어야 한다는 요구가 있었다. 플라톤, 이소크라테스, 아리스토텔레스는 각자 자신의 방식대로, 또 각기 다른 이유에서 부부간의 정절의 몇몇 형태를 권고했. 또한 소년애의 경우 여전히 고귀한 가치는 인정되었지만 그 사랑에 부합되는 정신적 가치를 보존하기 위해서는 금욕이 요구되었다. 그러므로 매우 오래 전부터 육체와 건강에 대한 배려, 여자 및 결혼에 대한 관계, 소년들에 대한 관계는 엄격한 도덕을 정교화하는 모티브들이었다. 그리고 어떻게 보면, 기원후 초기 몇 세기의 철학자들에게서 보이는 성적 엄격성은 적어도 장래의 도덕을 예고하는 한에서는 고대의 전통에 뿌리박고 있다.

그렇지만 성적 쾌락에 대한 성찰들에서 단지 오래된 의학적·철학적 전통의 유지만을 본다는 것은 잘못된 일일 것이다. 물론 고전문화에 단단히 사로잡혔던 초기 몇 세기 동안의 사유 속에서 그러한 전통은 조심스럽게 유지되었고, 또 자발적으로 재활성화되었음을 무시해서는 안 될 것이다. 사실 그리스 도덕과 철학은 마루가 '긴 여름'이라고 명명했던 것을 겪고 있었다. 그럼에도 몇몇 뚜렷한 변모가 눈에 띄는데, 그 변모들은 무소니우스의 도덕이나 플루타르코스의 도덕을 크세노폰, 플라톤, 이소크라테스, 혹은 아리스토텔레스의 교훈의 단순한 강조로 간주할 수 없도록 하며, 또한 소라누스나 에페수스의 루푸스의 충고를 히포크라테스나 디오클레스의 원칙들에 대한 변주變奏로 생각할 수 없도록 한다.

양생술과 건강을 문제삼는 태도에서, 변화는 보다 강렬한 불안, 성행위와 육체 사이의 상관관계에 대한 보다 폭넓고 상세한 규정, 그리고 그 결과의 양가성 및 교란적 결과에 대한 주의로 나타난다. 그런데 이는 단지 육체에 대한 보다 증대된 배려일 뿐만 아니라 성행위 자체를 바라보는, 그리고 성행위가 질병과 악과 맺는 관련성 때문에 성행위를 두려워하는 또 다른 방식이다. 여자와 결혼에 대한 문제제기의 측면에서, 변화는 특히 부부의 유대와 그것을 구성하는 쌍수적雙數的 관계에 대한 가치부여와 관련된다. 그리하여 남편의 올바른 처신과 그가 자신에게 부과해야 하는 절제는 단지 신분의 고려에 의해서 뿐만 아니라 관계의 본성과 보편적 형태, 그리고 그로부터 도출되는 상호적 책무들에 의해서도 역시 정당화된다. 끝으로 소년들과 관련하여 보면, 금욕의 필요성은 점점 더 사랑의 형태들에 가장 고귀한 정신적 가치들을 부여하는 방식이 아니라 사랑에 고유한 결함의 표시로 인식된다.

그런데 기존의 주제들의 이러한 변모를 통해서 우리는 자기배려에 의해 지배되는 삶의 기술이 발전함을 볼 수 있다. 자기 자신에 대한 기술은, 빠져들 수는 있지만 타인들을 지배하기 위해서 제어해야 할 과도한 행위들을 강조하는 대신에 성적 활동이 야기할 수 있는 다양한 질병들에 대한 개인의 취약성을 점점 더 강조한다. 또한 이러한 기술은 사람들을 결합시키고, 자연적인 동시에 이성적으로 모든 사람들에게 정초定礎될 수 있는 보편적 형태에 성적 활동을 복종시킬 필요성을 강조한다. 또한 사람들이 자신에 대한 통제력을 유지함으로써 결국 자기 자신의 순수한 향유에 이를 수 있게 하는 모든 실천과 모든 단련을 발전시키는 데 중요성을 강조한다. 이와 같은 성도덕의 변모는 금지의 형태들이 강화된 데서 비롯된 것이 아니라 자기와 자신의 종속성 및 독립성, 자신의 보편적 형태, 그리고 타인들과 수립할 수 있고 또 수립해야 하는 관계, 자기의 통제력을 자신에게 행사하는 절차들, 자신에 대해 완전한 지배를 수립할 수 있는 방식에 대한 문제 주위를 선회하는 하나의 삶의 기술이 발전된 결과이다.

바로 이러한 맥락에서 쾌락의 윤리에 특징적인 이중적 현상이 나타난다. 한편으로 사람들은 성행위, 유기체에 대한 성행위의 결과들, 결혼 안에서 성행위가 차지하는 위치와 역할, 소년들과의 관계에서 성행위가 지니는 가치와 난점들에 대해 보다 적극적 관심을 가질 것을 요구한다. 그러나 사람들이 훨씬 더 집착하고 관심을 강화하면 할수록 성행위는 더욱 쉽게 위험한 것으로, 사람들이 정립하고자 시도하는 자기와의 관계를 위태롭게 할 수 있는 것으로 나타난다. 성행위는 점점 더 경계되고, 통제되고, 가능한 한 결혼관계 내에만 — 부부관계 내에서 성행위에 더 강한 의미를 부과하는 한이 있더라도 — 국한된다. 문제제기와 불안, 문제 삼기와 경계가 병행한다. 그리하여 성행위의 한 양식이 도덕적·의학적·철학적 성찰의 모든 움직임을 통해 제시되는데, 그것은 기원전 4세기에 그려졌던 것과 다르며 이후에 기독교에서 발견하게 될 것과도 다르다. 이 양식에서 성적 활동은 실질적으로 그 자체로서는 악이 아니지만 그 형태와 결과들로 인해 악과 관련된다. 그것은 결혼 내에서 자연적이고 이성적인 완성을 이룬다. 그러나 결혼은 예외적 경우를 제외하면, 성적 활동이 악이 되지 않도록 하는 명확하고 필수불가결한 요건은 아니다. 성적 활동은 소년애에서는 어렵게 자신의 자리를 찾는다. 그러나 그렇다고 해서 이 사랑이 반反자연적인 것으로 죄악시되는 것은 아니다.

그리하여 삶의 기술들과 자기배려의 정교화 내에서 이후의 도덕들에서 정식화될 계율戒律들과 상당히 가까워 보이는 몇몇 계율의 윤곽이 떠오른다. 그러나 그 유사성이 착각을 불러일으켜서는 안 된다. 이후의 도덕들은 자기에 대한 관계의 다른 양태들, 즉 종말, 타락, 악에 입각하여 윤리적 실체를 특징짓는 양식, 한 인격적 신의 의지이기도 한 일반적 법률에의 복종 형태 속에 예속화되는 양식, 영혼의 해독과 욕망의 정화적 해석학을 함축하는 자기에 대한 노고勞苦의 양식, 자기포기를 지향하는 윤리적 완성의 양식 등을 규정할 것이다. 쾌락의 절제, 부부의 정절, 남자들 간의 관계에 관련된 규약의 요소들은 유사한 것으로 남아있을 수도 있다. 그러나 이때 그 요소들은 전적으로 수정된 하나의 윤리와 자기를 자신의 성행위의 도덕적 주체로 구성하는 또 다른 방식에 관계된 것이다.

# 참고문헌

## 1. 고대 저자


Achille Tatius, *Leucippé et Clitophon*, traduction française par P. Grimal, Paris, Gallimard, La Pléiade, 1963, pp. 25, 329, 338, 341.

Antipater, in Stobée, *Florilegium*, Ed. A. Meinecke, Leipzig, 1860~1863 (t. III, pp. 11~15), p. 246.

Antyllos, Cf. Oribase.

Apulée, Du dieu de Socrate, texte et traduction française par J. Beaujeu, Collection des universités de France (C. U. F.), p. 81.

Arétée, *Traité des signes, des causes et de la cure des maladies aigues et chroniques*; texte in le *Corpus Medicorum Graecorum*, II, Berlin, 1958; traduction par L. Renaud, Paris, 1834, pp. 178, 180, 183, 189, 191.

Aristide, Eloge de Rome, texte in J. H. Oliver, *The Ruling Power. A Study of the Roman Empire in the Second Century A. C. through the Roman Oration of Aelius Aristides*, Philadelphie, 1953, p. 145.

Aristote, *Ethique à Nicomaque*, texte et traduction anglaise par H. Rackham (Loeb clasical Library); traduction française par R. A. Gauthier et J. Y. Jolif, Louvain-Paris, 1970, pp. 225, 233, 242.

_____, *La Politique*, texte et traduction anglaise par H. Rackham (Loeb classical Library), traduction française par J. Tricot, Paris, 1982, pp. 144, 225, 233.

Pseudo-Aristote, *Economique*, texte et traduction française par A. Wartelle (C. U. F.), pp. 225, 261, 268.

Artémidore, *La Clef des songes*, traduction française par A. J. Festugière, Paris, 1975; traduction anglaise par R. J. White, New Haven, 1971, pp. 23~40.

Athénée, Cf. Oribase.

Celse, *De Medicina*, texte et traduction anglaise par W. G. Spencer (Loeb classical Library); traduction française par A. Vedrenes, Paris, 1876, pp. 160, 164, 183, 194, 202, 204, 210.

Chariton d'Aphrodisias, *Les Aventures de Chairéas et de Callirhoé*, texte et traduction française par G. Molinié (C. U. F.), pp. 37, 339

Cicéron, *Tusculanes*, texte et traduction française par G. Fohlen et J. Humbert (C. U. F.), p. 96.

Clément d'Alexandrie, *Le Pédagogue*, texte et traduction française par M. Harl et Cl. Mondésert (coll. Sources chrétiennes), Paris, 1960~1965, p. 256.

_____, *Stromates*, I, II, texte et traduction française par Cl. Mondésert (coll. Sources chrétiennes), Paris, 1951~1954, p. 267.

Diogène Laërce, *Vie des Philosophes*, texte et traduction anglaise par R. D. Hicks (Loeb classical Library); traduction française par R. Genaille, Paris, 1965, pp. 104, 235.

Dion Cassius, *Histoire romaine*, texte et traduction anglaise par E. Cary (Loeb classical Library), pp. 138.

Dion De Pruse, *Discours*, texte et traduction anglaise par J. W. Cohoon (Loeb classical Library), pp. 74, 89, 147, 217, 252.

Epictète, *Entretiens*, texte et traduction française par J. Souihé (C. U. F.), pp. 84, 90, 97~98, 100, 108~110, 112, 140, 142, 149, 236, 239~241, 254, 257.

_____, *Manuel*, traduction française par E. Brehier (in *Les Stoïciens*, Gallimard, La Pléiade, Paris, 1962), pp. 98, 110, 253.

Epicure, *Lettres et Maximes*, texte et traduction française par M. Conche, Villiers-sur-Mer, 1977, pp. 82, 87.

Galien, *De l'utilité des parties*, texte dans les *Opera omnia*, Ed. C. G. Kühn, réimp. Hildesheim, 1964~1965, t. II; traduction française par Ch. Daremberg in *Oeuvres anatomiques, physiologiques et médicales* de Galien, Paris, 1856; traduction anglaise par M. T. May, Ithaca, 1968, pp. 167~172, 175.

_____, *Des lieux affectés*, texte dans les *Opera omnia*, Ed. C. G. Kühn, t. VIII; traduction française par Ch. Daremberg, t. II; traduction anglaise par R. E. Siegel, Bâle, 1976, pp. 174, 180, 182, 185, 189~190, 211~213.

_____, *Traité des passions de l'âme et de ses erreurs*, texte dans les *Opera omnia*, Ed. C. G. Kuhn, traduction française par R. Van der Helst, Paris, Delagrave, 1914, p. 94.

Héliodore, *Les Ethiopiques*, traduction française par P. Grimal, Paris, Gallimard, La Pléiade, 1963, pp. 340, 342.

Hiéroclés, in Stobée, *Florilegium*, Ed. A. Meinecke, Leipzig (t. III, pp. 7~11), pp. 226, 230, 233, 237, 243~244.

Lucien, *Hermotime*, texte et traduction anglaise par K. Killburn (Loeb classical Library), p. 89.

Pseudo-Lucien, *Les Amours*, texte et traduction anglaise par M. D. Macleod (Loeb classical Library), pp. 313~336.

Marc Aurèle, *Pensées*, texte et traduction française par A. I. Trannoy (C. U. F.), pp. 84, 90~91, 99, 112, 148, 253.

Maxime de Tyr. *Dissertations*, texte et traduction latine, Paris, 1840, p. 283.

Musonius Rufus, *Reliquiae*, texte établi par O. Hense, Leipzig, 1905, pp. 82, 90, 230~232, 238, 242, 244~245, 254~256, 259, 266, 269.

Oribase, *Collection des médecins latins et grecs*, texte et traduction française par U. C. Bussemaker et Ch. Daremberg, Paris, 1851~1876, pp. 161~163, 173, 184, 186~188, 192~198, 200~205, 208~210.

Ovide, *L'Art d'aimer*, texte et traduction française par H. Bornecque (C. U. F.), p. 215.

_____, *Les Remèdes à l'Amour*, texte et traduction française par H. Bornecque (C. U. F.), pp. 215, 330.

Philodème, *Peri parrhesias*, texte établi par A. Olivieri, Leipzig, 1914, p. 92.

Platon, *Alcibiade*, texte et traduction française par M. Croiset (C. U. F.), p. 79.

_____, *Apologie de Socrate*, texte et traduction française par M. Croiset (C. U. F.), pp. 80, 108.

_____, *Les Lois*, texte et traduction française par E. des Places et A.

Diès (C. U. F.), pp. 89, 169, 225, 250.

_____, *La République*, texte et traduction française par E. Chambry (C. U. F.), pp. 37, 225.

Pline le Jeune, *Lettres*, texte et traduction française par A. M. Gullemin (C. U. F.), pp. 86, 90, 131, 244~245.

Plutarque, *Ad principem ineruditum*, texte et traduction anglaise par F. C. Babbitt, *Plutarch's Moralia*, t. X (Loeb classical Library), pp. 147, 151.

_____, *Animine an corporis affectiones sint pejores*, texte et traduction anglaise par F. C. Babbit, *Plutarch's Moralia*, t. VI (Loeb classical Library), p. 101.

_____, *Apophthegmata laconica*, texte et traduction anglaise par F. C. Babbitt, *Plutarch's Moralia*, t. III (Loeb classical Library), p. 79.

_____, *Conjugalia praecepta*, texte et traduction anglaise par F. C. Babbitt, *Plutarch's Moralia*, t. II (Loeb classical Library), pp. 263, 267, 271~273, 309.

_____, *De l'exil*, texte et traduction française par J. Hani, *Oeuvres morales*, t. VIII (C. U. F.), p. 153.

_____, *De tuenda sanitate praecepta*, texte et traduction anglaise par F. C. Babitt, *Plutarch's Moralia*, t. II (Loeb classical Library), pp. 95, 159.

_____, *Dialogue sur l'Amour*, texte et traduction française par R. Flacelière, *Oeuvres morales*, t. X (C. U. F.), pp. 266, 287~311.

_____, *Le démon de Socrate*, texte et traduction française par J. Hani, *Oeuvres morales*, t. VII (C. U. F.), p. 102.

_____, *Histoires d'amour*, texte et traduction française par R. Flacelière, *Oeuvres morales*, t. X (C. U. F.), p. 292.

_____, *Mulierum virtutes*, texte et traduction anglaise par F. C. Babbitt, *Plutarch's Moralia*, t. III (Loeb classical Library), p. 272.

_____, *Pracepta gerendae reipulicae*, texte et traduction anglaise par F. C. Babbitt, *Plutarch's Moralia*, t. X (Loeb classical Library), pp. 144~145, 152.

_____, *Propos de table*, texte et traduction française par F. Fuhrmann, *Oeuvres morales*, t. IX (C. U. F.), pp. 203, 214.

_____, *Quomodo quis suos in virtute sentiat profectus*, texte et traduction anglaise par F. C. Babbitt, *Plutarch's Moralia*, t. I (Loeb classical Library), p. 35.

_____, *Rgum et imperatorum apophthegmata*, texte et traduction anglaise par F. C. Babbitt, *Plutarch's Moralia*, t. III (Loeb classical Library), p. 89.

_____, *Vie de Solon*, texte et traduction française par R. Flacelière, E. Chambry et M. Juneaux (C. U. F.), pp. 291, 308.

_____, *Septem sapientium convivium*, texte et traduction anglaise par F. C. Babbitt, *Plutarch's Moralia*, t. II (Loeb classical Library), p. 274.

Porphyre, *Vie de Pythagore*, texte et traduction française par E. des Places (C. U. F.), p. 104.

Properce, *Elégies*, texte et traduction française par D. Paganelli (C. U. F.), p. 214.

Quintilien, *De l'institution oratoire*, texte et traduction française par J. Cousin (C. U. F.), p. 283.

Rufus d'Ephèse, *Oeuvres*, texte et traduction française par Ch. Daremberg, et E. Ruelle, Paris, 1879, pp. 178, 184, 186, 188, 192~193, 202~203, 205, 209~210, 212~213.

Sénèque, *Des bienfaits*, texte et traduction française par F. Préchac (C. U. F.), p. 142.

_____, *De la brièveté de la vie*, texte et traduction française par A. Bourgery (C. U. F.), pp. 83, 111~112.

_____, *De la colère*, texte et traduction française par A. Bourgery (C. U. F.), pp. 90, 105.

_____, *Consolation à Helvia*, texte et traduction française par R. Waltz (C. U. F.), p. 104.

_____, *Consolation à Marcia*, texte et traduction française par R. Waltz (C. U. F.), p. 252.

_____, *De la constance du sage*, texte et traduction française par R. Waltz (C. U. F.), p. 87.

_____, *Lettres à Lucilius*, texte et traduction française par F. Prèchac et H. Noblot (C. U. F.), pp. 34, 82~83, 87~88, 91, 94, 96~97, 99, 103~

104, 111~113, 142, 151, 153~154, 259.
____, *De la tranquillité de l'âme*, texte et traduction française par R. Waltz (C. U. F.), pp. 83, 111, 152.
____, *De la vie heureuse*, texte et traduction française par A. Bourgery (C. U. F.), pp. 83, 113.
Soranus, *Traité des maladies des femmes*, texte in *Corpus Medicorum Graecourm*, t. IV, Leipzig, 1927; traduction française par F. J. Hergott, Nancy, 1895; traduction anglaise par O. Temkin, Baltimore, 1956, pp. 181, 191, 196~198, 201, 208.
Stace, *Silves*, texte et traduction française par H. Frère et J. J. Izaac (C. U. F.), p. 132.
Synésios, *Sur les songes*, in *Oeuvres*, traduction française par H. Druon, Paris, 1878, p. 26.
Xénophon, *Le Banquet*, texte et traduction française par F. Ollier (C. U. F.), p. 332.
____, *La Cyropédie*, texte et traduction française par M. Bizos et E. Delebecque (C. U. F.), p. 79.
____, *Economique*, texte et traduction française par P. Chantraine (C. U. F.), pp. 89, 225.

## 2. 근대 저자

Allbut, C., *Greek Medicine in Rome*, Londres, 1921, p. 159.
Babut, D., *Plutarque et le stoïcisme*, Paris, P. U. F. 1969, p. 274.
Behr, C. A., *Aelius Aristides and "the Sacred Tales,"* Amsterdam, 1968, p. 24.
Betz, H. D., *Plutarch's Ethical Writings and Early Christian Literature*, Leyde, 1978, p. 287.
Bloch, R., *De Pseudo-Luciani Amoribus*, Argentorati, 1907, pp. 313, 317.
Bonhöffer, A., *Epiktet und die Stoa*, Stuttgart, 1890.
____, *Die Ethik des Stoikers Epiktet*, Stuttgart, 1894.
____, *Epiktet und das Neue Testament*, Giessen, 1911, p. 348.

Boswell, J., *Christianity, Social Tolerance, and Homosexuality*, Chicago, 1980, pp. 124, 282.

Bowersock, G. W., *Greek Sophists in the Roman Empire*, Oxford, 1969, p. 159.

Broudehoux, J. P., *Mariage et famille chez Clément d'Alexandire*, Paris, Beauchesne, 1970, p. 122.

Buffière, F., *Eros adolescent. La pédérastie dans la Grèce antique*, Paris, Les Belles Lettres, 1980, p. 313.

Canguilhem, G., *Ethude d'histoire et de philosophie des sciences*, Paris, Vrin, 1968, pp. 221.

Crook, J. A., *Law and Life of Rome*, Londres, 1967, p. 122.

Ferguson, J., *Moral Values in the Ancient World*, Londres, 1958, p. 136.

Festugière, A. J., *Etudes de philosophie grecque*, Paris, Vrin, 1971, p. 81.

Gagé, J., *Les Classes sociales dans l'Empire romain*, Paris, Payot, 1964, p. 138.

Grant, M., *The Climax of Rome. The Final Achievments of the Ancient World*, Londres, 1968, p. 337.

Grilli, A., *II problema della vita contemplativa nel mondo greco-romano*, Milan-Rome, 1953, p. 88.

Grimal, P., *Sénèque ou la conscience de l'Empire*, Paris, 1978, p. 95.

Hadot, I., *Seneca und die griechisch-römische Tradition der Seelenleitung*, Berlin, 1969, pp. 89, 96.

Hadot, P., *Exercices spirituels et philosophie antique*, Paris, 1981, p. 78.

Hägg, Th., *Narrative Technique in Ancient Greek Romances. Studies of Chariton, Xenophon Ephesius and Achilles Tatius*, Stockholm, 1971, p. 337.

Hijmans, B. L., *Askésis: Notes on Epictetus' Educational System*, Utrecht, 1959, p. 92.

Kessels, A. H. M., *Ancient System of Dream Classification*, *Mncemsune*, 4^e^sé r., n°22, 1969, p. 30.

Liebeschütz, J. H., *Continuity and Change in Roman Religion*, Oxford, 1979, p. 92.

Lutz, C., 《Musonius Rufus》, *Yale Classical Studies*, t. X, 1947, p. 230.

Macmullen, R., *Roman Social Relations, 50 B. C. to A. D. 284*, Londres -New Haven, 1947, pp. 138, 140.

Meslin, M., *L'Homme romain, des origines au ler siècle de notre ère : essai d'anthropologie*, p. 227.

Noonam, J. T., *Contraception et mariage, évolution ou contradiction dans la pensée chrétienne*, trad. de l'anglais par M. Jossua, Paris, Ed. du Cerf, 1969, p. 256.

Piceaud, J., *La Maladie de l'âme ; étude sur la relation de l'âme et du corps dans la tradition médico-philosophique antique*, Paris, les Belles Lettres, 1981, p. 222.

Pomeroy, S. B., *Goddesses, Whores, Wives and Slaves. Women in Classical Antiquity*, New York, 1975, pp. 124, 126.

Praechter, K., *Hierokles der Stoiker*, Leipzig, 1901, pp. 317, 322.

Rostovtzeff, M. I., *The Social and Economic History of the Hellenistic World*, ŕe impression, Oxford, 1941, p. 137.

Rousselle, A., *Porneia. De la maîtrise du corps à la privation sensorielle. IIe-IVe siècles de l'ère chrétienne*, Paris, P. U. F., 1963, pp. 165, 201.

Sandbach, F. H., *The Stoics*, Londres, 1975, pp. 92, 137.

Scarborough, J., *Roman Medicine*, Ithaca, 1969, p. 159.

Spanneut, M., 《*Epiktet*》, *in Feallexikon für Atike und Christentum*, 1962, p. 85.

Starr, C. G., *The Roman Empire*, Oxford, 1982, p. 139.

Syme, R., *Roman Papers*, Oxford, 1979, p. 139.

Thesleff, H., *An Introduction to the Pythagorean Writings of the Hellenistic Period* (*Humaniora*, 24, 3, Abo, 1961), p. 226.

*The Pythagorean Texts of the Hellenistic period* (*Acta Academiae Aboensis*, ser. A, Vol. 30, ǹ 1), p. 226.

Vatin, Cl., *Recherches sur le mariage et la condition de la femme mariée à l'époque hellénistique*, Paris, De Boccard, 1970, pp. 122~123, 128.

Veyne, P., 《*L'amour à Rome*》, *Annales E. S. C.*, 1978, 1, pp. 122~125, 128.

Voelke, A. J., *Les Rapports avec autrui dans la philosophie grecque, d'Aristote à Panétius*, Paris, Vrin, 1969, p. 75.

Zahn, Th., *Der Stoiker Epiktet und sein Verhältnis zum Christentum*, Erlangen, 1894, p. 348.